浪江虔・八重子　往復書簡

浪江虔《なみえけん》（旧姓板谷《いたや》、一九一〇・明治四十三〜一九九九・平成十一年）は、治安維持法により一九四〇（昭和十五）年五月十三日に検挙された。その後六月十八日に淀橋署に移されて十二月二十九日に起訴され、東京拘置所に収容された。そこに未決のまま一年六カ月、一九四二（昭和十七）年五月に懲役二年六カ月、未決勾留三百日通算の判決を受けたあと豊多摩刑務所で一年七カ月の間服役した。

浪江八重子《やえこ》（一九一〇・明治四十三〜一九九三・平成五年）は、虔が検挙されたあと生後一歳に満たない長男・浩志《こうし》と実母・瀬崎《せざき》ちせと共に、鶴川村大蔵（現町田市大蔵町）で留守宅を守り、虔と共同で始めた私立南多摩農村図書館の業務と助産婦の仕事で、一家を支えた。虔の勾留中に長女・陽子《ようこ》が生まれている。

ここに収録した書簡は、虔の未決勾留から満期釈放までの期間に、虔と八重子の間で取り交わされたもので、一部に虔の両親・兄弟、八重子の兄宛やその人々からのものを含む。

原文の旧字旧仮名は新字旧仮名に、明らかな誤字も改めた。日付順に収録したが、虔からのものは検閲を受けたため投函が四、五日あとになっているものもある。また勾留中は葉書か封緘葉書しか出せず、回数も制限があった。

なお、八重子から虔に宛てた最初の四通の手紙は、検閲の結果「裁照不許」となって虔には渡されず、釈放のときに返却されたものである。他にも弟・板谷敞《しょう》からの書名を多数書いた三通や、母・板谷つまからの葉書一通が「裁照不許」となっている。

主な書簡の相手と登場者

板谷浩造《いたやこうぞう》　浪江虔の実父。帝国製麻株式会社に勤務していた。観世流謡曲に堪能だった。

板谷つま　浪江虔の実母。俳句をよくつくった。俳号は淇久。

板谷敬《けい》　浪江虔の実兄。日本基督角筈教会での青年時の活動ののち、日本共産党入党。虔はこの兄に多大の影響を受けた。虔と同時期に警視庁特高部に検挙され、一九四二（昭和十七）年五月に懲役六年の判決を受け横浜刑務所で服役。一九四五（昭和二十）年二月、服役中に「栄養失調による衰弱」のため死去。園子《そのこ》は敬の妻。虔の手紙に「姉さん」として出てくる。

板谷敞《しょう》　浪江虔の実弟。

福富（旧姓・板谷）愛子《あいこ》　浪江虔の実妹。兼雄《かねお》は愛子の夫。

瀬崎重吉《せざきじゅうきち》　浪江八重子の実兄。桐生で織物工場を経営。虔が勾留中には鶴川における八重子一家の生活を物心両面で支えた。

瀬崎俊子《としこ》　重吉の妻。八重子の手紙に姉として出てくる。

瀬崎幸男《ゆきお》　瀬崎重吉・俊子の長男。

瀬崎登志影《としあき》　瀬崎重吉・俊子の次男。

はじめに

「浪江虔・八重子と私立南多摩農村図書館」展が、二〇〇三年十月から同年十二月にかけて、町田市自由民権資料館で開催され、そこにご夫妻の書簡が展示された。書簡の一部を読んだだけで、後先のことも考えずに「書簡集」を世に問いたいと考えてしまうほど魅力的な内容だった。本書には、一九四一（昭和十六）年から一九四四（昭和十九）年までに社会運動家・浪江虔と妻・八重子との間で交わされた手紙を主に収録した。このような形でまとめるに至った経緯は、「あとがき」で述べることにする。

浪江虔は治安維持法違反の容疑により、一九四〇（昭和十五）年五月十三日に検挙された。この往復書簡は、過酷な時代を生き抜いた夫妻、獄中にいた浪江虔と、結婚後二年もたたないのに独りで家を守らなければならなかった妻・八重子との「生」の軌跡である。今となっては治安維持法も知らない人が多くなっており、戦時中にどういう経緯で検挙されたのか、またそこに至るまでの浪江虔の生き方と時代背景を含めて簡単に解説したい。

なお筆者自身は、浪江先生と表記したかったが、ここでは敬称を略させていただく。これは筆者にこの「はじめに」を書くように勧めてくださった浪江虔の次女・稲庭ミズホさんの要請に基づくものである。

一　大学入学から農民運動に参加するまで

一九二九（昭和四）年十月に世界恐慌が始まっていたが、浪江（旧姓・板谷《いたや》）虔は、その翌年三月に武蔵高等学校を卒業し、四月に東京帝国大学文学部美術科に入学した。しかし、音楽を勉強するためという理由で、すぐに一年間の休学届けを出している。確かに、日本プロレタリア音楽家同盟という組織に加盟したらしいが、その内実たるや、音楽家と呼べる人たちはごく僅かとのことである。従って、農民運動にのめり込んだ結果、日本プロレタリア音楽家同盟も早々と辞めてしまうことになる。ただ、農民運動との関わりは、夏の農閑期に闘争歌を教えに行ったことがきっかけとなったようなので、音楽が縁となって農民運動に結び付いたとの見方もできよう。

その年の十一月には、全国農民組合東京府連合会の書記になった。時あたかも、農業恐慌が日本中に進行し、小作争議が激化しつつあった時代である。翌年三月には、小作争議中の南多摩郡鶴川村（現町田市）に赴き、組合員と生活を共にするなど、農民組合運動に本格的に取り組み始めた。そこで、休学期間終了後、すなわち一九三一（昭和六）年四月の初めに退学届けを出しているが、「農民運動の方が音楽美学の研究よりはるかに重要だと判断したから」というのが退学の理由である。せっかく大学に入学したのに一度も授業に出ることなく退学してしまうというのは、なかなか理解しがたいが、本人は、「大学に入らないで音楽をやろうと思っていた」が、武蔵高等学校では「大学に入らなければ卒業させないっていううわさがあって、文学部の音楽美学に入学だけはしました」と語ったことがある（「浪江虔・ロングインタビュー　私立図書館を五十年やってきた」『ず・ぼん』第五号、ポット出版、一九九八年、一七頁）。

しかし、農民組合の運動員が農民に悪い知恵をつけないようにと、次第に警察の「隔離政策」が強くなり、鶴川村に常駐できなくなる。十カ月ほどで鶴川村から離れざるを得なくなった浪江虔は、当時のごくふつうの成りゆきで非合法活動に入っている。日本共産党への入党は、一九三二（昭和七）年の三月である。最初は、東京西部地区のオルグ（労働運動や大衆運動の組織者。ここでは、党本部から派遣されて、宣伝・勧誘活動を行う人の意味で用いられている）となり、十月には、千葉県オルグになり、千葉県の党組織再建を図っている。翌年の四月には、全国農民組合全国会議派（左派）本部フラクション（政党が、労働組合や大衆団体などの組織の内部に設ける党員組織。ここでは、農民組合の活動方向を党の政策や方針に合致させるための活動組織を指す）の一員になっている。ちなみに、作家の故・埴谷雄高氏は同志だったが、埴谷氏の方が先に検挙されていたために、戦前一緒に活動したことはなかったそうである。

埴谷氏も浪江虔も同時期に農民運動に関わっているが、埴谷氏は獄中で観念を肥大化させて小説『死霊』へ結実させていったのに対し、浪江虔は、現実を踏まえた実践活動を構想するという、対照的な生き方を選択したのである。

埴谷氏と浪江虔の関係を示す、興味深いエピソードがある。それは、埴谷氏と詩人・批評家の故・吉本隆明氏との間で行われた論争におけるエピソードである。その論争は、文学者の「反核」運動を巡っての応酬から、ファッションや家具・調度品の評価にまで及ぶ、文学史上に残るものであった。きっかけは、一九八四（昭和五十九）年七月二十三日岩波書店から刊行された『大岡昇平・埴谷雄高二つの同時代史』の内容に対する吉本氏の抗議である。吉本氏が、「埴谷雄高はおれの寄贈本を売りとばしちゃったんだぜ。ここは『詩的乾坤』という表題の評論集というべきところだよ」と批判している（吉本隆明「情況への発言――中休みをのばせ」『試行』六三号、試行社、一九八四年、八頁）。

それに対し、埴谷氏は、「私を触発しないだろうと私が勝手に思っている本の一部は、確かに、売りとばしており、また、残る他方の部分は、古い農民運動時代の友人が、町田市の奥の鶴川といったところで私立の図書館を開いているので、そこへ寄附しております。この寄附は、千数百点ですけれど、売りとばす本より多くいっているでしょう。ここで、もとへ戻りますが、あなたの寄贈本は、私を触発する「必要」な本の部門にはいっており、売りとばしておりません」と反論している（埴谷雄高「政治と文学と――吉本隆明への手紙」『海燕』第四巻二号、福武書店、一九八五年、一六二頁）。

二　一回目の検挙と「転向」及び農村定着の決意と結婚

浪江虔には、二度の獄中体験があるが、一度目は、一九三三（昭和八）年九月末に検挙され、十二月八日に起訴されて市ヶ谷刑務所に送られている。この時は、執行猶予になるまでの半年間、将来の計画について考えに考え抜いた。一九三五（昭和十）年一月に「農村定着」という「生涯の根本方針」を確定し、それを支えるための副次的な方針を生み出した。すなわち、「転向を表明すること」「農業の勉強をすること」「職につくこと」「根本方針に共鳴し、その実現のために協力する女性と結婚すること」「何か一つ村びとに役立つ仕事をすること」などである（『図書館運動五十年――私立図書館に拠って』日本図書館協会、一九八一年、二八〜二九頁）。いい意味での合理主義者である浪江虔は、転向を表明して出所し、早く仕事に就くことが正しいことだと割り切った判断をした。その結果、判決は、懲役二年、執行猶予四年となり、一九三五（昭和十）年七月十九日に出所した。浪江虔の転向は、基本的にはいわゆる「偽装転向」に当たるが、「しかし本当の部分もあった。それは決して組織には入らないという決心の部分である。またやらい、れるのがいやだったからだけではない。農村定住、そこでの諸活動、それも農民組合さえ解散させられてしまった後の悪条件下で、全くの第一歩からやり直さなければならないという事情を、「上部」が本当にわかって有効適切な指導をしてくれるとは、到底期待できないからでもあった」(傍点は原文、浪江虔「一二月八日の「大日本帝国」」『朝日ジャーナル』一九七〇年十二月十三日号、一七頁)。すなわち、「農村定着」の決意が本物であったということを意味する。

そして、浪江(当時は板谷姓)虔は、「生涯の根本方針」を実現するために、知人から浪江八重子の紹介を受け、一九三八(昭和十三)年七月結婚に至る。婚約中に浪江虔は、「農業の勉強」のために東京府立園芸学校第二部に入学、八重子は、水原産婆学校に入学している。「村びとに役立つ仕事」の具体化が「農村図書館の開設」であった。八重子が助産婦の資格を取ったことにより、警戒心を抱いていた鶴川村の農民が浪江虔夫妻を受け入れる基盤が作られたのである。

一九三九(昭和十四)年九月二十一日に「南多摩農村図書館」が開館した。ただし、①まだ認可を受けていない、②図書館の専用建物が建築中、③具体的な運営方法が決まっていない、という理由から仮開館であり、東京府社会教育課から認可通知が来た一九四〇(昭和十五)年一月二十四日が正式開館日とされた。しかし、「本当に開館記念日と思って何かしたのは、いつも九月二一日であった」(前掲『図書館運動五十年』六四頁)とのことである。この年四月の蔵書は、三千冊に迫り、会員は九三人、三カ月間の貸出冊数は、七一六冊、文学書と児童書で七割を占め、農業書は六%に過ぎなかったそうである。

農業書の利用が少ないことを除けば、順風満帆な滑り出しのように見えた南多摩農村図書館であるが、直後に思いもよらぬ「大打撃」を受けることになる。

三　二回目の検挙と実刑判決から服役へ

二度目の獄中体験は、一九四〇（昭和十五）年五月十三日、兄・板谷敬（一九四五・昭和二十年二月獄死）も参加していた日本共産党の再建運動が発覚し、その巻き添えで一斉検挙にあった時である。この二度目の検挙では、町田署の留置場に約一カ月、淀橋署に半年と少し留置されて、十二月二十九日に東京拘置所に収容された。ここで一年五カ月過ごして一九四二（昭和十七）年五月二十六日「懲役二年六カ月、未決勾留三百日通算」の判決が確定して、豊多摩刑務所で一年七カ月余り服役した。

『浪江虔・八重子　往復書簡』は、東京拘置所に収容されていた時期と豊多摩刑務所で服役した時期とを対象としている。

「これまで苦心惨憺して積みあげてきたことが、何から何まで木端微塵に打ち砕かれた思いであった。鶴川に住みついた本当のねらいも、すっかり露見してしまったし、図書館設立さえもが、治安維持法にいう「結社ノ目的遂行ノ為ニスル行為」にひっかけられるおそれがあった」（前掲『図書館運動五十年』六八頁）。「これくらいくやしく思ったことはない」と浪江虔は後に語っている。

しかし、「後でわかったことだが、私のいたころまで量的にかなり豊かであった食事が、四月ごろから急に悪くなったらしい。それに加えて二〇年の一月二日《ママ》（月が正しいと思われる）は酷寒であった。暖房なしの獄では、食物だけが熱源である。このとき異常に多い栄養失調死があったのは、このためである。一五年に兄のまきぞえにならなかったとしたら、もっとはるかに悲惨な栄養失調死を共にすることになったかもしれなかった」（前掲『朝日ジャーナル』二〇頁）。つまり、このとき兄の巻き添えで検挙されなかったとしても、いずれは、治安維持法違反による検挙は免れなかったという意味である。治安維持法は、国家権力の意のままに拡張解釈が可能な悪法であった。

「国営アパート内地留学」中の読書については、「留置場時代は本は全く読めない。服役してからも少ししか読めない。しかし、未決の独房生活は、本の差入れさえ潤沢なら、読書天国といってもよい。私は二回で合計三年も、この読書天国に遊んだわけである」（前掲『図書館運動五十年』七二頁）。

この間の読書が浪江虔のその後の活動や研究に多大の影響を及ぼしたことは想像に難くない。いわば人生の指針をここで得たともいえるのではないだろうか。

豊多摩刑務所服役中に「箱かつぎ修業」と称する「演習に使った砲弾の」「薬莢が入った大きな木箱を……運びこ」み、「搾め上ったのを収めた同じ木箱を門外に運び出す」作業を経験した。この「修業」が、後に「本の疎開」、すなわち空襲が激しくなって知人の本を預かることになったときに役立つことになった。「私が本を選んで運び、図書館の本同様に利用していい」という条件で、知人の本を南多摩農村図書館に運んだのである。「大体二五キロぐらいを、大風呂敷でしっかり縛って、肩にかついで歩き、満員電車に乗り、鶴川駅から図書館までの二キロは自転車で運」んだそうである（「懲役の冬・箱かつぎ修業」豊多摩（中野）刑務所を社会運動史的に記録する会編『獄中の昭和史――豊多摩刑務所』青木書店、一九八六年、一一二～一一四頁）。

「箱かつぎ修業」が役に立ったと思われる本の寄贈に関するエピソードをもうひとつ。これは、浪江虔の著書『図書館そして民主主義』の出版記念会のときに、寺田和雄・前町田市長が披露してくれたエピソードで、石川達三の日記に現れる。後に寺田氏は著書（寺田和雄「石川達三の日記に現れた浪江虔」『わが山旅、まちだ文学散歩』町田ジャーナル社、一九九六年、一二五〜一二六頁）に石川達三の日記の引用という形で収録しているが、ここでは石川達三の日記から直接引用することにしたい。「夜、町田市のN氏来訪。二十何年のあいだ独力で小さな図書館をつくり、それを運営して来た人。図書館協会の役員なども兼ねているような話だった。貸し出しを主として、会員には月百円の会費だけで、本を貸し出しているのだという。……私は自分の本が少しずつ溜って来たので、本棚が狭くなった。自分の本を古本屋に売るわけにも行かないので、思いついてN氏に寄贈を申し出た。氏は大きな鞄と風呂敷とを持って、自分で取りに来てくれたのだ。五十何冊かあったから、かなり重そうであった。私は却って申し訳ない気がした。だが、わずか月百円の会費で図書館の本を借りて読む人たちは、夜の八時に、重い本を両手に持って駅まで歩いて行く館長N氏の姿を、考えてみたことは有るまい。（いまはまだ図書館のレベルが低いんです。そのレベルを高めたいというのが、私の念願です）と、N氏は静かな口調で語っていた」（石川達三『流れゆく日々VI』新潮社、一九七六年、一四九頁）。

一九四四（昭和十九）年二月一日、満期釈放となり、実に三年九カ月ぶりに家族のもとへ帰った。長男は、四歳八カ月、長女は、三歳三カ月になっていた。

浪江虔が検挙された後も、南多摩農村図書館は、八重子の手により、一九四一（昭和十六）年一月まで開館し続けたことは特筆に価する。なお、農業書が揃っていることを理由に、「これをぜひ食糧増産に役立てたい」との絶好の口実を設け、警視庁特高部の了解を得て再開館したのは、一九四四（昭和十九）年十一月二十三日であった。

また、浪江虔は、満期釈放後であるにもかかわらず、出獄後三日目から警視庁に呼び出され、半月程日参して手記を書かされたという事実も、明らかにしておきたい。「治安維持法恐るべし」である。

こうして家族のもとへ戻り、浪江虔はその後の多岐にわたる活動を展開するのであるが、その原点はこの長い未決勾留の間、妻の八重子に支えられて獄中を耐え抜いたところにあるのではないだろうか。

ここに収められた書簡を読み、戦時下で自分が正しいと思う道を歩んだ夫妻がいたということを、少しでも多くの方々に知っていただきたいと願う次第である。

手嶋孝典

◉目次

第一部
昭和十六年一月〜十七年五月まで

〔八重子から虔へ、封書一月五日付、消印十六年一月五日。封筒表に「裁照　不許」印〕

第一信

移転した翌三十日の午后十二時半頃貴方はあの冷い仮住居で何をしてゐたでせうか。丁度その時刻、私はひえびえと長く続いてゐるコンクリートの塀に沿ふて歩いてゐました。起訴に決定したとは云へ、貴方が淀橋に居る間は「若しや……」と、はかない希望が潜在してゐたのですが、移転通知を手にし、今、目前にこの石塀を見ると、どうにもならない絶望感と新たな悲しみとが湧き上るのを覚えました。正月三日間と、あとは一週二回位の割合で差入弁当を頼むつもりで来たのですが門衛が、一月三日までは係りの人がゐないから駄目と云ひましたので、この日は無駄足でした。帰途、淀橋へ寄り主任さんにお世話になったお礼を云ひ、汚れ物を持って来ました。あの風呂敷包みは随分重いでしたよ。中に貴方自身が入ってゐるのではないかと思ふ位。この日は力が萎へてゐたせいでせう。背中の陽子もいつもより重く感じられました。（十二月三十日）

「南多摩農村図書館」の看板を外しました。返却未済の本もありますから完全に休館するのは二月からになるでせう。併し貸出は来年から一切致しません。

す、はらひ。母が家の中、私は外廻り。簡単にしました。

花も飾らず、お正月料理もおなますを作ったきり。

越年に当って、貴方の心境や如何？　私自身は、矢張り平凡な女でした。社会の一個人として生活を建設してゆくより、浩志と陽子のために私達の生活を設計してゆくことの方により多く心が傾いてゐます。

おやすみなさい。二六〇〇年*の最後の夜も更けました。（十二月三十一日）

*皇紀二六〇〇年　神武天皇即位から数える紀年法。明治五年太政官布告第三四二号により制定された。一九四〇（昭和十五）年は神武天皇即位から二六〇〇年目であることから、「紀元二千六百年記念」行事が行われた。戦時体制下において国民を教化するために用いられた。書簡中の「二六〇〇年」は「皇紀二六〇〇年」すなわち「昭和十五年」（西暦一九四〇年）のことである。

一月一日

七時近く起床、床を離れる気持が重い。今日も貴方のゐない生活が始まる。でも心配しないで下さい。四六時中、しをれ切ってゐるわけではないのですから。浩志と陽子のおかげで、その日、その日は笑ひもまじへて消光してゐます。

配給のお酒を一こんかたむける。いさゝか自棄酒の態。母に向っては、おめでとうの言葉が出ません。浩志に云ったら、浩志は「オメデ……」ちゃんと云へませんでした。この子はお餅を喰べません。貴方の子らしくありませんね。きっと歯につくのでいやなのでせう。あべ川にしてやると、きな粉だけたべて、お餅は出してしまひます。

母　六十一才
貴方と私　三十二才
浩志　三才　陽子　二才

みんな健康で喜びの日を迎へることが出来ますように。

代役で年始廻りをしてゐる時に荻窪のお父様がいらっしゃいました。坊やと仲よく遊んで下さる。お父様に手伝っていたゞいて身長を計りました。七八センチ、標準は七七・七センチです。

お父様から二十円お年玉にいたゞきました。四時十六分発でお帰り。

一月二日
母と浩志の桐生ゆきの日時決定。六日、赤羽発十一時四十八分。
松尾成実といふ方から軍事郵便で年賀状がきました。

一月三日
九時十六分発で浩志を連れて荻窪へ。駅までは乳母車にのせて行きました。オーヴァーのポケットに両手を入れておとなしく乗って、みちみち自分の知ってゐるものがあるとしゃべります。

「イチ（石）」「ドロ」道路工事用のが積まれてあります。

「ハタ」見る度に何度でも云ひます。

「マリ」旗を見てすぐ後で云ふところから、多分頂きの球のことでせう。

「ト、」鶏のゐる家の前に来るとその姿をみなくも云ひます。又、鶏の居さうな農家らしい家の前に来ても云ひます。

私が「お空は？」と云ひますと上を見ます。坊やの発音は「オチョラ」「お空をとぶものは？」とき、ますと「ブーン　ブーン」と答へます。

電車の中はあまりおとなしくありませんでした。「タッチ　タッチ」と云って立ったり、あきてくると「オンリ、オンリ」と云って電車から降りたがります。

お父様が新宿まで迎へて下さる。坊やを渡して、私一人で新宿で買物をしました。後でき、ますと、私と別れてから坊やは、お祖父ちゃんにだっこして荻窪駅につくまで一言もしゃべらなかったさうです。降りて歩き始めてから何か云ひ出したさうです。駅から荻窪の家まで歩いて疲れたらしい様子もなかったとのことです。

お祖母ちゃんには相変らずなつかず、お祖父ちゃんの姿が見えないと泣き出すのださうです。私が行ってからは時々「カーチャン、カーチャン」と傍へ来ます。この前まではお父様につきっきりだったのに今日に限ってそんな様子なのは、私に、又、置いてきぼりをされはしないかと思ふのかもしれませんね。

お父様に新宿まで送っていたゞき二時半発で帰りました。

陽子は留守に、ゴムの乳首をいやがって、かんで、しまひには口から押し出してしまって、牛乳を飲ませるのに困難だったさうです。十一時半にやっと飲ませ、三時の時にはどうしても口に入れなかったとのことです。もう陽子をおいて、出かけられなくなりました。

一月四日

今年も四日たちました。貴方が西巣鴨へ行ってから一週間になります。人間はどんな悲しみの中に落ちても、その中から喜びの破片を拾ひ上げることを忘れはしません。

手紙を書くこと、月一回の面会が、今の私にとっては最大の「悲しい喜び」です。今月末面会の許可を得たいと思ってゐます。法は徹頭徹尾無慈悲でもないのですね。

それでは健康にご留意下さい。こちらはみんな丈夫です。昨日行った時お父様がのどに湿布してゐましたが大したことはないやうです。
次信では浩志の一月五日の朝から夜までの生活記録をお伝へしませう。六日からはこの子の可愛い、姿を私も当分見ることが出来なくなります。　では、さよなら。

〔八重子から虔へ、封書一月十日付、消印十六年一月十日。封筒表に「裁照　不許」印〕

第二信
一月七日
今夜はみぞれの降る寒い夜です。今は九時で陽子の授乳時間ですが、陽子は八畳でよく寝てゐるのでおめゝが覚めるまで貴方に書きませう。
ではこれから、お約束通り一月五日の浩志の一日の生活ぶりをお伝へしませうね。
八畳の座敷に床の間を枕にお祖母ちゃんと浩志が陣取ってゐます。母が簞笥よりです。陽子と私は六畳に矢張り北枕に陽子が押入によってゐます。板戸が出来たので朝の訪れがおそくなりました。
昨夜十二時頃床に就いたので眠くて今朝の坊やのお床の中で話した言葉を聞き損じてしまひました。何でも六時頃から眼をさましお祖母ちゃんと何か話してゐたやうです。七時頃お祖母ちゃんに身支度をしてもらって、間の唐紙を開けます。直ぐに開かないと、「アケー」「アケー」と云って開けてもらひたがりますが、「独りで開けてごらん」と放っておきますと、どうにか一人で開けます。台所と茶の間で立働いてゐる私の傍へ来たり、ふとんをたゝんでゐるお祖母ちゃんの傍で手伝ったり、やがて母が八畳を掃除しはじめますと、「ボーヤ」「ボーヤ」と云ひながら台所へ来て台所のはたきを持ってゆきます。

八時少し過ぎに朝食、たいてい私が食べさせます。海苔がすきで海苔の時はよくごはんを食べますが、他のおかずの時はおかずばかり食べてゐてごはんはあまり食べません。おさつ、里芋、ポテト、等が大好きで「オンモ」「オンモ」と云って喜びます。味噌汁は沢山のみません。食後茶わん類を台所へ運び「ポコン」「ポコン」と云って流しの洗ひおけの中に入れます。陽子がぐずり出しました。又明日書きませう。

一月八日
雪解風が頬に冷くあたります。家の内は陽子と私と二人きりのひっそりした生活です。茶だんすの上に坊やの写真を飾って時々顔をみにゆきます。今頃は桐生で何をしてゐるでせう。

昨日のつゞきを書きませう。

朝食がすむと、お靴をはいて外に出ます。戸外でのお得意の持物は箒と移植ごてです。下箒が二本ありますが、新しくてよい方が坊や専門でうっかりこれを使ってゐますと「ボーヤ　ボーヤ」と云って取上げてしまひます。オガ屑を移植ごてですくったり、木片で「ナミエ　ナミエ」と云ひながら土へ何か書いたりします。

十時に牛乳二合。日が短いのでぬかす日もあります。

今度は家のなかで絵本をみたり、イロハの積木を六つ七つ重ねて「ターカイヨ　ターカイヨ」と遊んでゐます。

昼食がすむと、いつもはお祖母ちゃんにおんぶして眠るのですが、今日は母は陽子をおんぶしてゐましたので私が代りました。ねつくとすぐおろして、四畳半に寝かせます。おひるねはたいてい一時間位です。

二時半頃、お八つによくおみかんを食べます。

三時から五時までの間にお風呂に入ります。浩志は母と、陽子は私と。お風呂から出て又靴をはいて八畳の縁側の傍へ来て「ツミキ」と要求します。坊やのはツとトの間の発音です。イロハの積木を板戸のしきゐへ長く並べて「ピーポー　ピーポー」と云ひながら押して動かします。汽車か電車のつもりです。

夕食五時。食後は絵本をみます。床に入るのが六時十五分頃。いつもはお祖母ちゃんとおねんねですが明日から当分お別れなので今夜は私がねかせつけました。「ゴリラ　ゴリラ」とお気に入りのゴリラの絵本を持って床に入りました。私とは久々なので嬉しいのかニコニコして、寝入りました。

六日は暖かな日でした。八時半頃四人で家を出ました。新宿で別れて陽子と私は貴方のところへ向ひました。大言海の二を持って行ったのですが、本が大き過ぎて差入不許可。又無駄足でした。夜明前大言海が不許可では読むものがなくてお困りだらうと、七日に左記の六冊を郵送しました。夜明前第二部と漱石全集第六巻から第十巻まで。ところがうっかりしてレッテルを貼るのを忘れてしまひました。その為に貴方の手許にとゞくのが遅れたら、ごめんなさいね。

陽子の二ヶ月半の体重は四七五〇グラムで標準より五三〇グラムも少いのです。授乳時間を三時間おきに短縮して、外出中も時間が来れば下して飲ませるようにしてみます。昨年末からお乳の張りが悪いのですが、でも足りなくはないのです。今までは片方で間に合ってゐましたが、六日から片方では足りない時があるやうになりました。坊やが留守になってから一層張りが悪いやうです。

八日に姉から坊や安着の知らせがありました。

一月九日

桐生の兄から親切な手紙が来ました。費用は一さい負担するから最善を尽すやうにとの事です。浩志はもうすっかり馴れたと書いてありました。

寺崎さんからお葉書、盲腸手術して、暮の二十四日に退院したさうです。

夜、寒くはありませんか。貴方は独房なのでせう。独房ならばふとんも入りますね。

第一信は五日にポストしました。

ではこれで、さよならしませう。坊やの留守中一仕事しなければなりません。貴方の汚れ物の仕末です。第三信は少しおくれるかも知れません。

八重子

虔　様

〈虔から八重子へ、封緘葉書、消印十六年一月十五日〉

浩志も陽子も丈夫で元気で正月を迎へたことでせうね。何といふ暖い静かな正月だったでせう。僕は黙想の中にこの正月を送りました。

今までの僕の考へ方は明に物質生活第一主義で、人間の幸福をたゞ物質生活の向上の中にのみ見て来ました。併し人間としての本当の喜びは、却って精神生活の充実の中に求められねばならぬことを漸く悟ったのです。

も一つの重要な結論は、日本国民としては当然天皇陛下と人民とを一元的に、つまり基督教徒が神と人間とを、仏教徒が仏と衆生とを考へる様に考へねばならぬといふことです。勿論之は冷い分析によらず信仰的なものによって得らるべきものです。

今僕は本当に生れ変るために毎朝敬虔な気持で皇居を遥拝し、後教育勅語を拝誦してゐます。そして教育勅語をこそ今後の信条にしようと思ってゐます。

夜明け前の二と漱石全集五冊ありがたう。

次に差入の註文ですが、弁当を中から註文しますから、毎月十円宛送って下さい。それが前月末までに入手出来る様に。差入願と為替とを同封して送ってくれ、ばい、筈です。

本は少し追っかけ気味に送って下さい。実は大言海が「大きすぎて」許可にならないので（この点なほよくたしかめますが）自然普通の本を多く読みます。家にあった農学書中
植物生理学的栽培学汎論（安田）（書込あるやも知れず）、園芸果樹生態論、
土壌と肥料（麻生慶次郎著、単行本もの）農業気象学　等、順次入れて下さい。

着物の方は、敷布一、さるまた一、の他当分何もいりません。

次に宅下*ですが、郵送は止むを得ざる場合の他は遠慮するやうにとのこと故、面会宅下にします。

持ち帰りに骨が折れるでせうが、時々敞君の手を借りて然るべくやって下さい。来週中に自然科学書五冊、次の週に文学書二、三冊は宅下になるでせう。一日の読書の速さはほゞ三百頁。い、ものは再読してゐます。それから割り出して後の本を送って下さい。（いくらか早目に）僕は極めて丈夫です。皆によろしく。

一月十日　第一信

＊宅下《たくさげ》　所持品や領置品などの私物を親族等に引き渡すこと。自分のものを拘置所の外に出すこと。つまり、差入れの逆。

〔八重子から虔へ、封書、消印十六年一月十五日。封筒表に「裁照　不許」印〕

第三信

一月十四日

その後もお変りなくお過しですか。貴方からのお便りを未だ入手しないので、どんなふうにしていらっしゃるかと気になります。併しそれも間もなく分かること丶、この頃は毎朝郵便を、楽しみに待ってゐます。

今便は陽子のことを主として書きませう。先づ生れた時の様子から。

陽子の産声は嗄れてゐました。体脂が一杯附着してゐたさうで、産湯が大分長くか丶りました。妊娠中から何となく女の子のやうに思はれたので、枕も桃色の布を使ひ、かけぶとんも今までのが汚れてゐましたので、有合せの布ですが赤くて綺麗なのに変へておきました。後では浩志のお下りを着せるにしても、生後初めてのおべゝは、真新しい、これも女の子らしい赤い模様のを用意しておきました。それ等の中にくるまって私の横に寝かされました。最初顔をみた時、なんて整った目鼻立をした児だらう、と思ひました。三日目に黄疸が現れてきました。四日目に臍脱。この日初めて、笑ふやうな口もとをするのを見ました。

お七夜には、その上、私がお宮参りに使ったといふ、うす紅色の錦紗の着物を着せました。真白なシーツの上に袂を重ねてすやすや眠ってゐるところは人形のやう。貴方に見せたいなと思ひました。陽子は浩志以上にお風呂の好きな子です。授乳直前に入浴しても少しもぐずらず、おとなしく気持よさそうにしてゐます。ところがその後は甚だおとなしくなく、浴後一時間或ひは二時間もおめゝをさましてゐてなかなか寝つかないでゐます。生後十日位からそんな様子でした。この状態はその後長く続いてゐましたが、昨年末頃からだんだんよくなって最近では入浴後おんぶでなく、一人で寝入るやうになりました。(私のしつけ方が上手だから)

十一月十八日頃から夜は便をしないやうになりました。それから間もなく一日一回になり、やがて便のない日があり三日も四日もない時もあって困ります。

十一月二十六日頃、陽子の眼の表情がはっきりしてきたのに気づきました。生後五十日頃は、あやすと表情を動かし笑ひへの一歩前といふやうな気配でした。かすかに笑ったのは生後六十日頃でせうか。この子はおすましやさんとみえて笑ひのおそいこと。そしてなかなか本格的にならないので「陽子のうす笑ひ」と云って、お祖母ちゃんと私の間で評判でした。これと並んで評判なのは「浩志の石頭」です。固い頭でぶつかると二つの子の頭とは思へません。

母と浩志が桐生へ行ってから陽子がよく笑ふやうになりました。朝と、授乳後は特に機嫌がよいです。

浩志と比較して異色ある点は、早くからお首がしっかりしてゐて、それを右、左、に極めて自由に動かしてゐたこと。あの小さな口から可愛いゝ舌をチョッチョッと出すこと、などです。

この頃夜起きる時間は大体定ってゐます。六時頃お乳を飲むとそのまゝ十一時半か十二時半頃まで目をさましません。その後は三時半頃、それから六時半頃授乳、七時か八時頃すっかりおめゝをさまして、一時間位は一人でおとなしくしてゐます。寒中でも一人で湯婆〔湯たんぽ？〕も入れずに寝かせます。夜間の授乳は起きてしまいます。

今のところでは女の子の方がおとなしくて育てるのに楽のやうです。

今日、ローマ衰亡史全五冊を郵送しました。

新刊では松田甚次郎の「村塾建設の記」といふのがあります。

恩方村に廣沢訓導*が中心になって学校図書館が出来ました。

第二信は十日に出しました。

この第三信はおくれずに、最初の予定通り明十五日にポストします。第四信は十九日に、以後原則として日曜毎に出します。

お身大切に、元気に御勉強下さい。

さよなら

八重

虔様

P・S・　李枝さんところの真知子ちゃん、六才になってすっかり関西弁だそうです。第二子弘行さんはすごく頭が大きいとのこと。

*訓導　旧制小学校における正規教員のこと。現在の教諭に当たる。

〔八重子から虔へ、封書一月十九日付、消印十六年一月十九日。封筒表に「裁照　不許」印〕

第四信

一月十七日

昨日第一信を入手しました。割合に早く来たので嬉しく思ひました。「極めて丈夫」との事安心しました。

大きな転換が貴方の上に来ましたのね。之に依って貴方の人生観なり世界観なりが、大にしては国家的に有益なものであり、小にしては家庭の幸福を築くものであるならば、私の喜び之に越すものはありません。今は子供達が幼いから或ひは母の手だけでも充分かも知れません。が、長ずるに従って父親の存在を必要として参ります。死亡したのならばいざ知らず、現在生きて居りながら、子供と生活圏内を異にするなんて実に情ないことだと思ひます。それに私達は荻窪のお父様とお母様のことも考へねばなりません。若ければスタートを変へて行くことも出来ます。今は不幸でも将来幸福になる可能性があります。併し老境にある人に不幸をあたへることは避けねばなりません。老の身には不幸がこたへます。受けた打撃をはねかへす力が弱ってゐます。六十を越した両親に二度と今度のやうな不幸を与へないやうにしませうね。

現在の異常な環境も貴方が本当に生れ変るための道場と考へれば却って感謝すべき処かも知れません。何卒新しく得た出発点を鞏固に鞏固に固めて下さいね。複雑な社会生活の如何なる波をくゞるとも崩れることのないやうに。

今日「新修百科辞典」「哺乳類」さるまた一、シーツ二、等を発送しました。シーツは綿ネル地のものが許可になれば、寒いうちはその方がよいと思って二枚入れておきました。

一月十八日
坊やを無性にみたくなる時があります。けれど帰還を促す手紙は出しません。少しでも長く母に楽をさせたいからです。

今日は坊やの言葉をお知らせしませう。
ヂーチャン（祖父） バーチャン（祖母） ペンキーチャン（ペンキ屋さん） トーチャン（父）
カーチャン（母） ボーヤ（坊や） オヂチャン（小父ちゃん） アンチャン（兄さん） 之は母が教へたもの、ニーチャンに訂正中 タケチャン（武ちゃん） アコチャン（八重子ちゃん） ゴハン、パンパン、チチ又はオトト（魚肉） アゝ（佃煮の） ナーナ（ほうれん草等） タマタマ（玉子） オブ（飲水又はお風呂） オンモ（芋類） ノリ（海苔） ダイコン ニンヂン パイパイ（牛乳） チェンベ（おせん、最初はエンベと云ってゐました） ミカン リンゴ ツミキ（積木） バタバタ（はたき） マリ ホーキ（箒） カッコ（履物） オクツ イチ（石） ドロ（泥） メガネ ラヂオ デンキ トケイ ハタ（旗） トト（鶏） ワンワン ニャアニャア
モーモー（牛） オンマ（馬）
絵本で覚えたもの
「ライオン シシ キリン ダチョウ ゾーサン（象） ワニ ゴリラ ミンミンノ（みゝずく、此の絵は破ってしまったのでもう忘れてゐるかも知れません） ハト、又はポッポ ブタ トリ（鳥） アリアリ（蟻、実物は知りません） ラクダ ワシ クマ タコ ウンドーカイ（運動

会)」
ミドリ(緑) アカ キイロ チロ(白) アチ(青)
色のうち赤を一番よく知り、之に次ぐものは緑です。
トン(布団) ネンネ(寝る) アバアバ(さよなら)
おねんねしに八畳へ行くと六畳に居る人に向ってアバアバと云ひます。
ボーチ(帽子)お掃除する時私が手拭を被ると之もボーチと云ひます。
ブーンブーン(飛行機) ブーブー(自動車) バチュ(乗合) トラックをみてもバチュと云ひます。デンチャ グンカン ビー(帯) オンブ ダッコ アカチャン(赤ちゃん)
イイコイイコ(陽子の頭を乱暴に良い子良い子して困ります)
ポンポン(ポストすること。局へ行くと坊やが入れてくれます)
ポンポ(お腹) アンヨ オテ、 オメメ ミミ
カイカイ(かゆい) チュメタイ(冷い) アッタカ(温い) アブアブ(危い危いの意から転じてハサミのこと)
タータ(靴下、足袋) べべ(着物)
タべー(食べる) アケー(開ける。おみかんを持って来てアケーと云ったことがありました。皮をむいてくれと云ふ意でせう)
イクノ(行くの) トーッタ(通った)、この二語は何時の間にか自然に覚えたものとみえ、前者は或る朝「カーチャン、カーチャン、イクノ」(母ちゃんのところへ行くの)と云ひ、後者はガラス戸ごしに外を見て「トーッタ」と云ったので何だか分らず私も外をみたら、成程バ

スが通りました。これからは日常の会話からどんどん言葉を覚えるでせう。
アリト（有難う）ヘイタイチャン（兵隊）オウチ（家）カーカー（烏）ノンノ（月）ポッター（ポスター）ナンダ（何んだ、ナーニに訂正中）ダレダ（誰だ、ダーレに訂正中）ナンジ（何時）トケイ、トツ　フタチュ　ミッチュ（一つ二つ三つ）オゾ（薬の）ビン（ガラスの）ピン（頭髪用の）
コイチ、（ごはんの上におかずをのせて口に入れようとすると、おかずだけ食べたがって、こう云ひます）
ナーガイナーガイ（流れた流れたの意、川に木片の流れるのをみて）ジージー（字）タンク、ポンプ（絵本から）ナミエ（浪江）コーチチャン（浩志ちゃん）
未だあるかも知れませんが之だけに止めて、次に、「子に生きる母の日記」から一年七ヶ月頃の荘ちゃんの言葉を御参考までに記しませう。
キイン　ダテウ　ゾウ　モーモー　チュター（星）バット（煙草の）バッチ（マッチ）マミ（飴）ミミ（耳）アンヨ（足）メメ（目）トン（布団）ゴーン（本）カンカン（髪の毛、又は床屋）アコ（凧）アッコ（だっこ）チャーチャン（母ちゃん）アンブ（おんぶ）トーチャン（父）ヂャーイ（旗、万才からきたもの）バーチャン（祖母）グンカン　ボート　アビ（帯）キイト（毛糸）バッチー、バッチー（汚い）トット（鳥）ハァポッポ（鳩）コーツコッコ（鶏）ギーチャン（お兄ちゃん、お姉ちゃん）ボーチ（帽子）ナイナイ（ポスト、ハガキ、手紙）アーウ（有難う）ビン（安全ピン、壜）ハヨー（お早う）トート（戸、障

子）
坊やは桐生からどんな言葉を覚えてくるでせう。
以上
ついこの間まで「オギャア　オギャア」と云ふやうな陽子の泣声が、此の頃は「ワーワー」と云ふやうな調子に変ってきました。
では第二信をお待ちしてゐます。

〈虔から父・板谷浩造へ、封緘葉書、消印十六年一月二十九日〉
一月二十四日
お父さんもお母さんも御丈夫の由、安心いたしました。お陰様で僕は心身共に頗る健全です。先日論語を読んで、「父母の齢は知らざるべかざる、一は則ち以て喜び、一は即ち以て憂ふ」との句を見、思はずためいきをつきました。還暦から古稀への途上にあるお二人に、こんな大きな御心配をかけてゐるわが身の不覚を悔いてゐます。
こゝへ来て、超論理の把握の必要を知りました。今までひとへに論理的にのみ考へようとしてゐたのですが、真の人生観の樹立には夫では駄目だと気がついたのです。今度は文学書を読むにしても、元の様に夫を通して世の中を知るためにのみ読むのではなく、芸術として観賞しようとしてゐます。こゝまで来て、従来詩・歌・俳句をないがしろにして来た誤もさとりました。やはり詩を解する様でなければ、真に文学を解し得ず、又人生をも解し得ないと思ひ、さしあたり、俳句の門をたゝいてみたく思います。芭蕉から歴史的に大家のものを読むがい、か、子規から入るがい、か、或はもっと頭を低くして入門的なものにとりつくか、一つお母さんと共に俳句の先生として然るべく御指導下さい。

次に敞君へのお願ひですが、いつか暇を見て、荻窪と鶴川にある独乙〔逸〕語の本で差入出来さうなもの、書名、著者、頁数をお知らせ下さい。読みたいものを選んで差入をお願ひしたく思ひますから。

敞君の就職の御成功を祈ります。

では皆様御身御大切に。

第五信

〔八重子から虔へ、封書、消印十六年一月二十六日〕

二十四日にこちらへ帰って参りました。

あの日、お父様の伝言を忘れました。子供のことを心配しないやうにとの事です。

面会してゐる時は話す方に懸命でしたが、帰ってから、その姿を思ひ起すと悲しくなります。

領置冊数に制限があって、ジャン・クリストフは入りませんでした。それから判を持って行かなかったので宅下品は受取れませんでした。陽子はだんだん浩志に似てきます。生れた時は面長でしたが今では全く円くなりました。便秘するとどうしても哺乳量が少くなると思はれますので、果物の汁をやって便通をつけるやうにしてゐます。今までは、顔を見てゐる時だけお話してゐましたが昨日今日は天井から下ってゐる赤いオモチャをみながら一人でお話してゐました。

暖かったり寒かったりしますから、風邪を引かないよう御自愛下さい。

一月二十六日

〔八重子から虔へ、封書二月二日付、消印十六年二月三日〕

第六信

二、三日厳しいお寒さですがお変りありませんか。
今日浩志が帰って参りました。直ぐだき上げて頬ずりしてやりましたらじっと黙っておとなしく私の腕の中に居ました。

あちらで一日に一、二回は「カーチャン　カーチャン」と云ってゐたさうです。戸外でのお気に入りの持物は矢張り箒だったさうです。この頃は、ブランコにも乗ることが出来るとのこと。木製の幼児向ブランコです。兄が実によく可愛がってくれたやうです。幸男、登志坊〔登志彰〕、姉が感冒で坊やもお仲間入して四日間寝たさうです。最後に看護役だった兄が倒れ、肺炎になりましたが二、三日前から起きられるやうになったさうです。さあちゃんは一月九日に喀血し翌日入院し現在も入院中ですが、その後は喀血もなく平熱です。以上の変事を今日母から聞きました。


弁護士が定りました。法学博士で島田武夫といふ人です。

次に差入に関することですが、領置といふ制度は失くなりました。但し郵送で差入した場合は止むを得ず預って置くのです。昨日宅下を受けに行き計十冊持帰りました。シーツの宅下手つゞきをしておいて下さい。

余寒が厳しいかも知れませんね。第二信にも「極めて丈夫」と書けるよう、御身大切にして下さい。

二月二日夜　　八重

虔　様

〈母・板谷つまから虔へ、葉書、消印十六年二月二日〉

自他の健康を感謝致し候

昨今の寒さは格段のものに御座候。昨一日の最低温度ハ-4.9　今朝ハ-4.5、さりながら以後かゝる寒さは再々ハ之れ無かるべくと存じ候。文学への目覚め、折からの幸ひと存候。読書に疲れし暇を句作によっておいやしあるべく候。句は作らねば作れず候、作れずば意味なきものに候。書の選択ハ次に来るべきもの。先づ試作を待ち受け申候。

草々　　二月二日　母　　初信

〈虔から八重子へ、封緘葉書、消印十六年二月十一日〉

二月七日、第二信

第五信受取りました。他の人からのはまだ一通もうけとりません。

「蚕」他五冊ありがたう。今まであった本はローマ衰亡史以外皆宅下しました。なほ大言海は特に許可され、毎日二〇頁づヽ読んでゐます。著者の絶大な努力に敬服します。二・三・四も追々差入れして下さい。或は一応受付を拒まれるかも知れませんが、わけをお話しして、少くも領置だけでもしてもらふ様に。

夜明け前、実に立派なものです。若しヨーロッパであれ丈のものが出たら勿論ノーベル賞でせう。漱石の心理描写は精細鋭利で驚きますが、構想は案外貧弱ですね。小説としてはやはり夜明け前の様なのが本格だと思ひます。尤も比較すべき性質のものでないかも知れません。

ローマ衰亡史はやうやく昨夕から手をつけました。面白さうです。ていねいに一回読まうと考へてゐます。読了は二十日頃になるでせう。ですから次回の差入は二十日すぎで結構です。その時、子供研究講座の一―五と、ジャンクリストフの続きを入れて下さい。その次の回に同講座六―十を。

官本で高階順治氏の「日本精神の哲学的解釈」を読み、理論的にも大いに得る所がありました。

身体はごく好調、はなかぜもひきません。食物には初の予定より多く金をかけることにしました。物価が上ってゐて、七年前の様なわけにはゆきません。毎週六十銭弁当二本と菓子果物つくだに、雑品で弁当共合はせて三円の予算です（月十三円位）。

浩志は元気で桐生から帰って来たでせうね。陽子の体重の増加はどうでせう。陽子の百日の写真はとれたでせうか。お父さんからのお言葉にしたがひ、且つあなたの手腕に信頼して、無用の心配はせず、すこやかな成長を期待してゐます。冬ももう半ば以上すぎました。では皆によろしく。元気で。

〔八重子から虔へ、葉書十一日付、消印十六年二月十一日〕

前週間は母たる喜びにみち満ちて暮れました。久しぶりで母の手許に帰った浩志はすっかり甘へて「バーチャン　イヤ　カーチャン　カーチャン」と云ってまつはります。vocabulary はずっと増しました。「ハコンデ　チョーダイ」などと短いセンテンスも云ひます。食事も私の傍へ坐って一部を自分でスプーンを使って食べます。坊やの帰宅後陽子は図書館へ寝かせてゐます。静かで暖かなのでよく眠って殆んど授乳とおむつ交換だけの手数かゝりません。三ヶ月半の体重は五三〇〇グラムで、標準より四五〇グラム減少ですが、前回に比べれば誤差は縮小してゐます。五日に、ジャンクリストフの英訳と和訳、明治大正（島崎藤村）、トルストイの芸術とはどんなものか、メチニコフの生涯（下巻）蚕、等計六冊を郵送しました。ではお元気で。

〔弟・板谷敞から虔へ、封書二月十六日付、消印十六年二月十七日。封筒表に「裁照　不許」印〕

元気で居るでせうね。今日は風もおだやかで暖いですね。朝六時は「〇度で一度低く」でしたが、正午は「十度で五度高く」でした。但し、平均が五度だと云ふのは一寸変な様です。十一日から十四日迄、鶴川から三人来て居て、大した賑かさでした。浩志君の言葉は中々ハッキリして来ました。かなり長い文句も云へるし、意志表示は相当確かな物です。家でも皆元気です。僕の就職の件は目下、先方の忙しさの為、停滞して居ますが、決してあせらないつもり。

ドイツ語の本は、鶴川に有る分は姉さんが調べてくれる事になってゐるので、その知せを待って居たのですが、まだらしいので、こっちに有る分だけ取敢へず報告しておきます。

一、文学、及文学的な物

グリム　ゲーテとシラーとの交はり　八〇頁
ホフマン　スキュデリー嬢（対訳）　二八〇頁
シュティフテル　喬木林　一八五頁
ダーン　死に到る迄忠実に　二六〇頁
ホイヴェルス　日本小景　四五頁
シラー　小論文集　一三〇頁
グリルパルツェル　哀れな楽手　五五頁
平野編　独逸詩粋（ゲーテ、シラー、ヘルデルリン、ノヴァリス、アイヒェンドルフ、ウーラント、メリケ、ハイネ、シュトルム、ケラー、ヘッベル、リーリエンクロン）二八篇　四〇頁
カロッサ　幼年時代（訳本も有り）　一一五頁

二、哲学、宗教、社会学等。

ルーテル訳　旧新約聖書　一二〇〇頁
リュング　ナチズム　五〇頁
ギーゼマイヤー　欧洲大戦后の世界（勿論、前大戦の事）一〇〇頁
青木編　近代論文集第一巻（ライクスネル、バール、リンダウ、ロゼッゲル、ノルダウ、シュピールハーゲン、ヘッベル、シュタイン、ボーデ、エルンスト）十篇　一四五頁
吹田編　社会学読本（シュライエルマッヘル、トライチケ、ギールケ、フィッシャー、テンニエス、ズィムメル、ワルト、シュパン、ウィーゼ、フィールカント）十篇　一二五頁
テンニエス　社会学の本質　三五頁

ズィンメル、その他　近代文化の葛藤、他二篇　一三五頁
リップス　意志の自由の問題　一三〇頁
三、自然科学、
ヘッケル　宇宙の謎（訳本有り）　一七〇頁
ギュンテル　原子の内部へ　二〇五頁
この他の物は、程度の低い物ですから、こゝに書きません。
地理の本は、新光社の「改訂日本地理風俗大系」を買ふ事にしますが、まだ古本は幾らも出て居ませんから、もう少し待って下さい。
ダンネマンの「大自然科学史」（九巻、各二円、三省堂）が、割引きで買へさうなので、申込むつもりです。毎月一冊づゝで、十月に完結する筈の物です。
レコード、カペーの「死と少女」を買ひました。
去る十日、「市民慰安、交響楽の夕」に、新交響楽団がローゼンシュトック指揮のベストメンバーで出演、而も五十銭均一なので、行きました。見て聴くのはやはりいゝ物です。曲目は、シューベルト「未完成」ワグナー、序曲「マイスタージンガー」、ベートーヴェン「ピアノ協奏曲第四」（ピアノは、富永瑠璃子と云ふ新人。余りうまく無いやうでした。落着きが足りません）シュトラウス、序曲「蝙蝠」。近頃、ラヂオの名曲鑑賞や、土、日、祭日、一時の大曲レコードの時間を殆んどかゝさず聴いて居ます。最近出た新譜の大物は、ハイフェッツが、トスカニーニ指揮と

組んだベートーヴェンの協奏曲で、近く、同じ組合せで、ブラームスのも出るさうです。近来のハイフェッツの精進は素晴しい様です。

二月十六日（第一信）

〔八重子から虔へ、葉書十七日付、消印十六年二月十七日〕

何となく春の息吹が感じられるやうになりました。第二信入手、身体の好調を喜びます。先週、浩志の身に一寸した変りがありました。十一日に荻窪へ行き十四日の帰途乗車する時、浩志の手を引上げた瞬間坊やの大勢が崩れて、左肘関節の不全脱臼をおこしました。町田の接骨医に馳せつけ、僅か二、三分で治りましたが、その間大心配してしまひました。寒い時だから、百五十日にしてはと云ふお父様の御意見もありましたので陽子の写真は延期しました。では又、お大切に。

敞

（第八信）

〔虔から八重子へ、封緘葉書、消印十六年二月二十七日〕

二月二十日　第三信。相変らず丈夫。第六、七信、お母さんの初信落手。

浩志の智恵のつき方は少し早すぎる気味ではありませんか。早熟は好ましい現象ではありません。なるべく知力の発達よりも体力の発達に意を注いで、毎日十分身体を使はせるやうにして下さい。陽子の体重も次第に偏差（「誤差」は誤）をちゞめるやう、今後も努力して下さい。

ローマ衰亡史は意外によみでがあり、まだ第四の初の所です。十八世紀の歴史家として止むを得ないでせうが、肝腎の所をつかんでゐません。「芸術とは……」半分読みました。示唆に富んでゐます。

来月五日頃までに衰亡史四・五、芸術とは……、蚕、藤村を下げられると思ひます。取りに来るのは五日すぎにして下さい。なほ今日、衰亡史一・二・三、メチニコフを下げました。子供研究講座の次には文学全集を四、五冊と、農学書（第一信でお願ひしたものの中）一、二冊を入れて下さい。

俳句は下手なのを恥ぢてゐてはいつまでも出来ないといふ平凡な真理を悟ったので、左の様なまづいものを作りました。

肌もて仄かにき、ぬ春のいぶき
逝く冬をとぶらふ歌か雨の音
　「メチニコフの生涯」を読みて
君は逝けどそのいさをしはとはに失せじ
雄々しかりき科学の使徒の七十年
　陽子の初節句に、（過去でよむのは早すぎる様ですが）
夢に帰りあこ抱きしめぬ初節句
さめてひとり子の名呼びてみぬ初節句
父をよそに淋しく祝ふ初節句
逢ひもえせで私かに祝ふ初節句、

桐生の皆さんは元気になったでせうか。

お母さんに、荻窪の皆さんに、よろしく。

〔母・板谷つまから虔へ、葉書、消印十六年二月十九日〕
いよいよ冬は退散。日に日に空の和みゆくハ嬉しきものに御座候。
朝掃除に風寒し鶯しきり
健康よろしく候や、こなた一同変りなく父上にも元気にて日々を忙がはしく過し居られ候。
二月十八日　第二信　　　　母

〔弟・板谷敞から虔へ、封書三月二日付、消印十六年三月二日。封筒表に「裁照　不許」印〕
いやな天気が続きますね。温度は近頃ずっと平均より高くなって居ます。この雨で、流行ってゐる風邪も退散しかけるでせう。うちでは皆元気で居ます。
鶴川から、ドイツ語の本の通知が有りましたから、列記します。

シラー	ワレンシュタイン　Ⅰ及Ⅱ	二六五頁
ヘッベル	ニーベルンゲン	二二五頁
ゲーテ	ウェルテルの悲しみ	一五〇頁
シラー	メッスィーナの花嫁	一一〇頁
トライチケ	三十年戦争後のドイツ	一七〇頁
〃	解放戦争	一七五頁
ウェーゲラー	前大戦の原因	八〇頁
タキトゥス	ゲルマニア	七〇頁
マキァヴェリ	君主論	一四五頁

カント　一般博物学と天界の理論　一九〇頁
ヘッケル　自然と人間　一八五頁
シウェーグラー　哲学史　五一五頁
ショーペンハウアー　意志及表象としての世界　Ⅰ、Ⅱ　一、四四〇頁
〃　宗教について　五五頁
ダマシケ　国民経済史　Ⅰ、Ⅱ　八四〇頁
以上十五種十八冊。

大兄さん〔板谷敬〕の希望で、木村博士の和独大辞典と、ザンデルの独英大辞典を買ひました。後者は、実に二円八十銭と云ふ近来稀な大掘出物でした。相場は十円前後なのです。神田の表通りにも、こんな本屋が有るのかと感心しました。

通知するのを忘れてゐましたが、一月十七日に園芸学校と世田ヶ谷区役所へ行き、すっかりケリをつけて来ました。区役所が新築移転してゐたので一寸まごつきました。学校には、「いづれ本人が改めて参ります」と云って有ります。

では、元気で、

三月二日（第二信）

板谷　敞

浪江　虔　様

〈母・板谷つまから虔へ、葉書、消印十六年三月三日〉
荒れはてし夜にふと見出でしはクロッカスの黄に候。
　クロッカス朽葉をかむりまぎれなし　（二月下旬）
今朝ハその花十二を数へチューリップ水仙なども相当に伸び居候。かゝるを見れば思ひ出は侘しく「思ふ事なくてぞ見まし」の古歌がそゞろ忍ばれ申候。
　　陽子ちゃんに寄せて
　雛菓子もあられも無き世　初節句
父上今朝よりめまひ、大した事ハなきものと存候。
三月三日　第三信　　　母

〈八重子から虔へ、封書三月四日付、消印十六年三月四日〉
三月四日　第九信
第三信受取りました。浩志の智恵づきは早すぎるかも知れません。併しそれは周囲で教へたと云ふより、子供自身の頭脳がそのやうに働くのだから仕方ありません。言語なども適所に流用するのでお父様が感心し且、坊やは利口だと喜んでゐます。一を知って他を知らぬ子ではないやうです。絵本は一年四ヶ月半位の時に初めて与へました。少し早すぎるかと思ったのですが、産婆学雑誌や新聞を手でもてあそぶものとしてでなく、見るものとして興がってゐる様子でしたから。陽子が生れてから浩志の体育はおろそかになりました。今後は注意しませう。善彦ちゃんは大分発育が遅れてゐるやうです。一月下旬のかよさんの手紙に、未だ歩かず、やうやう一人立ちして喜ぶ、とあったさうです。言語もろくに云へないやうです。春にはお誘ひして一緒に動物園へと思って居りましたが、遠慮することにしました。

陽子は朝、私が床を離れると直ぐ目をさまし、大きな高い声で機嫌よく語ってゐます。浩志と陽子のおかげで一日一日が笑ひも豊かに速かに流れます。もう直ぐ一年になりますね。

俳句は「夢に帰り――」と「さめてひとり――」がよいと思ひます。

「逝く冬を――」は俗臭があります。いづれお母様からの御高評があるでせう。

今度、何か用事が出来て面会に行く時は陽子を連れて行くつもりです。一昨日、「子供研究講座」の一―五と「土壌と肥料」とを発送しました。

八重子

虔様

〔虔から母・板谷つまへ、封緘葉書、消印十六年三月七日〕

三月四日　第二信
皆御丈夫の由、うれしく思ひます。僕も相変らず壮健。

この冬は本当に楽にすごしました。二月初の寒さもせいぜい零下二、三度位と想像してゐました。

窓には日があたり、地下水らしく水の温いことなど、与って力があるのでせう。

昨日からジャンクリストフの英訳を読み始めました。文章を練るつもりで一々日本文に言ひなほしてゐるので、今月一杯位かゝりさうです。二巻以下は読み下さうかと思ってゐます。

藤村は実にいゝと感心しつゝ、今「新生」を読んでゐます。今までろくに日本文学を読まずにゐたことを悔いる気さへ起ります。
俳句を作らうとして、自分の観察力といふか感受性といふか、とに角それがいかにも鈍いのにあきれてしまひます。之ではとてもい、詩が生れる見込がなささうですね。
また下手な句をお目にかけます。

　子を思ひて不眠の長夜囹圄の中
　孫愛づる父君の思ひ誰が上にか
　冬の名残母上の手のいたくあれし
　遠き春を待ち兼ぬる妻の心わびし

敞君の就職は未だでせうか。落胆せず、根気よく道を拓いてゆくやうに。なほ敞君からの手紙はまだ着きません。
八重子に御伝言下さい。
子供研究講座一―五、土壌と肥料到着。十日頃までに藤村と原子物理学を下げます。大言海は十日に読了の予定で、二十日頃に宅下しようと思ってゐます。大言海を揃へて置けない場合には、広辞林を郵送して下さい。子供研究講座のあとの差入は下旬で結構です。
では皆さん　お大事に。

〔母・板谷つまから虔へ、葉書、消印十六年三月九日〕
四日付けの第二信、今朝落手致し壮健のだん一同喜び申候。
俳句いづれも先づ相当なものにて決して下手にてハ御座なく候。

たゞ未経験者の弊たる「云ひ過ぎ」に注意あるべく候。たとへば
　遠き春を待ち兼ぬる妻の心わびし
心侘しとそこまでいはず
　遠き春を待ちかねてやあらん妻の　と　侘し　は言外に置くべきに候。
俳句研究誌ハ宜しと存候間許可を得ば入れ申べく、さし当り正岡子規集を郵送いたすべく候。俳諧大要の一読など損なき企と存候。
皆々無事、その中、ツル川より参る筈に候。
　三月八日　第四信　　母

〔八重子から虔へ、葉書、消印十六年三月十二日〕
三月十一日夜、第十信
荻窪宛の第二信を今日拝見しました。お元気にて何より。こちらも同様。四句のうち「冬の名残――」を推します。環境の然らしめるところか自然よりも人事をよんだ句の中によいのがありますね。
浩志に対する私の観察を記します。この子の理解力、記憶力、観察力、いづれも上の部。一寸おどけたところがあり、言ひだしたら曲げぬ強情なところもあります。手先の仕事は器用な方でせう。恐怖の本能は未だ強く現れてゐます。玩具をよその子に貸すのを泣いて厭がります。陽子に対しては多くは無関心です。
四ヶ月半の陽子の体重五七五〇グラムで七三〇〇の偏差といふ不良な成績、併しみたところは丈夫さ

うな子です。乳汁分泌促進の飲料を用ひ始めました。
十日に大言海の二と子供研究の六―十と、明治大正の正岡子規を発送しました。御自愛下さい。

〔弟・板谷敞から虔へ、封書三月十六日付、消印十六年三月十六日。封筒表に「裁照　不許」印〕

第一信、どうやら駄目な様ですから、必要な部分をこゝに抄録します。
先づ、荻窪に有るドイツ語の本の事、

一、文学、及び文学的な物

グリム著　ゲーテとシラーとの交り　八〇頁
ホフマン著　スキュデリー嬢（訳註付）　二八〇頁
シュティフテル著　喬木林　一八五頁
ダーン著　死に到る迄忠実に　二六〇頁
ホイヴェルス著　日本素描　四五頁
佐久間編　シラー小論文集（六編）　一三〇頁
グリルパルツェル著　哀れな楽人　五五頁
平野編　独逸詩粋（二十八編）　四〇頁
カロッサ著　幼年時代　一一五頁

二、自然科学

ヘッケル著　宇宙の謎　一七〇頁
ギュンテル著　原子の内部へ　二〇五頁

三、哲学、宗教、社会学、その他

ルーテル訳　旧新約聖書　一二〇〇頁

リュング著　国粋社会主義　五〇〇頁

ギーゼマイヤー著　欧洲大戦後の世界　一〇〇〇頁

青木編　近代論文集第一巻（十編）　一四五五頁

吹田編　社会学読本（十編）　一二五五頁

テンニエス著　社会学の本質　三五五頁

ズィンメル他二名著　現代文化の葛藤　他二編　一三五五頁

リップス著　意志の自由の問題　一三〇〇頁

以上十九冊、この他の物は何れも程度が低いので、書きません。右の中、「欧洲大戦後の世界」は、勿論、前大戦の事。「独逸詩粋」の中には、シラーの「歓喜に寄す」を初め、曲の方でおなじみの詩が沢山入ってゐます。

昭和十四年に出た、誠文堂の、「新版日本地理風俗大系」は、十三冊で五十五円です。（公定価格新しいだけに、改造社版よりい丶様ですから、買はうと思ってゐますが、価格は公定されてゐるのに、サッパリ古本屋には出てゐません。

三省堂発行の、ダンネマン著「大自然科学史」を買ふ事にしました。之は、毎月一冊宛、十月で終了する、全九巻の大著です。第一巻を、その中に差入しませう。（科学の起りから西〔世〕紀の初頭迄）

三月十六日　第三信　板谷　敞

浪江　虔　様

〔八重子から虔へ、封書三月十七日付、消印十六年三月十七日〕

三月十七日　第十一信

浩志はこれ位の会話が出来るやうになりました。

今日始めて、エクヴェ、を見せて「お父ちゃまよ」と教へましたらオトーチャマ　オトーチャマと繰返してニコニコ笑ってゐました。

「お父ちゃまは眼鏡かけてる？」「カケテル」
「お母ちゃまは眼鏡かけてる？」「カケテル」
「かけてゐないでせう？」「……」
「お父ちゃまのところへ行きませうか？」「イク、アルイテ」

しばらくして再び

「お父ちゃまのところへ行く？」「イク、アシタ」

桐生から帰って、しばらくたった頃から絵本は動物から乗物へ興味が移りました。十日から登志彰が来てゐるので賑やかです。明後日あたり鶴見の花月園へ子供達を連れて行こうかと思ってゐます。

陽子は此の頃は昼間は四畳半に寝かせておきます。図書館ですと泣いたのを気付かずにゐることもあって、授乳時間になって行ってみると涙の跡があったり、陽ざしが移って顔を黒くしたりしたことがあったのでこちらに変へました。殆んどねかせておきますので後頭部は平たく頭髪は短くすり切れてゐます。眼の上の赤いのは未だ消えません。お節句頃から、お口をブーブー吹き始めましたが、この一週間ばかりは止めてゐます。桐生からお節句のお祝ひに二十円もらひましたが人形は買はずに陽了の据置へ入れてやりました。

末になりましたがお身体に異状ないものと安心してゐます。こちらもみんな何事もなく暮してゐます。では又。

浪江八重子

浪江　虔　様

Ｐ・Ｓ・十四日に袴を送りました。

〈虔から八重子へ、封緘葉書、消印十六年三月二十二日〉

三月十八日、第四信。丈夫でゐます。

第九信、お母さんの三、四信入手。

子供達は丈夫でせうね。陽子の日光浴は始まったでせうか。田舎生活の特典たる紫外線の利用を努めて下さい。そしてしっかりした骨組を作ってやって下さい。

近日中に子供研究講座の六までと、ジャンクリストフとを下げます。ジャンクリストフは後半を読み下したので早く上ったのです。二巻以後大凡十日（一冊）で読めると思ひます。子供研究講座は思ったよりい丶本で、一通り目を通してもらひたい気もしますが、多忙でせうから重要なものを左に記しておきます（但し五巻までの中）

矢野　子供の栄養（至急必読）、森川　玩具と運動具（必読）

奥村　歯の衛生（必）
武正　日本の子供（要読）
倉橋　幼児の心理と教育（〃）
竹内　子供の身体の衛生（〃）

大言海の二、袴入手、大言海の三、四、追々に入れて下さい。

この手紙着き次第、本を五、六冊願ひます。当分の中、日本文学、農学、ジャンクリストフを。

姉さんに鶴川の留守を頼んで、近い中に桐生か荻窪で歯の治療をしっかりやって、浩志によくかむことを母親の実例を以て教へ込み、浩志をビタミンに富む主食に馴れさすやうに切望します。もうぢき乳歯が全部揃ふでせうから。

春になって、うちのこと、村のことがしきりと思ひだされます。

雨静か木の芽も動き草も萌ゆ
水温む田うなふ影の一つ二つ
咲きてあらん去年植ゑしかの白梅
富士なほ真白紫にけぶる丹沢
日あたゝか、そよと動く麦の伸びたる
小綬鶏の叫びひとしきり朝の静けさ

「こじゅけ」の正体が百科辞典でわかりました。南支那原産の「きじ科」の鳥とのことです。

春は気候の変化が激しいですから、子供達に気をつけて下さい。

皆々によろしく

〔母・板谷つまから虔へ、葉書三月二十六日付　第五信、消印十六年三月二十六日。葉書表に「裁照　不許」印〕

雨静か以下六句の中より

　富士なほ真白紫けぶる丹沢

　こじゅけの叫びひとしきり朝の静けさ　を抜きます。

落ちつきあり品ありてしかも古からず甚だよいと思ひました。

　日あたゝかそよと動く麦の伸びたる　は一整理しなくてハなりません。正直、簡潔、ハ句作上の最必要条件です。（この句を不正直といふではありません）

春になってうちのこと村の事がしきりに思はれる、尤な次第です。が望ハ来春にかくることに満足して下さい。敞の就職ハ産業試験所にどうやらきまりさうです。同人より二日、十六日に手紙が出てゐるさうです。

　世に沿ひてつゞりに綴るシャツよ足袋よ　　　　母

〔虔から八重子へ、封緘葉書、消印十六年四月七日〕

第五信、三月三十一日、相変らず丈夫です。衣類四点、大言海ありがたう。

兄さんから浩志の写真と手紙をいたゞきました。写真は手続上、二、三日後でなければ見られません。待たれるものです。

家のことは心配するな身体を大切にせよと言って呉れました。ここへ来た時から、直接桐生宛に書きたいと思ひつゝ未だ果せずにゐます。いつ書けるか分りませんから、感謝とおわびの意を伝へて下さい。

みんなから、外のことは気にかけるな、といって戴いて申訳なく感じてゐます。固よりつまらぬ取越苦労はしませんが、今感じてゐる負債を将来如何にして償はうかと考へぬ日はありません。そして、その中心は結局子供達のことに帰着します。子供達の将来のために、どんなに思を砕いてゐることか！

子規二冊（一冊は荻窪からの改造社版）熟読、俳句といふものが少し（ほんの少し）分りかけて来た様です。子規の性格に強い好意を感じます。二種の日本文学全集は概して改造版の方が好評ですが、子規も改造版の方が三割方多量です。

大言海の四と、字源の差入れをお願ひします。文学書もみを入れて読むとなると、どうしても辞書がほしくなります。

この手紙が着いたら、また一包本を送って下さい。重ねての注文ですが農学書と文学書とを。本の差入れはどうか早目にお願ひします。

子供研究講座中（六―十）読んで戴きたいもの

松本　両親の為の一般心理学（六巻所載分）（必読）

竹内　子供の病気と手当（急必）

土川　児童と遊戯（要読）

上村　子供と金銭教育（〃）

井上　児童と家政（〃）

俳句は見聞の範囲狭く少しも進歩しません。

三月ぶり吾子の項の力づきたる

接見数分遂に捉へ得ず子の視線

霞消えて紺青の空北の烈風

若草見つゝ駆け廻る六坪の運動場

東南に面するスリガラスの窓

窓に動くシーダーの影春の朝

みんなお大事に。

〔八重子から虔へ（荻窪の板谷宅から）、葉書四月五日付、消印十六年四月五日〕

第十二信

御無沙汰しましたがお変りない事と存じます。当方も皆元気です。三十一日に桐生の幸男と正夫が来て三日に登志彰も共に母に送られて帰り、私はこちらに来ました。桐生の子供達の居る間に花月園と、本町田の手前の薬師池附近の山登りに行き春光を浴びて来ました。陽子の五ヶ月の胸囲は40.5c、頭囲は41.2c、標準は、前者41.3後者41.1です。三十一日から姉さんが荻窪に来て居りますから宅下の受取人に加へておいて下さい。私の歯はもっと暖かになってから町田まで通って治療します。阿部知二の「文学論」他四冊を十日に発送するように姉さんに頼んでおきました。鶴川へは七日に帰ります。

ではお元気に。陽子の歯が生へ始めました。発見したのは三月二十四日頃です。

〔八重子から虔へ〔荻窪の板谷宅から〕、葉書九日付、消印十六年四月九日〕

第十三信

冬の名残がなかなか去らず、ひたすら陽春を待ち望んでゐますがその後も御丈夫ですか。陽子の下の門歯が、二枚になりました。浩志に比べてなんて早いのでせう。坊やは此の頃やんちゃになりました。押入に二度入れました。今眼を少し悪くしてゐますが直ぐ治ると思ひます。

前便で書き忘れたかと存じますが先月二十九日に大言海（三）と衣類四点送りました。尚十日発送予定の本五冊本日出しました。

明日鶴川に帰ります。

〔虔から八重子へ、封緘葉書、消印十六年四月十五日〕

四月十日、第六信、相変らず丈夫。

第十二信はまだ着かない。

父としての責任を痛感し（検挙直後）、民族意識に目覚め（昨年夏）、国体観念*を明徴にし（本年一月）、マルクス主義の理論的批判を成就し（二・三月）、最近遂に国家的見地に立って自分の将来の仕事を決定するに至った。よき父たることは言ふまでもない事だが、仕事としては「農学の普及」つまり「農学と百姓とを結びつけること」、これが僕にとって為し得る且つ有意義な仕事だと思ふ。そしてそれは現下の偉大な発展途上にある日本にとって重大な「農業生産力の拡充」に役立つと信ずる。具体的な方法は今確定は出来ないが「農学的な考へ方」を教へる平易且科学的な著作も考へてゐる。

も一つ、自己の専門学として「日本農業地理学」を選ぶ。専門学のなかったことは何としても淋しい事だった。遅ればせながら今から之を専門に研究しようと思ふ。そして之は前述の仕事と関聯があり、相依り相助けることになる。

うちにある農学書、大体左の順に差入願ふ。

安田「栽培学汎論」、近藤「チウネン孤立国の研究」、稲垣「農業気象学」、青鹿「農業経済地理」、下川「実験蔬菜園芸」、岩波刊行の「日本農業の展望」、渡辺「蔬菜」(三冊、農芸全書中)、江口「蔬菜園芸」、卜蔵「作物病虫害精説(?)」、小野「農民経済史研究」、朝日「新農村の建設」。

まだ他にもありさうだが思ひ出せぬ。目星い本の名を書送ってほしい。

文学書も併せて読みたい。

ジャン・クリストフは不許。英語の本はワイスマンの遺伝学(On Heredity)二冊(扉に書込ありし筈、切取って可)、ダーウィンの「ビーグル号の旅」、ストウ「アンクルトム」の順に。

尚朝日の「明治大正史」六冊もほしい。百科辞典は五月上旬読み終るから次に「農業小辞典」を読みたい。今月末差入願ふ。

藤村、武郎、蘆花、夫々に面白かった。

不許といふこともあるから、本は常に早目に差入願ひたい。僕は少しづゝだが着々と成長しつゝある。八重子も子供達と共に絶えず成長して呉れ。そして禍を福に転じようではないか。

よろしく。浩志の写真じつにかはいゝ。陽子の半年のを望む。

＊国体　もともとは国の形体、その組織や状態を意味する言葉で、古くは中国の古典に現れるが、ここでは日本を神々の国であるとする神国思想とその神の子孫である天皇は万世一系であるという皇国思想による体制を指す。

〔八重子から虔へ、封書四月十八日付、消印十六年四月十八日〕

第十四信

荻窪鶴川一同健在、五信、六信入手。大言海（四）と農業経済地理他四冊発送、ジャンクリストフⅣを荻窪から出した筈。Ⅰ、Ⅱが入ったのですから許可の可能性が無いわけでもないと思って。Ⅲの不許で本が欠乏しましたね、今後はもっと早目に送りませう。今までは房外預りの本がたまり過ぎてはと、つひ遠慮勝になってゐたのです。字源、栽培学汎論、農業気象学は書込がありますので次回に廻しました。うちにある農学書は次に出す手紙に書きます。

貴方の将来の生活方針が、小にしては家庭の幸福を築き、大にしては国家に益するものであることは、ほんとに嬉しいことです。先頃、予審開始は五月以降とはっきり知って矢張り「遠き春」であるのかとがっかりしましたが、どうやら四月も終りに近づきました。又気持をとり直して元気に待ちませう。貴方や子供達が丈夫なのが何よりです。浩志の眼は殆んど治りました。最近のペットは「チョーチェンデンチャ」で見ること乗ることは勿論帰宅後はその絵をみて喜び又、一日に何回となく発音します。「オートチャンリン」も好んで云ひます。坊や独特の発音では「腰かけて」を「コカチ、」「地下鉄」を「チタクト」等があります。

陽子はこの頃ゆりかごをたまに使用します。十六日に公の種痘をしてきました。五ヶ月半の体重は荻窪滞在で測定しませんでした。

宅下を受取るのに二時間以上も待つこともあるので、受取る手続きだけすませ代理人に受取ってもらひ次に行った時持って帰るやうな方法をとってゐるので、子供研究講座を鶴川へ持って来たのが十日だったので読み始めるのが大変おそくなりました。

先日、その子姉の貸間探しに鵠沼方面を歩き廻りました。坊やに始めて海を見せたわけですが、何の感動も与へないやうでした。
寝不足からか、私はこの頃少し疲れ気味です。
脚気にならぬよう、出来るだけ御用心下さい。

さよなら

四月十八日　　浪江八重子

〈母・板谷つまから虔へ、葉書四月二十四日付、消印十六年四月二十四日〉

御無沙汰しました。体に障りがなくていゝ、あんばいですね。うちの者も皆丈夫です。兼雄さんもあゝしてゐれば病人ではありません。第五、第六の二信ハ今日ツル川から廻送されました。

三月ぶり吾子の項の力づきたる　は表現に不充分の点がありますが他の四句ハまづまづ無難です。但し、

窓に動くシーダーの影春の朝　のシーダーとは何でせう。

若し之れが春を表示する何ものかであるならば「春の朝」をゆるすことは出来ません。

俳句大観　中内蝶二編を送ります。暇休めに読んで御らんなさい。歃君ハ昨日から出勤、埼玉県志木町東邦産業研究所　東京試験所に

わが身にとりてこの春は
いつ咲きていつ散りし今年の花

母　第六信

〔弟・板谷敞から虔へ、封書四月二十七日付、消印十六年四月二十七日〕

当方に有るドイツ語の本一覧表

グリム著　ゲーテとシラーとの交はり　七九頁
ホフマン著、小野沢訳註　対訳、スキュデリー嬢　二八一〃
ルーテル訳　旧新約聖書　約一二〇〇〃
シュティフテル著　喬木林　一八四〃
ダーン著　死に到る迄忠実に　二五八〃
ホイヴェルス著　日本素描　四四〃
リュング著　ナチズム　四九〃
ギーゼマイヤー著　欧洲大戦後の世界　一〇〇〃
シラー著　小論文集　一二七〃
グリルパルツェル著　哀れな楽手　五六〃
青木編　近代論文集　第一巻　一四五〃
平野編　独逸詩粋　三八〃
吹田編　社会学読本　一二四〃
テンニエス著　社会学の本質　三四〃
カロッサ著　幼年時代　一一三〃
ズィンメル、ヨーエル、ウォリンゲル著　近代文化の葛藤、現在の哲学的危機、現時の芸術問題　一三三〃

リップス著　意志の自由の問題　一三〇〃
ヘッケル著　宇宙の謎　一六八〃
ギュンテル著　原子の内部へ　二〇六〃
他は程度低く、問題とするに足らず、　以上十九冊

鶴川に有る物、
シュウェーグラー著　哲学史　五一四頁
ショーペンハウエル著　意志及び表象としての世界　上六七七〃、下七六二〃
〃　宗教について　五六〃
ヘッケル著　自然と人間　一八六〃
ダマシュケ著　国民経済史　上四〇四〃、下四三六〃
トライチケ著　三十年戦争後のドイツ　一七一〃
〃　解放戦争　一七五〃
ウェーゲラー著　大戦の原因　八〇〃
タキトゥス著　ゲルマニア　六八〃
マキアヴェリ著　君主論　一四五〃
カント著　一般博物学と天界の理論　一九一〃
シラー著　ワレンシュタイン　上一二八〃、下一三六〃
ヘッベル著　ニーベルンゲン　二一三〃

シラー著　　メッスィーナの花嫁　　一一二〃
ゲーテ著　　ウェルテルの悲しみ　　一五〇〃

以上十五種十八冊

四月二十七日（第四信）

埼玉県北足立郡志木町
財団法人東邦産業研究所東京試験所機械研究室
板谷　敞

浪江　虔　様

〔虔から弟・板谷敞へ、葉書、消印十六年四月二十八日〕

四月二十二日、第三信、皆丈夫だらうね。僕も至って丈夫。八重子宛前信に書いた様に将来の方針も勉強の的も定まった。猛烈な読書欲と行動欲に駆られる。全力を挙げて勉強するよ。そこでお願ひだが、先づ農業地理学の基礎学として、地質学（岩波全書の岩石学なども夫かと思ふ）、日本の（内地）地質、土性、地勢、気候等に就てのもの、又各府県から出てゐる県勢要覧の如きもの（神保町と今川小路間の長門屋あたりに若干あると思ふ。東京府のは鶴川にあるから近々入れる様伝言願ふ）、君の判断で右様の書を適宜物色してほしい。週報*四月二十三日号以降毎号差入れる様之も八重子に伝言願ふ。週報は最近許可になったもので制限外だから大変ありがたい。ジャンクリストフは一の他不許。あの英訳は大した名文でもないらしいから惜しいとは思はない。君の就職は未だ？気にしてゐる。落胆せずに、根気よく、必ずしも正面からばかりでなく、色々と努力したまへ。時折たよりがほしい。短くてもいゝから（君からのはまだ一通も受け取らぬ）皆によろしく。

＊週報　官報付録として一九三六（昭和十一）年十月十四日、政府が創刊した週刊の広報誌。各省の部課名で執筆され、法令・法案、各種政策の解説、内外情勢、産業、経済、学術技芸に関する資料を掲載、上意下達を円滑にすることを目的とした。
〔八重子から虔へ、封書四月三十日付、消印十六年五月一日〕
第十五信（四月三十日）
前便以後、私の歯の治療開始、お葬式二つ（院の下のお祖父さん、と乾物屋のお祖母さん）、大掃除等重なって多忙のうちに過しました。左に農学書の主なるものを記します。

我国近世の農村問題（本庄栄治郎）（改造文庫）
農村更生叢書　全三十巻　日本農業概論（東浦庄治）（岩波全書）
農業年報　第十輯まで　日本農業研究（日本経済研究所）
園芸宝典　病虫害宝典　農芸宝典
農村を更生する人々（農業学校長協会）　内外実用植物図説
農村問題辞典　園芸植物図譜　原色果物図譜
農業政策（日本農業研究会）　緑肥提要（小西）
日本の農学（佐藤寛治）　最新花卉園芸術（永井）
最新花卉園芸（温室植物論）　大日本農政史（農商務省農務局）
趣味の有用植物　日本農業の展開過程（東畑）

統制運動による農産物の販売（水野、神田）　農芸大辞典

以上

陽子の種痘は四個の善感でした。満六ヶ月の体重は六四〇〇グラム（標準七〇四〇）で依然としてマイナスですが、牛乳を補ふことが、母乳の分泌を弱め、或ひは乳児が、母乳より牛乳を好んで飲むと云ふ危険性もあることを浩志の時の経験で教へられてゐるので、今度は母乳栄養だけで通しました。陽子は体重増加は浩志に比して非常に劣って居りますが、身体の抵抗力と云ふ点になると、優ってゐる筈です。七ヶ月に入ったので離乳の準備にとりかゝりました。今、ウェファース五分角位まで食べられます。今度は主として、子供研究講座の離乳方法に依ってみようと思ひます。浩志が風邪をひいて、私にうつりました。浩志は平熱、私は多少熱が高いですが、寝る程ではありません。

郵送宅下の衣類三点着きました。こちらからは字源他十冊、金拾円送りました。家では今、大根、里芋、八つ頭、じゃがいも、さやえんどう、小かぶ等をつくってみましたが、初めてのことですから、食膳にのぼるかどうか疑問です。このうち小かぶは成功しました。不順ですからお大切に。

〔虔から八重子へ、封緘葉書、消印十六年五月七日〕

第七信、五月三日、丈夫。

先月面会がなくて失望、病気ではないか。十四信に寝不足で疲れ気味とあった事思ひ合せて心配してゐる。授乳中の大切な身体だから気をつけて。

拾円、本数回差入、ありがたう。漸く本が豊富になった。現在室内にある本は辞典八冊（大言海、

英和、字源、小百科、農業）、蔬菜園芸、農業気象学、農業経済地理、日本農業の展望、ワイスマン大自然科学史の六冊。領置中のもの、ダーウィン、俳句大観（荻窪より差入）有島全集（之は第何巻か知らせてほしい、巻不明のまゝ、舎下を願つたら既読の第一巻が入つて来た）。本日宅下を願つたもの、蘆花三冊、いのちの初夜（以上は不許）、チウネン、一葉透谷集の六冊。なほ先月下旬綿入と羽織と股引を郵送宅下したが着いたらうか。

宅下の本が大分たまつてゐるんぢやないかと思ふ。

至急差入願ひ度き本は週報二三七号以下（毎号）、東京府刊行の「市町村勢要覧？」（青い表紙に白い背文字の厚い本）、帝国農会の農業年鑑の最新のもの（之はうちに無いから購求の上で）。追々に買つて入れてもらひたいもの「農業経済地理」巻末広告中にある叢書の1、3、13、17、18。うちにあるものでは岩波全書の統計学概論、農村工業に関する本、自然科学史の2以下。本の差入及持帰りの際、面倒でもその書名を手紙で一々知らせて呉れるとこちらは都合がいゝ。本の出入の世話は随分厄介だらうが、僕の勉強を手伝ふと思つて骨を折つてくれ。

農業経済地理、興味深々〔津々〕、この方面で自分も専門家の仲間入が将来出来ないこともないとの自信を得た。この著者の府下農村に関する理解と自分のとを比較して見て。

下川の蔬菜は流石に名著だ、や、古いけれども徹底してゐる。

前にお願ひした農業関係書追々差入願ふ。近頃は農学と農業地理学に頭を占領されて俳句を作る頭にはどうしてもならぬ。皆によろしく。

十二、十三信は簡単にすぎて失望した。十四信程度であってほしい。

〔八重子から虔へ、封書五月八日付、消印十六年五月八日〕

第十六信（五月四日）

お変りなくお過ごしですか。もう直ぐ一年たちますね。思ふこと多い日々ながら当方一同無事消光、浩志の風邪はよくなりました。二日、三日と腸を悪くしてゐましたがそれも今日は治りました。私の風邪は一寸悪化しましたが、もう大丈夫です。

浩志のやんちゃを如何に扱ふべきかが懸案でしたが、この頃はその扱ひ方を会得してしまひました。私の云ふことをよく聞くやうになりました。お祖母ちゃまでは駄目です。泣きわめいてゐる間はかまわない、子供の云ふこともきいてやらないといふ方針をとりましたらこれが成功して、私が「泣かないで、だまって！」と云ひますと「ダマッタ」と云ひながら涙をおさめます。き丶わけのよい子になりました。やんちゃの絶頂は、二月末から約一ヶ月半の間でした。これからまたどんなふうに変るか分りません。

ユフヤケコヤケデ　ヒガクレタ――アメアメフレフレ――カラス

ヤマノオテラノカネガナル――カアチャマガ――ナゼナクノ

今、これだけ云ひます。歌にはなりませんが少しふしがつきます。皮肉る人が居ないから、さぞ調子外れの童謡が横行してゐるであらうと想像して、きっと苦笑をもらしてゐることでせう。近々、レコードを買ってやるつもりです。

陽子は上一枚生へて計三枚になりました。今日は味噌汁の上澄と、お粥を茶さじ一杯やりました。大掃除に畳を一人で持上げて初めて畳の重さを知りました。

お金は貴方の希望も入れて一ヶ月おきに拾円にします。

「子供の栄養」だけ読了、私の歯は一本済、後三本残ってゐます。

空閑地利用で多忙です。

では　相変らず丈夫でゐて下さい。

浪江八重子

浪江　虔　様

〔八重子から虔へ、葉書、消印十六年五月十日〕

第十七信　五月九日

第七信入手、万葉秀歌（上、下）、蔬菜（三冊）、ダーウィン（Ⅱ）、市町村概観、週報（237–9）を送りました。宅下は二日に姉さんが十九冊受けて八冊だけ持帰ってくれました。書名は後便で申上げます。領置中の有島全集は第四巻です。陽子は四枚目の歯が生えて来ました。六ヶ月半の体重は六六五〇で五四〇〇の不足です。浩志に「坊やいくつ？」と聞いたら「十三、七つ」と答へました。

〔虔から八重子へ、封緘葉書、消印十六年五月十六日〕

五月十三日、第八信、丁度一年になる。早い様な遅い様な。身体は好調。

風邪はなほったらうね、浩志はよく風邪をひくが、夏になるべくはだかで暮させる様。第十五信、お母さんの六信、敞君の四信、週報三冊と市町村概観着。昨日農業経済地理、農業気象学、実験蔬菜園芸、自然科学史1宅下。

本の注文、今まで書いたものは勿論のこと、その他に、日本農業概論、日本農業の展開過程、農業政策、統制運動による農産物の販売、日本の農学、帝国農会から出したと思ふが「東京市農業に関する調査」の二冊（一つは東京市域内農家の生活様式といふのだったと思ふ。）「藁製品に関する調査」、一般植物学（田原）、フレーベル「人の教育」があった様に思ふが。ダーウィン「育成動植物の変異」（岩波文庫、之はうちにないと思ふ）、農業学校長協会の二千六百年記念出版たる「日本農業教育史」「日本農学発達史」の二冊はぜひ読みたいものだ。高築先生か、神田区錦町一ノ三農業図書刊行会高宮政人氏宛お願すれば送って下さると思ふ。「遺伝に就て」の第二巻、文学全集、若干、本の差入が相変らずおくれ勝ちだね。

どうかもっと早目に豊富にしてもらひたい。読物が途絶えた事はないのだけれど、心細さを感ぜざるを得ない場合が多いのだ。（有三、節、冬彦、等読みたい）、栽培学汎論の書込みは余程ひどいだらうか。消し難い様ならあきらめるが、之程待ってゐるのも少い。なほ、農学書の目録の追加を望む。実用農芸全書と更生叢書各巻の題、満洲の農業に関する調査等もあったように思ふし、まだまだある様な気がする。

小かぶ等を作ったさうだね。えんどうは時が悪い様だ、よとう虫の大害を早期に防ぐがよい。なほ今から七月末頃までに播けるやさしいものに蔓いんげん、にんじん（短いのがいゝ）、二十日大根等がある。下川の本は役に立つだらう。そのうち「単衣」と「さらしのじゅばん」と「さる又」一つ差入願ふ。句作たゞ一つ

さわらびとってまゐらせんすべもなく

みんなによろしく。

〔父・板谷浩造から虔へ、封書五月十八日付、消印十六年五月十八日〕

五月十八日　　　　　　　　　　実父　板谷浩造

浪江　虔　殿

気候は大分よくなったがまだまだ不順だから健康に注意することです。

丈夫の様で結構、鶴川も変りない様だ。

満壱ヶ年目といふ時の気分は実に憂鬱になるよ。

浩志の二た誕生があと、一ヶ月とは無い時になりました。第一回も第二回も父親留守の誕生日を迎へる浩志は成人後に何う思ふかと考へると二回目の今年の写真は一人丈けのものにして置きたいと思ふ。勿論八重ちゃんと相談してにハする。

今陽子は実に可愛いよ。二人の子の親として早く帰宅したいでせうしそれを祈って居ます。思想的にすっかり清算出来たらしいが余りにも道草を喰い過ぎたと思はれてならない。しかし、がっちり変ったのだから喜んで居ます。

愛子たち夫婦は去る十日転地先から帰京して大森の家の離れに住って居る様です。まだ会ひませんが兼雄君の健康は充分ではあるまいと思ふ。

敞は毎日元気に通勤して居る。仕事は六ヶ〔難〕しい丈けに面白いらしい。朝六時四十分に出て夕六時前後に帰宅　勤務時間は楽らしいので帰宅後も機嫌がよい様だ。

お前に手紙を書かなかったのは理由はないが書く気にならなかったのです。二月中旬頃から高島屋工業会社の赤羽工場の事務系統の整理を手伝って実に忙しい事は忙しいです。しかしその為か健康は割にいゝ方です。けれども目舞と絶縁ではない　去る十二日の帰宅後一寸襲ハれかゝったのがい、塩梅に事無きを得ました。
敵のお蔭で皆早起をするので出勤も割方早い。
月、木は東洋化工、火、水、金、土は赤羽工場
　　右ハ仕事
謡は、
　月、自宅　火、木挽町高島屋　水、矢来
　木、東洋化工　金、赤羽工場
　土、日は何も通素謡会　観能
　等にて寧日なし？
右で書道、俳句は全く縁が切れて居ます。今日これから久保田氏の会に援助に出掛ける。
当方一同無事
以上

〔八重子から虔へ、封書五月十九日付、消印十六年五月十九日〕
第十八信（五月十八日）
今朝、貴方の夢をみて気がかりのところへ第八信が着き無事を知って、ほっと一安心しました。
本の差入は、こちらでは早目にしてゐるつもりです。日が長くなりましたから一日約四百頁で計算してゐますが心細さを感じる場合が多いのでしたら、更に早目にしませう。
先月下旬以降身体の工合が悪かったのと、多忙のために面会とお便りは怠り勝になりました。

念仏講のお仲間入りをしました。こんなもの、存在を知ったのは最近のことで「やと」の交際だからとす、められて、仲間外れにされても仕方ない現在の状態にある身なのに入れと云はれるのは、有難いと思はなければならぬと、信心はないけれど、おつきあひにと云って入りました。六月と一月を除き月一回集って、かねをた、き念仏をとなへます。実質的には茶呑念仏で一種の親睦会のやうなものです。そのお宿を十二日にうちでしました。夜食にだした、五目ずしが好評でした。会員は十七人位、五月は農繁期にさしか、るのでいつも五、六人か集まらないのださうですが、今度は十二人来ました。お父様は貴方が居れば賛成しないかも知れないとおっしゃってましたが、それほどピューリタンでもありますまい。如何?。

十五日にかごやのお爺さんが亡くなって、二日半手伝ひに行きました。下堤では炫ちゃんが肺炎で、今夕坊やを連れてお見舞しました。妹のてるちゃんは六日に呼吸器病で亡くなりました。貴方の留守中多くの知人が死にました。

十四日に「蔬菜園芸」「農作物病害要説」「農民経済史研究」「週報二百四十号」、十八日に「アンクル・トムス・〔ケビン〕」「鷗外全集6、11、13」「新農村の建設」を送りました。浩志は何をしてもらふのにも私でなければ気に入らず、陽子はうつぶせに起きるやうになりました。

〔八重子から虔へ、葉書、消印十六年五月二十日〕

第十九信（a）　五月二十日

農学書目録追加

地方特産品に関する調査（昭12）　農林省経済更生部

農家副業生産物の生産並販売統制に関する調査（昭11）〃
農村部落生活調査（昭13）〃
東京府の産業及施設（昭11）〃
東京府の副業（昭12）東京府経済部農林課
東京市場に於ける農産物取引状況調査（昭11）〃
産調資料
　　農業経営続篇（康徳元年度農村実態調査報告書）
　土地関係並慣行篇（〃　）

〔八重子から虔へ、葉書、消印十六年五月二十日〕

第十九信（b）五月二十日
土地関係並慣行篇（補遺）（斉北・浜北両沿線地方十六県）
農村社会生活篇（康徳元年度――　）
農産物販売事情篇（康徳二年度南満――　）
租税分課篇（北満南満――　）
実用農芸全書の目録はすでに送った、このうちの「蔬菜」の巻末にあります。更生叢書も総目録のでてゐるのを一冊送りますから御覧下さい。農村工業に関するものは大河内の「農村の工業と副業」「農村の機械工業」がありますがお読みになりますか。
陽子の目覚めてゐる時間が多くなり、浩志は私の後ばかり追ふので骨が折れます。先月の十日以後夜も私が二人の子を受持つのでこの頃の願望は一夜、ゆっくり眠り通したいといふことです。陽子はうつぶせになって方向転換が出来るやうになりました。

〔母・板谷つまから虔へ、葉書、消印十六年五月二十三日〕

身体好調のよしうれしく思ひます。

この頃ハ随分暑いですね。ラヂオで四月から各地の温度をいはなくなったので敞氏が最高最低の寒暖計を買ってそれによって記すことにしてゐます。近頃ハ平年より三、四度高目であるやうに思ひます。

陽子ちゃん昨夜おとなしく一泊、

凡てがうまくいってゐますから決して心配せずのんきに来るべき日をお待ちなさい。

七信　母

〔虔から父・板谷浩造へ、葉書五月二十四日付、消印十六年五月二十八日〕

第四信（封緘品切の由）、お手紙ありがたうございます。「道草」については余り悲観なさらないで下さい。急行列車の旅も、「笠着て草鞋」の旅も共に旅です。僕の前半生の体験は直接ではなくとも間接には必ず後半生に役立ちます。まして最近五ヶ年の生活は実質的には農村文化建設の為の苦心と努力との生活でした。そして、その基礎の上に将来の方針が立ってゐるのです。今の勉強も基礎工事の中です。たゞ、浩志の智慧づきの早いのに焦燥を感じ、一日も早く子の許に帰れる日の来ることを祈ってゐます。「めまひ」を防ぐため鶴川のお灸を試みられたらどうでせう。身体の硬化に卓効ありとて全国からするゐに来ます。毎年新と旧の六月一日だけ。丁度日曜でもあり、孫たちの顔見傍々。

お母さんに。五信は不着でした。「シーダー」は「ひまらやすぎ」を称したのです。官本で井泉水氏の「俳句教程」と「放送芭蕉を語る」とを読みました。いい本だと思ひます。最近の句作（生活俳句とでもいひますか。百％の素人作品です）「かみしめてかみしめてうまし麦六分」「子等の育ちに隔の溝の深みゆくか」「新緑に甦へる苦き苦き思出」

姉さんに、本の運搬毎度御苦労様です。今後もよろしく願ひます。

敞君に、就職おめでたう、しっかり勉強し且つ働いて下さい。「玉野市」が何県にあるかわかったら知らせて下さい。

〔八重子から虔へ、封書五月二十八日付、消印十六年五月二十八日〕

第二十信　五月二十七日

今年も三人の誕生日を共に祝ふことかなはず非常に残念です。せめては陽子のには間に合ふようひたすら願ってゐます。

待つより外せんすべない現在の状態が暗影をなげるのか近頃神経衰弱の傾向です。

先日の面会の折大事なことを言ひ落しました。日本農業年鑑が書店にありませんので差入がおくれてゐます。目下帝国農会へ頼んでゐます。栽培学汎論は色鉛筆で沢山線が引いてあるのであきらめていたゞこうと思ひますが、是非とも読みたいものなら砂入の消ゴムで消してみます。少し試みてみましたが幾分消し残るやうです。

二十一日と二十三日に発送した本は、「統制運動による農産物の販売」「日本の農業」「日本農業の展開過程」「更生農村」「統計学概論」「日本文学全集」の43、46、2（綺堂、幹彦）（有三、百三）（逍遙）、「育成動植物の趨異」の1、2、以上合計十冊。

去る十六日浩志が麻疹になった子供と三十分ばかり遊んだことが二十三日の夕方分り、大抵大丈夫とは思ひましたが陽子のことを考へ、翌日町田へ行って血清注射をして来ました。私の血液40ccを二人の子に分けました。麻疹の潜伏期は十日です。今日になっても発病しませんから、もう安心です。

浩志は紙と鉛筆を要求し自分で何やら書いたり、又、省線*電車、オート三輪、サイドカー等を書いてくれとせがみます。そのくせ道路を、之等のものが通ると怖がって泣き出します。

陽子はおかゆ、卵黄、ビスケット等食べるやうになりました。満七ヶ月の体重は六九〇〇グラムで四五〇グラム足りません。

福冨のおばあさんが二十六日に亡くなりました。

さやえんどうが実のり、じゃがいもはうす紫の花をつけました。

元気に御勉強下さい。

*省線　鉄道省の管轄下にあった鉄道路線を指す。省線、省線電車などの名称が用いられた。一九四九（昭和二十四）年からは日本国有鉄道に代わり、「国鉄」の名称に変わった。

〈母・板谷つまから虔へ、葉書、消印十六年五月二十九日〉

面白味ハ何といっても生活俳句にありますね。

かみしめてかみしめてうまし麦六分　　の如き。

新緑に甦る苦き苦き思出　　我等にハ正に共鳴の句ですが知らぬ他人ハ独り合点とそしるでせう。「子等の育ちに」の句も前同様か。

誰にでもわかり誰をでも感動せしむるものでなくてハなるまいとおもひます。

福冨母堂ハこの二十六日遂に死去、納棺に立ち合ひそこに自分を見出したやうな気になり涙が出さうになりました。

五月二十九日　第八信　　　　　　　　　　　　母

〔八重子から虔へ、封書六月五日付、消印十六年六月六日〕

第二十一信（六月五日）

暗い気持を押しやって暗くない手紙を書くほどの作為もおこらぬまゝ思ひつゝご無沙汰致しました。

先日二ヶ月ぶりの面会の後貴方の顔色が気になるのですが、ほんとに身体は何ともないのですか。

持病（？）の眼が乾燥してゐたやうでした。

新しく覚悟を組立直してなほ待ちます。

浩志はよくしゃべり、よく泣き、よく食べ、よく甘へます。玩具の犬を押入へ入れて「カマハナイヨ」と云ったり、自分の枕をさせて「シバーオリドニシヅガヤニ」と云ったり、おんぶして「カミヒッパッチャイヤ」と云ったり、いづれも私の真似です。こんなことを見るにつけ、貴方の存在が、子供の生活のうちに反映する日の一日も早く来ることを望みます。

陽子はピチピチしたはねかへり娘で母乳以外の食品をやりだしてから、太り方が目立つやうに思はれます。明日の測定が楽しみです。右側第二門歯（上）が生へ始めました。歯の生長が早いのでこの点からだけ考へると離乳食の進行が立おくれてゐるかの感があります。今日は一回だけ、お乳は全然与へずおかゆにしました。うちで作ったじゃがいもも食べられるやうになりました。夕方二人の子を乳母車に乗せて散歩しました。陽子は始めてですがおとなしくしてゐました。私の歯の治療は昨日一応終了しました。

二十九日に、「東京市域内農家の生活様式」「東京市域内生産蔬菜配給状況」「大自然科学史第二巻」「明治大正文学全集二十一巻（節、虚子、冬彦）」「日本農業概論」「農業政策」「週報、二四一、二四二」以上計八冊、今日「明治大正史」の一から六まで、「藁製品に関する調査」「週報二四三」以上計八冊、発送しました。日本農業年鑑の十六年版は発行元にもありません。ますます、身体をお大事に。

P・S・　二十九日に単物、さらしじゅばん、さるまた、送りました。

〔虔から八重子へ、葉書、消印十六年六月十日〕

第九信。十九、二十信、お母さんの八信、下旬発送の本三回十八冊、衣類三点着。二十日に五冊、三十一日に六冊、今日五冊宅下、又三十日にジャケツ外三点宅下した。本は目下豊富だから、毎週々報共四、五冊見当で当分は十分と思ふ。なほ下旬に浴衣一、晒じゅばん一、さる又一を入れてほしい。本は左記のものを追々に。「地方特産品に関する調査」「農村部落生活調査」「東京府の副業」、実用農芸叢書中「果樹園芸」「蔬菜病虫害」「農用機具」、大河内の二冊共、ポアンカレの「科学の価値」「科学と方法」「科学者と詩人」（岩波文庫三冊共うちにある筈）、神経衰弱の気味とか、

兼雄君と愛子とに「謹んでおくやみ申します」と伝へていたゞきたし。皆々によろしく。六月五日
係はまた中島判事さんになったらしい。
中からつみとること。丈夫で勉強に精出してゐる。〔日本農業の〕展開過程は特によかった。
ないだらうか。夏が近い、浩志の食物には十二分に注意してくれるやう。ぢゃがいもの花は咲かぬ
陽子の体重は段々よくなって来る様だね、離乳期を成功的に過したら秋までには平均に追付けやし
艱難にへこたれてはいけない、苦難こそは人間を鍛へる火だ、断じて敗れてはならぬ。

〔八重子から虔へ、封書六月十五日付、消印十六年六月十五日〕

第二十二信　六月十四日

鞭撻の言葉をありがとう。必ず無駄にはしません。

今日は悲しいお知らせがあります。去る八日炫ちゃんが不帰の客となりました。哀惜にたへません。

陽子の七ヶ月半の体重は期待に反して非常に不成績で六八〇〇グラム（平均七五二〇）七ヶ月の時より一〇〇グラム減少です。二、三回測定しなほしましたが違ひありません故或ひは前回が測り誤りなのかも知れません。

浩志は時々「オトーチャマ」と云って写真をみてゐます。あんなに好きだったのですもの、きっと帰ってくればすぐなつくだらうと思ひます。此の頃は押入が浩志の書さいになって、あまりやんちゃを云って仕方ない時は絵本や犬と一緒に押入へ上げて唐紙を開けておきますとしばらくはおとなしく本をみて遊んでゐます。中は明るいから眼は大丈夫です。

九日夜から陽子が発熱し、十一日には九度五分まで上りましたが、十二日には平熱となりました。

原因は胃腸で粘液便が出ました。之と云って悪いものはやらなかったのですから、効を急ぎ過ぎての与へ過ぎではないかと思ひます。離乳期最初の失敗でした。

十三日は顔面、頸部等に発疹やうなものを認め麻疹と疑ひましたが、熱なく、機嫌も悪くなく、一晩たっても著明にならずにありますから、麻疹ではないでせう。

そんなわけで浩志第二回の誕生日は苺でお祝ひしただけで写真も延期しました。

発送した本は十二日に「経済地理学総論」「経済地図」、十四日に実用農芸全書中の「農用機具」「果樹園芸」「蔬菜病虫害」、ポアンカレの「科学者と詩人」「科学と方法」「科学の価値」以上計八冊です。うっかり週報を入れるのを忘れました。別便で直ぐ出します。浩志が真似して蒔いた白隠元が芽を出しました。母が蒔いた枝豆も行列を為してゐます。　御機嫌よう。　さよなら。

〔虔から八重子へ、葉書十七日付、消印十六年六月二十日〕

第十信、五日発送の本、荻窪発送の三冊、二十一信入手。

十三日に八冊宅下した。五日に宅下願った本の中、有島全集の四は紛失したらしい。調べてもらってゐるが。受取った本の名は時折一括してでい、から知らせてほしい。経済地図は大いに役に立った。ファウスト頗る面白い。創作欲が再燃して（形を変へて）、文学書に対する欲求が高まって来た。外国文学も少しほしい。沙翁、バルザック等。その他然るべく。農業年鑑十六年版尚心懸けてゐてもらひたい。うちに少し古いのがあったと思ふが何年度のだったらう。栽培汎論はあきらめるとしよう。前回頼んだ衣類の他浴衣一、ハンケチ一、座布団カバー一。月末頃までに差入願ふ。浩志の満二年に於ける心身発育の概況是非知りたし。なるべく身体が丈夫で、智慧がまはりすぎない様育て、ほしい。

母親の気分が子に影響する事の大なるを思ひ、つとめて快活に生活してくれ。なほ、僕の顔色が心配の種になったらしいが日にやけることが出来ないから、色の白いのは止むを得ない。異状は少しもなく、猛烈に勉強してゐるから安心されたし。


〔弟・板谷敞から虔へ、封書第五信六月二十二日付、消印十六年六月二十三日〕

暑いですね。今日、僕の部屋の最高温度は二十八度でした。之は今年の最高ですが、こんなのは毎日々々突破される事に直ぐ成るでせう。

例の「玉野市」の事ですが、色々調べたのに、サッパリ解らず、甚だ返事が遅れて申訳有りません。今日、愛子の家へ行き、フト、「国民百科大辞典」の別巻を見附け（あの大辞典に地図ばかりの巻の有る事は知りませんでした）、地名索引で求めた処、山形県と福島県とに有り、どっちもまだ「村」の記号が附いてゐます。（昭和十二年四月発行）。「玉野市」の人口は去年十月の国勢調査の時は、三万五千余ですが、右二つの何れが昇格した物か、一寸分り兼ねてゐます。どっちも鉄道沿線で無く、教科書用の地図には、最新版の物でも名前さへ出てゐません。山形の方は、尾花沢の近く、福島の方は、霊山《リョーゼン》の近くです。

或は、全然別の名前の町村が幾つか一緒になって、何処かに出来た市かも知れません（和歌山の「海南市」の様に）、もう少し調べて見ませう。

「経済地理学講座」は、先日送った二冊と、最初の青鹿氏の物との外、「工業経済地理」「鉱業経済地理」などは、沢山有るのですが、「農業立地学」「村落と都市」「方法論」は、サッパリ見当りません。水道橋―神保町、九段下―駿河台下―錦町の所謂神田古本街、本郷、早稲田、渋谷、及び、新宿から吉祥寺迄の中央線沿線各駅附近、と之だけ漁り廻って無いんですから、当分あきらめてゐて下さい。

「改訂日本地理風俗大系」も、値段が公定されてゐるだけで、品物は有りません。かう云ふ特殊な全集や講座以外、大部分の古本は、定価の七割五分以下と云ふ事になってゐます。

ワインガルトナーの指揮したベートーヴェンの「エロイカ」のレコードを買ひました。近頃新しく出るレコードは材質がとてもひどいので、かう云ふストック物の名盤を求める事の方が賢明なのです。最近出た大物は、ハイフェッツが演じたベートーヴェン及びブラームスの協奏曲で、前者はトスカニーニ、后者はクーセヴィツキーがオーケストラを指揮してゐます。チャイコフスキーの協奏曲も、クーレンカムプと、ミルシュタインと、競演の形で出ました。

今、ベルリンからの国際放送で、フルトウェングラー指揮、モーツァルトの「セレナーデ」が初まりました。空中状態は良好です。後、曲目は「ロザムンデ舞曲」と、「舞踏の勧誘」とです。

皆元気でゐます。兼雄氏も、勤めはまだですが、元気。

二十二日　　　　板谷　敞

浪江　虔　様

〔虔から八重子へ、葉書二十八日付、消印十六年七月二日〕

十一信。衣類等六点入手、敞君の第五信着、丈夫。

半年ぶりに見た浩志は抱かれてゐたせゐか、想像してゐたよりもあかちゃんくさく見えた。陽子とよく似てゐること！

七月の第二週より又毎週五、六冊宛の差入を願ふ。そのときさしあたり欲しきもの、ショーペンハウエルの「意志と現識としての世界」1、2（レクラム版）、片山独和大辞典、同補遺、（レッテルをはることを忘れぬ様に）、文学書若干、（長篇小説全集からも選んでい、のがあらう）、日本農業教育史、日本農学発達史はどうしたらう。

なほ、英語の本にどんなのがあったか、お知らせ願ふ。所内ニュースで独ソ開戦の由をきいた。世界の情勢の変化は全く予測し難い、が東亜共栄圏確立に邁進する日本の根本方針が不変である如く、「日本の農業生産力の強化拡充」のために、滅私奉公的に盡力せんとする僕の将来の目標も確乎不変だ。

敞君に、玉野市についてのお調べありがたう。あれは岡山の玉島町が成り上ったのかと想像してゐる。尚本について少からぬお骨折をかけてゐる。申訳ない。経済地理学講座は完結しなかったのだらう。

〔八重子から虔へ、封書六月二十八日付、消印十六年六月二十八日〕
第二十三信（六月二十八日）
浩志満二年の身体発育は、

体重、一一・〇五キロ（一一・〇五）　胸囲、四八センチ（四七・六）
身長、八二センチ（八一・三）　頭囲、四八・五センチ（四七・三）
（　）内は平均、胸囲は面会後計測し直したものです。

精神発達について参考となるやうなことを少し書きませう。

二十五日にあの建物に入ると直ぐ「コ、ドコ」と質ねました。こんな質問は始めてゞ予期しませんでしたが「病院」と答へておきました。「コレナンデセウ」と云ふ質問は半年前位からしてゐます。「ドウシテ」と云ふのは未だです。数について。積木を並べながら「二ツ三ツ四ツ」と云ってゐるのを今日聞きました。自分の年と陽子の年をきかれると正しく答へます。位置関係についてのテスト。ふたのある箱を置いて本を持たせ箱の中、上、後、前、下に置くことを命じましたが、いづれの命令に対しても上へ置きました。このテストで二つ出来なければ標準智能に達しないさうです。このテスト後しばらくして、坐ってゐる母の前後上下はどこかときいてみましたら、前後と上は分りました。物の形を判別する力。三角、半円、十字、菱形の絵を書きそれに相当する形に紙を切ってはめ絵をさせてみました。最初私がしてみせ、後、坊やにさせたら、形にかまわずのせました。第二回目も三回目も私がしてみせて後試みさせましたが第三回目に相当する形の上へ置きました。以上二つのテストは試験官のやらせ方、使用する道具の

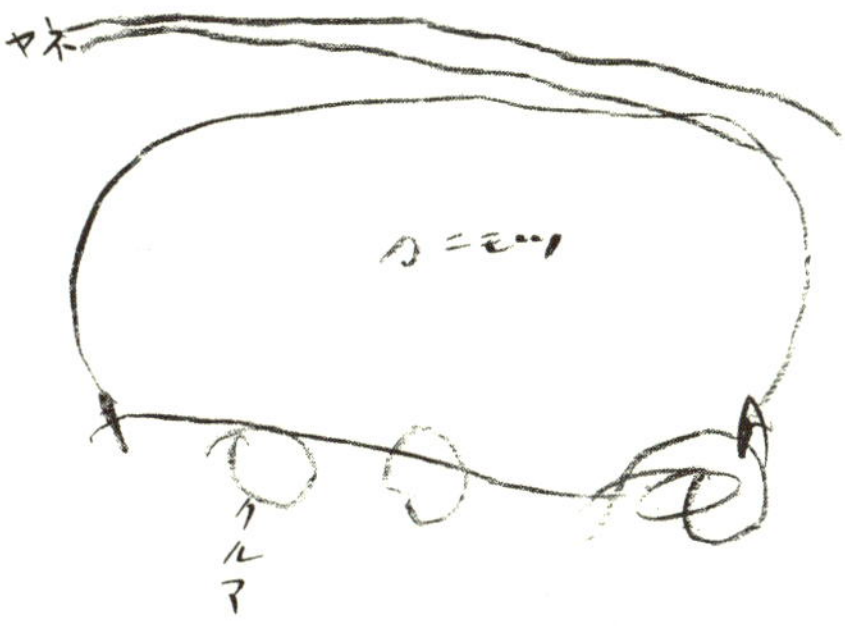

如何によって結果は異なりませう。

省線電車の絵をかいてやる時「パンタグラフをかいて」と云ひながら二、三回かいてやりましたが、此の間これ何でせうときいてみたら「パンタグラ　フ」と答へました。フの発音するのに時間をおきます。

先日浩志のかいた省線電車の絵です。カタカナで書いたところは自分でさう云ひながら書いたのです。

二十六日に週報と日本農業年鑑（十四年）を発送しました。

〔八重子から虔へ、封書七月五日付、消印十六年七月五日〕

第二十四信（七月五日）

急激な暑熱にお変りありませんか。浩志は二、三日来非常に不機嫌でぐづります。恐らく暑さの為でせう。四、五日前はな風邪をひいてゐましたがもう治りました。皮膚のたんれんに意を用ひませう。桐生から帰ってからずっと私の後ばかり追ひ母に気の毒になる位母を排撃しましたが、この二、三日は母と私の位置転倒してゐます。原因は私が叱り過ぎたのではないかと思はれます。どうも浩志は一人が好きになると他を排斥するくせがあって困ります。甘やかし過ぎても叱り過ぎてもいけないし、つくづく子供の育て方の難かしさを感じます。

陽子についてのお知らせがたまりました。八ヶ月の体重七キロ（平均は七・六九キロ）坐り始めが六月七日頃、這ひ始めが十日頃、六枚目の歯（上左側第二門歯）が矢張り十日頃から見へ始めました。四、五日前から、アパアパとかバ、バとか云ふやうな音を発してゐます。福冨の邦子ちゃんが小さい時三十分位もおとなしくじっとしてえんこしてゐるときいた事がありますので女の子は静かなのかと思ってゐましたら陽子は大ちがひで一秒もぢっとしてゐません。実に活動家であんまりおはねさんなので昨日外で排便させてゐる時後へそり反って私の両うでの間をすり抜けて地面へ後頭部を打ちつけてしまひました。幸ひ石ころもなく、すぐ泣き止みました。この一つちがひの妹はお兄ちゃんによく泣かされます。今日も浩志が陽子の前で「ワーワー」と大声出しますとベソをかき、浩志は「泣かした、泣かした」と云って喜んでゐます。暑さと浩志のやんちゃと怖がり、陽子の睡眠時間の僅少（昼間）等で母も私もヘトヘトになってしまひました。

高宮氏か高築氏かへは近日中に書きます。相済みません。

三日に「週報」「世界文学全集の沙翁傑作集」「シボのシャツ」を送りました。十一信入手。健康を念じます。


〔虔から八重子へ、葉書十日付、消印十六年七月十四日〕

十二信。二十三信、年鑑、沙翁、週報、シャツ入手。未だ一語も言へなかった浩志を残して来たのだったが、その浩志がもうあんな絵をさへ書く様になったのだね、子供達の所へ帰り得る日をいかばかり待つてゐることか！　いよいよ酷暑が来る、皆元気で丈夫で暑さを乗り越す様に。子供達をなるべく裸で暮させてくれ。差入のお願ひ。浴衣一、封緘葉書十枚、「新農業精説」（佐藤寛次）「農業経営経済学」（ブリンクマン・大槻、改訳ある由）以上は「農作物病害要説」巻末広告参照、「精説」は少々高いが買ってもらひたい。尚農業書を扱ふ古本屋は渋谷駅青山車庫間に十軒位ある。

ベートスン「メンデルの遺伝原理」（大思想全集版）うちにあると思ふが無ければ買って。岩波全書の化学通論、有機化学、生理学、栄養化学（之はうちにないだらう）、世界文学全集の「神曲」「失楽園」、日本文学を相当に。それから、実用農芸全書の残り全部を数回に分けて順次に。なほ、第一門に属する本の中、目星しいものの目録を書き送ってくれないか。丈夫でゐるから安心して、子供の養育に全力を尽されたし。七、八月は面会をぬいても結構だ。

〔八重子から慶へ、封書七月十五日付、消印十六年七月十六日〕

第二十五信（七月八日）

うちにある英書は

G. Eliot; The Mill On The Floss.
L. Lytton; Last Days Of Pompeii.
Shakespeare; Julius Caesar. The Merchant Of Venice.
C. Dickens; David Copperfield.
R. Kipling; Life's Handicap. Songs From Books.
D. Defoe; Robinson Crusoe.
Ruskin; Sesame And Lilies.
A. Smith; The Wealth Of Nations.
D. Ricarde; The Principles Of Political Economy.
J. Spargo; Americanism And Social Democracy.

B. Lussell; Principles Of Social Reconstruction.
C. Darwin; The Descent Of Man. The Origin Of Species.

陽子の八ヶ月半の体重は七四〇〇グラムで平均より四七〇グラム少いですが半月間の増へ方は良好で四〇〇グラムでした。牛乳はつゞけてやってゐますが私のお乳の方が好きでよくねだります。この子は離乳が困難だらうと思ひます。

先日の暴風雨で田植が済んだばかりの時なので場所によっては稲を流され、柔らかい泥をもってゆかれ大分荒されたやうです。

酷暑のあと急に涼しかったり不順ですが、障りはありませんか。

そのさんが十一日に行った時貴方の宅下は無かったとの報を得て、そんなわけはないと思ひ、病気ではないかと案じてゐます。

浩志のやんちゃはこの頃少し鎮まり、私の云ふこともきくやうになりました。何か書いたり、ブランコに乗ったり、私達と一緒に畑へ出たりして遊んでゐます。十一日に「人の教育」「意志と現識としての世界1、2」「独和大辞典」を送りました。独和の補遺は敞さんが借りて行ってありません。同氏が買ふさうです。

ではお大事に。

〔弟・板谷敞から虔へ、封書二十日付、消印十六年七月二十日〕

土用の入りだと云ふのに冷い雨で、予定してゐた鎌倉行が、フイになりました。一昨年の十月に山中湖で泳いだきりなので、水には入りたくて仕方が有りません。毎日通る池袋に立教のプールが有るのですが、凄いこみ方で、泳ぎなど思ひもよらないと云ふ話です。

再び玉野市に就いて、——同盟通信社の時事年鑑（昭和十六年）により、昨年八月に岡山県に生れた市で有る事が判明しましたが、同じ本の、「人口二万以上の町村」なる欄に、玉島町が出て居り、之の昇格で無い事も分りました。

所で、第一学期も終らうとしてゐる今、今年度版の日本地図が、何処の本屋にも出て居ないので（売切れ）愛子に電話をかけて調べて貰ひました。（義雄氏の長男が今年五中へ入ったので、新しい地図が有るのです）。それによると、玉野市はどうやら、宇野町の辺なのです。電話をかけてゐた時にその事に気附けば、宇野町の有無を確め得たわけですが、帰宅して古い地図を見てから、思ひ当ったのでした。大正八年版の、百科大辞典によれば、宇野の近くに玉と云ふ処が有ります。玉と云へば、確か造船所が有って近年急に大きくなった町の筈ですから、この玉と宇野とから玉野市が構成されたのではなからうかと、想像してゐます。（この両町とも、十五、六年版の時事年鑑では、「人口二万以上の町村」中に無く、玉野市の人口は三万五千です）。

猶、自分で新しい地図を見て確めやうと思ひ、昨日、大森へ行く用事が有ったので、愛子へ電話した処、親戚の家へ泊りに行ってゐると云ふ話で、駄目でした。

独和大辞典の補遺は、元来二冊有った筈なのに、鶴川に一冊有るだけで、五月頃からそれを当方へ持って来て使ってゐるのです。で、別に又買はうと思ひ発行所の南江堂へ行ったら、品切れ。（大辞典の新しい版の物に、あの補遺を、巻末に附け足して売ってゐるのです）。こりゃ見込ないなと思ってゐたら、本郷の或本屋で、偶然一冊だけ見附け、早速買ひました。近い中に入れます。

研究所で取ってゐるドイツ語の雑誌中の必要な論文や報告などを、命ぜられて訳したりしてゐます。文章は平易です。

一昨夜は、新響のプロムナードコンサート（八〇銭）へ行きました。例の「オーケストラの少女」で、ストコフスキーがきかせた、チャイコフスキーの第五、その他小曲をやりました。見て聴くのはい、物ですね。十三日には、三時頃から急に思立って鶴川へ行きました。もう二、三分で家へ着くと云ふあの長い下り路の途中に、前日の豪雨の為の崖崩れが有った以外、さう悪い路もなく、久し振りに乗った自転車でも、一時間四十五分で行けました。陽子チャンが、盛に這ひ廻ってゐます。

二十日　第六信　板谷　敞

浪江　虔　様

〔八重子から虔へ、封書七月二十六日付、消印十六年七月二十六日〕

第二十六信（七月二十二日）

十二信入手、お変りない由安心しました。どうして半月の間宅下が無かったのでせうね。発送案内が大分遅れましたが、十六日に、「週報」「大自然科学史（第三巻）」「メンデルの遺伝原理」「長篇小説全集（藤村）」「土の文学」「失楽園」「転向について」以上七冊、他に封緘はがき十枚を、二十一日に浴衣一枚と「神曲」「沃土」を送りました。長篇小説全集のものは、藤村以外はあまり文学的価値が少いやうに思はれます。校長協会出版の二冊について、安藤氏に依頼状を書きましたが（十二日）、未だ返事がありません。

（七月二十四日記）

陽子は障子を破り唐紙をむしり瞬時も活躍を怠りませんが体重増加は思はしくなく、九ヶ月のは七二〇〇グラムで前回より二〇〇グラム減ってゐます。九ヶ月の平均は七九七〇グラムです。便の性状が全く良好とは云へないので離乳の進行が少しもはかどりません。今日始めて食卓につかまって一人で立ちました。この調子ではほんとに荻窪のお母様のおっしゃるやうに誕生前にかけ出すかも知れません。子供の成長をみるにつけ貴方の帰りが待たれてなりません。酷暑に備へて浩志は坊主刈にしました。一層貴方に似てみえます。時々頭をなでて「キレイニナッタ」と云ってゐます。陽子はお兄ちゃんの髪をひっぱることが出来なくなりました。

今月は面会をぬくかも知れません。どうも産後最初の夏は身にこたへるやうです。授乳中のせいかも知れません。

「週報」「有機化学Ⅰ、Ⅱ」「化学通論」「栄養化学」「生田春月全集7」「文学読本（白秋）」計七冊送りました。

暴雨で米《よね》さんの家の裏がくづれました。富田屋も勿論だったでせう。お互ひに身心共に健やかに夏を過しませう。

〔虔から八重子へ、封緘葉書、消印十六年七月二十九日〕

二十四・五信、前々週の独和辞典他四冊、前週の土の文学他六冊、独和補遺、神曲、沃土（不許だ）、単衣、封緘十枚、以上受領。遺失物であった夏がやうやく半月ぶりに戻って来た。夏はやはり夏らしく暑くあるべし。相変らず丈夫でゐる、心配しないでくれ。本の宅下は引続き度々してゐるし、六月末に袷と羽織とネルのじゅばんも下げたのだから、宅下品がなかったとは不思議だ、或は受取人の名に姉さんのが欠けてでもゐるのか知れぬ。

陽子の体重が次第に標準に近づいて来た様だね、一年で追ひつければいゝが。もう這ひ始めたとのこと、浩志の這ふのも見られなかったが、陽子のも見られさうもない。

文学に対する興味はますます深まる。作者の体験のにじみ出てゐるもの、或は作者の心の絃が全幅的に共鳴してゐるもの――と、作者が「種」を拾って作りあげたもの――とでは非常にちがふね、後者が如何に上手に書かれてゐても。虚子、節、冬彦、非常によかった、幹彦の初期の小篇もいゝ。アンクルトム、お説教が少し多すぎるが、何と言っても歴史的大作だ。

明治大正史は一、五、六が不許で三冊しか読まなかったが平凡。もうぢき七ヶ月になるが文学はまだいくらも読んでゐない、現代日本と明治大正の両全集もやっと十冊読んだだけ。今後この両全集から月に四、五冊は読みたい。現代日本の大佛次郎等も読んで見ようと思ふ。官本で源氏物語（岩波文庫版）を読み始めた、昨日神曲が直接房に入って来たので、期せずして東西の古典大作を読むわけ、源氏は一言の註もないので骨が折れる。古典はこゝにゐる中に読まねば将来機会があるまいと思ふので特に力を入れてゐる次第。

世界文学全集から独・仏の古典劇、二都物語、緋文字、従妹ベット、近代劇の諸冊等も追々入れてもらはう。一冊の量の少いのは、こゝでは都合が悪い、本の入れかへに四―六日もかゝるので。この点「円本」は好都合だ。

お父さんに、お誕生日のお祝を代って申上げてほしい。なほ次信はお父さん宛に出すつもりでゐる。衣類の差入は涼しくなるまで必要あるまいと思ふ。

皆々元気で暑さを克服してくれる様に。

〔八重子から虔へ、封書七月三十一日付、消印十六年七月三十一日〕

第二十七信（七月三十一日）

目先の用事に追はれて差入関係の仕事が遅くなりました。

第一門に属する本は、

「ソクラテスの弁明、クリトン（プラトン）久保、阿部訳

プロレゴーメナ（カント）桑木、天野訳

純粋理性批判　上　天野訳

この人を見よ（ニイチェ）安部能成

哲学概論　第一部、第二部　（ヴィンデルバンド、速水、高桑、山本）

生命の不可思議（ヘッケル）上、下、後藤格次

史的に見たる科学的宇宙観の変遷（アーレニウス、寺田寅彦）

ファーラデー蠟燭の科学（クルックス、矢島）

雑種植物の研究（メンデル、小泉丹）

昆虫記、2、5、9、10、12、13、17、18、20

唯一者とその所有（スチルネル、草間）上、下」以上岩波文庫

種の起源　一、二（内山賢次訳、春秋社）

岩波新書

人生論（武者小路）　死とは何か（ハックスリ、丘）

雷（中谷）　神秘な宇宙（ジーンス、鈴木）

科学史と新ヒューマニズム（サートン、森島）
科学と宗教との闘争（ホワイト、森島）
雪（中谷）　海（宇田）

科学と人生（石原純、興学会）
科学的精神と数学教育（小倉金之助、岩波）
進化学説（ドラージュ、ゴールドスミス、小泉丹、叢文閣）
体質人類学（西村真次）
相対性原理講話（桑木、池田訳、岩波）
春秋社、大思想全集
国家（プラトン）　感情論（デカルト）
プリンシピア（ニウトン、岡邦雄）　幸福論他2（セネカ、他）
第一原理（スペンサー、沢田）

岩波講座、世界思潮　1―12

以上、

田原の「一般植物学」は書込が消し難いからあきらめて下さい。安藤氏から、「日本農業教育史」は目下印刷中故、出来次第送るとの返信がありました。他の一冊については何とも記してありません。有三、寅彦のものは交渉中、節のものは「土」以外はあまりい、のがないやうですね。有三の

「真実一路」は読みましたか。

二十九日に拾五円、今日、週報、日本詩集、土田杏村全集13、詩の味ひ方、土壌、肥料、養蚕、計七冊送ります。宅下品は一括して次信で申上げます、それ以後はその都度お知らせします。当方変りなく消光、たゞたゞ事態依然として進展しないのを辛く思ふばかりです。

〔虔から父・板谷浩造へ、封緘葉書、消印十六年八月八日〕

八月五日、皆お変りないでせうね、僕も丈夫でゐます、御安心下さい。帰り得るの日が果して何時になることやらあてがありませんけれども、今度こそは百%に考へ直し生れ変りましたから、之をせめてもの慰めとしてお待ち下さい。

半月程前次の様なことを思ひ立ちました。お父さんの生活を中心としての伝記的創作をものすることです。何の為に？　お父さんの孫たちに、彼等が青年期に達した時読ましめるためです。彼等はきっと感激を以て読むでせう、如何に拙く書かれるとしても。之についてこんな風に考へてゐます。忍苦（お祖父さんの死の頃まで）希望、諦観（帝麻退職の頃より後）の三篇とすること、二児を残して逝く若い母親の死に筆を起すこと等。

で、お願ひがあるのですが、思ひ出の断片（ほんとの断片でいゝのです）を折にふれて書き止めておいていたゞけませんでせうか、お母さんと御協力の上で。尚、思ひ出のいくつかを手紙で書送って下されば一層ありがたいのです。

右の企は価値ないことでせうか？　笑止なことでせうか？　決してさうではないと思ひます、どうか御賛成下さって、便宜をはかって下さい。俳句などもその時その時の生活を示す代表的なものを若干選んだら面白いと思ひます。

歠君に。玉野市で意外なお骨折をかけたね、ありがたう。元気で働いてゐるらしい様子、喜んでゐる。

本に就てのお願ひだが、八月中にエス和辞典〔エスペラント語の和訳辞典〕（可成新しいのがほしい）とマルタ（エス語）と、日本文学全集別巻（？）の年表とを入れてくれ玉へ。又富民協会の日本農業年鑑の十五・十六年版が見つかったら買ってもらひたい、帝国農会のならば一層ありがたい。ショーペンハウエルは破損してゐて不許、下巻丈読むわけにもゆかぬし、夫程読みたくもないからあきらめた。少々面倒だらうが日本文学全集の各巻が誰々の集になってゐるか書き送ってくれないか。

なほ八重子に左の様伝言願ひたし、

毎週の差入は週報共四、五冊でよいこと。

次回の差入にはニーベルンゲン（独文）寡婦マルタを含む様に。

では皆御元気で。

〔母・板谷つまから虔へ、葉書、消印十六年八月六日〕

雨の多いいやな七月でしたね、暑くても矢ッぱり夏ハ夏らしい方がよいと思ひました。お父様ハ七月三十日から一週間の夏休をとって、その日ハ二人で鶴川へ、翌朝ハ日光湯元へと雨の中を出かけました。途中バス連絡の所などがあっておくれ、ついたのが三時半でした。

そこは上天気。
こゝに二泊、覚むればいつも鶯のこゑです。
三晩目ハ川治温泉にとまる。こゝにハ日本一といふ岩屋風呂があります。上方にものすごい岩窟を頂いて八十何段の石だんを下るのです。八月三日夜帰宅、四日ハさゝやかなお誕生祝をしました。

八月六日　　　　　　　　　　第九信

〔八重子から虔へ、封書、消印十六年八月十日〕

第二十八信（八月九日）

七月の面会を抜いたら、六月二十五日以降一年の月日が経ったやうな気がしました。今月は行きたいと思ひます。野菜不足が貴方の身体に悪影響をもたらさなければいゝがと気にしてゐます。忙しい思ひと、肥料と云ふ難物を取扱ふいやな思ひをしたおかげで昨今のやうな八百屋の店頭ががらっぽといふ時代になっても私の家のヴィタミン摂取には大した異変ありません。これは母の労力に負ふところ大です。

暑い日中は二人の子は上半身裸かです。今浩志が洟風邪をひいてゐますがもうすぐなほります。発育がよくてもこんなに皮膚が弱くては困ります。陽子以上に衣服の調節には心を用ひてゐるのですが。胃腸の方はとても丈夫です。陽子は反対に風邪はめったに引きませんがどうも胃腸が弱さうです。下の右側第二門歯が一週間前あたりから見え始めました。この子は六ヶ月までは手のかゝらない子でしたが、それ以後は浩志の時より手がかゝります。夜の寝つきが九時過ぎることもあって私自身の時間は実に僅少です。何でも口に入れて、今日はパラディクロール、ベンゾールを食べてしまひました。

二十八日の宅下本は、

鷗外全集 11、13　日本文学全集の逍遙、と、綺堂、幹彦、

明治大正（節、虚子、冬彦）　明治大正史　1、2、4、5、

沙翁、沃土、　蔬菜病虫害、　農村工業と副業、

農民経済史研究、　藁製品に関スル調査、　農村部落生活調査、

統計学概論、　農用器具、　果樹園芸、　科学の価値、

独語の本（「意志と現識としての」の1、と推察）

以上二十一冊姉さんが受けてくれました。

こちらから、七日に、日本文学の、大佛、谷崎、里見と佐藤、の三冊、実用農芸の、桑樹栽培、林業、畜産、の三冊、それに週報と合計七冊送りました。

桐生の母が、暑さに負けぬよう、身体を大切にするように伝へてくださいと云ひました。陽子九ヶ月半の体重、七五〇〇グラムで五八〇グラムの差です。

〔虔から八重子へ、封緘葉書、消印十六年八月二十日〕

八月十六日、二十六・七・八信、十五円と一円・お母さんより九信と一円宛二回、受取。本は七月二十一日迄に差入になった分は「転向について」以外全部宅下済、其後前週迄に入った十八冊（週報以外）の中、有機化学1・2、化学通論、詩の味ひ方の四冊も宅下したから現在残ってゐるのは十五冊。

差入希望、「農業経営の新機構」石橋幸雄著白揚社（之は最新刊で文部省推薦）「科学と人生」（石原）、「科学的精神と数学教育」（小倉）、ワレンスタイン（独文）、希臘羅馬神話（岩・文〔岩波文庫〕）、源氏物語は二十二帖の玉蔓まで読んだ。官本は之以後無いので、どの版でもいゝから終まで を入れてもらひたい、実に名文だと思ふ。「真実一路」は読んだから要らない。

「人の教育」第二・三章と、四〇九頁以下三・四頁是非読むこと。「土の文学」非常によかった、新しいものには新しいよさがある、未だなら読まれたし。而して自らも小篇を試みられんことを望む、才能も材料も絶無とは言はせぬ、炫ちゃんの死・種さんの家のお産等々、書かんと努めることは観察眼を養ふことになり、之を養ふことは「生活正義実現」の指導力を作ることになる。

「神曲」よりいゝ言葉を拾った、「我等二人の間には唯《たゞ》一の意志あるのみぞ」よく味はってもらいたい。

お母さんのお骨折で空地利用好成績の由、感謝に堪へない。秋蔬菜として白菜は六ヶ〔難〕しく大根は土地が向かないから玉山東（白菜の代り）、かぶ、京菜、ほうれん草、小松菜等を播くといゝ。何れもやさしいし、後の二つは半月おき位に数回に亘ってまけばずっと引続き食べられる。ほうれん草には灰を多用する。なほ「をが屑」を下肥中で腐らせればいゝ肥料になる。多用するといゝ、灰も、米のとぎ汁も利用する様に。

浩志は皮膚が弱いといふよりは、鼻と「のど」の粘膜が弱いのだらう（僕からの遺伝かも知れぬ）、それをきたへる方法を立てねばなるまい。風邪は寒いからかゝるといふものではない様だ。

近頃、人格をみがくの要を痛感し始めた。理論的更生は十分成しとげた心算だが、修養は之からだ。僕には「奥床しさ」が些も無い。之は最大の欠点ぢゃないだらうか。こんなことで、どうして他人から心服されることが出来やう。大いに奮発努力する決心でゐる。

身体は至って好調、安心せられたし。

みんな大事に、元気で。


〔八重子から虔へ、封書八月二十日付、消印十六年八月二十一日〕

今日は秋の気配しるけく、季節の移るのも間近なのを思はせます。

その後もお変りありませんか　留守宅一同無事です。去る十三日宅下に行きましたが何もありませんでした。姉さんと連絡をとらなかったので無駄足でした。行ったしるしに一円入れました。なほ十五日に「寡婦マルタ」「ニーベルンゲン」「農業土木」の上、下、週報、計五冊送りました。

次に子供達の消息をお知らせします。

浩志は未だ洟水をだしてゐます。最近は本をみることより、紙に描く方に興味があって、省線電車、汽車、電信柱、うづまき、ノンノサン（月）、トラック等をかきます。省線電車が一番上手で、何時か送ったものより、複雑になりました。ブランコへは一人で乗ってゆれるやうになりました。場所は四畳半の出口のおろしの下です。おすべりは庭に出し雨の日は八畳でさせます。一六〇センチ位のすべり台の$1/3$ほど陽子も這ってのぼります。下の左側第二門歯も見え始めました。これで上下合せて四枚になりました。牛乳もやってゐますが私のお乳の方を恋しがることは相変らずで浩志にはみられなかった愛着ぶりを示します。ブランコに乗るのが好きですが、浩志が反対するのでお兄ちゃんの見てゐない時に乗せてやります。おすべりもブランコも桐生の兄が送ってくれました。

私の歯の治療は不完全だったので又行ってゐます。浩志を連れて通ひます。先日の暴雨の後、袋橋が落ちて図師廻りです。母は蔬菜作りに、孫のお守に、オガクズ干しに衣服の修理に、多忙です。桐生では伊香保へ行ってゐて、母と浩志に来るやうにしきりにす〻めますが、浩志を手離したくないので断りました。

御健康を念じます。

八月十七日　　　　　　　　浪江八重子

〔弟・板谷敞から虔へ、葉書八月十九日付、消印十六年八月十九日〕

又、素晴しく暑いですね。七月二十七日以来、日曜毎に海へ行ってゐるんで、手紙書くひまが有りません。去年一度も泳がなかった埋合せです。次の日曜も、愛子から頼まれ、福富家の子供達を引率して行かなければなりません。

日本エスペラント学会に問合せた処、「エス和辞典」は、その後、版を重ねてゐる丈けで、内容の変更は無いとの事です。

「新農業精説」上、下は買ひましたが、「農業経営経済学」の方は、まだです。帝国農会の年鑑は、一寸無さ〻う。富民協会のなら有りませう。　　　　（第七信）

〔虔から八重子へ、封緘葉書、消印十六年九月二日〕

八月二十八日、二十九信、敞君よりの葉書、科学と人生と週報、ニーベルンゲン他の一組、荻窪より新農業精説・エス〔ペラント〕語関係三冊、以上入手。

宅下は十九日以后数回にわたり、農芸全書五冊、白秋、春月、日本詩集、栄養化学の九冊と不許のものエス和辞典・同補、マルタ、転向に就て、寡婦マルタ（之丈は不許でないが不要になったから）の五冊、浴衣一、シャツ一、以上。

エス語が不許だから、独・英に力を入れるとしよう。で、英語は、うちにあるの、中からデビド・カパフィールド、ポンペイ最后の日、ミルオンザフロスの三冊。尚、独・英の近代及現代文学書であまり高価でなく買へるのがあればポツポツ求めてほしい。名作ならそれに越したことはないが、必ずしもさうでなくてよい。又あのショーペンハウエルだが、若し簡単な修理で許可になるやうならば（この点たしかめてみてほしい）。

次に少し面倒だらうが、明治大正文学全集の各巻が誰の集になってゐるか、長篇小説全集が誰の何を収めて居るか書き送ってもらひたい。最近詩を少し読んだわけだが、詩人の考へ方、物の見方には必ず超論理的なものがある。所が僕の頭にはロジックがこびりついてゐるので、どうしても詩境に入って之を味はふことが出来ないのだ。人間が散文的なんだね。

白秋の文学読本の四五四頁に、少年時代の玩具のことが書いてある、参考になるから読むこと。七月の雨は随分ひどかったらしいね、こゝに居ては、とてもそんな風には想像出来なかった。村の人達で被害を受けた人も相当にあるだらう。

空地利用に就ての注意、ほうれん草、小松菜等は衛生上の見地から、肥料は全部基肥とし、追肥をしない方がよい。そして、普通の畑の様に「うね」を作らず、幅六十センチ長さ適宜のたんざく形の地に充分基肥を施して、一面に種をばら撒するとい、、素人は土をかけすぎるから注意すること。又小松菜、かぶ等の間引菜はい、食料でもある。参考書は相当沢山あるが、就中下川の蔬菜園芸と、農芸全書中の「蔬菜」と、喜田の「ポケット蔬菜要覧」がいゝだらう。

陽子の誕生日もだんだん近づいて来たね。気のみ焦るが、予審を始めていたゞける日が来なくてはどうにもならぬ。心を落着けて勉強するより他に仕方がない。お互に丈夫で元気で暮さう。

〔八重子から虔へ、封書、消印十六年九月一日〕

第三十信、（八月三十日）

子供に親の性質の短所に属する部分が現れるのをみると、自己の短所の克服と云ふことについて、かつてない程真剣に考へるやうになりました。浩志の臆病をなほす前に私自身の臆病をなほしてか・らなければならぬと思ひます。

十六日付の手紙受取りました。「奥床しさ」と云ふ言葉の蔵する意味が、あいまいですが、確かにさうした「深さ」は貴方に欠けてゐるかも知れません。過去に於て、そして現在でもさうですが、私が貴方に希むことはもっと深く「人間性」と云ふものを把握してほしいことです。さうすれば貴方の人格の厚みも自ら生ずるでせう。

共同の生活から別離の生活に移って、貴方の長所をはっきり感じました。何時の日か始まるであらう、親子四人の共同生活を一段と高めることによって、現在の苦い経験を意義あるものとしませう。留守中、共同生活者としての私の短所の克服に努めませう。

浩志が中耳炎になりました。二十四日夜と二十六日夜とに一、二回、右の耳が痛いと云ふ訴へをき、二十七日朝起きてからも同様のことを云ひますので医者に診せましたら速時切開しました。炎症がひどくなって、自然にこまくが破れ膿が流れ出すのは、治っても、以後風邪を引くと再発しやすいが、切開したものは痕跡を止めず治癒し再発しやすくないとのことです。順調な経過をとっても三週間通はねばなりません。半日費します。そのため今月も面会に行けなくなりました。

陽子満十ヶ月の体重、七四〇〇グラムで八一〇グラムも足りなく、情なくなりました。浩志に比して、如何にも哺乳量少く、強ひてやれば便が悪くなるし、離乳食も足踏状態です。浩志の風邪が私にうつり、更に陽子に廻って八度三分位発熱しましたが、のどに薬をつけてやったら下りました。

今日、「週報」「科学的精神と数学教育」「独逸古典劇集」「明治大正（藤森成吉他四）」「家禽、蜜蜂」計五冊発送、昨日十円送りました。

浩志は左の耳も炎症をおこし、今日から左右の耳を湿布してゐます。食欲不振で少しやせましたが、でも元気ですから、心配しないで下さい。この頃は、おばあちゃま排斥がひどく、陽子の世話を私がしてゐると機嫌悪く、二人で私のひざの上を奪ひ合ってゐます。

夏も去りました、お大切になさって下さい。

〔八重子から虔へ、葉書九月七日付、消印十六年九月七日〕

第三十一信。二十八日付の手紙入手しました。浩志の中耳炎は順調に快くなってゐます。三日に荻窪からお二人いらして三十円お見舞にいたゞきました。毎日いやがりもせずガタガタバスに乗って通ってゐます。最初の二日間は待ってゐる間も泣きましたが、三日目からは治療中だけ、九日目からは少しも泣きません。夏中、浩志の胃腸は実に工合よく、厳重な注意の下に、西瓜、枝豆、氷水、とうもろこしなども食べました。陽子も此の頃は便の状態がよいので離乳食を進められるやうになりました。相変らずの活動家でお守する方の身体がクタクタに疲れる程です。ショーペンハウエルは表紙がとれて全然ないので次の紙に裏打して送ったのですが、これは諦めた方がよいでせう。今日、週報、二都物語、工芸作物上下を送ります。

〔弟・板谷敞から虔へ、封書九月七日付、消印十六年九月七日〕

現代日本文学全集は左の通りです。（第五十一、二、四、六―九、六一、二は荻窪のうちには有りません）

第一巻　明治開化期文学集　　二〔坪内〕逍遙

三〔森〕鷗外　　四〔徳富〕蘇峰

五〔三宅〕雪嶺　　六〔尾崎〕紅葉

七〔広津〕柳浪、〔川上〕眉山、〔斎藤〕緑雨　　八〔幸田〕露伴

九〔樋口〕一葉、〔北村〕透谷　　十〔二葉亭〕四迷、〔嵯峨の屋〕御室

十一〔正岡〕子規　　十二〔徳富〕蘆花

十三　〔高山〕樗牛、〔姉崎〕嘲風、〔笹川〕臨風

十四　〔泉〕鏡花

十五　〔国木田〕独歩

十六　〔島崎〕藤村

十七　〔田山〕花袋

十八　〔徳田〕秋声

十九　〔夏目〕漱石

二〇　〔上田〕敏、〔厨川〕白村、阿部次郎

二一　〔正宗〕白鳥

二二　〔永井〕荷風

二三　〔岩野〕泡鳴、〔上司〕小剣、〔小川〕未明

二四　〔谷崎〕潤一郎

二五　〔志賀〕直哉

二六　〔武者小路〕実篤

二七　〔有島〕武郎、〔有島〕生馬

二八　〔島村〕抱月、〔生田〕長江、〔中沢〕臨川、〔片上〕伸、〔吉江〕孤雁

二九　〔里見〕弴、〔佐藤〕春夫

三〇　〔芥川〕龍之介

三一　〔菊池〕寛

三二　〔近松〕秋江、〔久米〕正雄

三三　少年文学集

三四　歴史家庭小説集

三五　戯曲名作集

三六　紀行随筆集

三七　日本詩、漢詩集

三八　短歌、俳句集

三九　社会文学集

四〇　〔長塚〕節、〔伊藤〕左千夫、〔高浜〕虚子

四一　〔長谷川〕如是閑、〔内田〕魯庵、〔武林〕無想庵

四二　〔鈴木〕三重吉、〔森田〕草平

四三　〔岡本〕綺堂、〔長田〕幹彦

四四　〔久保田〕万太郎、〔長与〕善郎、〔室生〕犀星

四五　〔石川〕啄木

四六　〔山本〕有三、〔倉田〕百三

四七　〔吉田〕絃二郎、〔藤森〕成吉

四八　〔広津〕和郎、〔葛西〕善蔵、〔宇野〕浩二

四九　戦争文学集　　　　　　　　　五〇　新興文学集
五三　〔小杉〕天外、〔山田〕美妙　　　五五　〔小栗〕風葉、〔柳川〕春葉、〔佐藤〕紅緑
六〇　大佛次郎　　　　　　　　　　　　　　　　以上、

右の中、三九、五〇は差入不可能。この他入手可能の物は、八雲、ケーベル、米次郎。宗教文学集。俊子、百合子、彌生子。など。

「大自然科学史」は、どうしたのか、第四巻からまだ出ません。

朝日新聞社発行の「国語文化講座」なる物を買ひます。監修は、岸田國士、新村出、橋本進吉、保科孝一、柳田國男。全六巻で、一、国語問題、二、国語概論、三、国語教育、四、国語芸術、五、国語生活、六、国語進出、の各編で有ります。内容の目星しい物を拾ふと、一、国語問題の展望、漢字の問題、カナモジ運動、ローマ字運動、科学と国語問題等、二、国語とは何ぞや、国語の特質等、三、国語教育の変遷、国民学校の国語教育等、四、国語と文芸、古事記と万葉集、等。五、国語と国民思想、国語と社会生活、国語と能率問題等、六、国語の進出と国語教育、等、各巻共、参考書目附。

毎月一冊づゝ出る筈で、まだ第一回目も入手してゐませんが、読みたければ入れます。

又暑さがブリ返しましたね。昨日の最高は三十四度でした。

九月七日、第八信

板谷　敞

浪江　虔　様

〔八重子から虔へ、封書九月十二日付、消印十六年九月十二日〕

第三十二信（九月十一日）

明治大正文学全集の各巻の著者をお知らせします。

1、東海散士、矢野龍溪　2、〔末広〕鉄腸、〔仮名書〕魯文、〔丹羽〕純一郎、〔成島〕柳北等、
3、〔坪内〕逍遥　4、〔二葉亭〕四迷、〔矢崎〕嵯峨の舎、〔山田〕美妙、　5、〔尾崎〕紅葉、
6、〔幸田〕露伴　7、なし、　8、森田思軒、〔黒岩〕涙香、
9、廣津柳浪、廣津和郎、　10、〔斎藤〕緑雨、〔巌谷〕小波、〔後藤〕宙外、〔若松〕賤子、
11、〔高山〕樗牛、〔川上〕眉山、〔樋口〕一葉、　12、〔泉〕鏡花、　13、〔徳富〕蘆花、
14、〔村上〕浪六、塚原渋柿園、　15、江見〔水蔭〕、村井弦斎、　16、〔小杉〕天外、
17、〔小栗〕風葉、　18、〔菊池〕幽芳、　19、柳川春葉、〔佐藤〕紅緑、
20、差入ずみ、　21、同上、　22、〔国木田〕独歩　23、〔田山〕花袋、　24、差入ずみ、
25、〔徳田〕秋声、葛西〔善蔵〕　26、和歌俳句篇、　27、〔夏目〕漱石、　28、〔鈴木〕三重吉、
29、〔森田〕草平、　30、〔岩野〕泡鳴、〔小川〕未明、中村星湖、　31、〔永井〕荷風、
32、〔正宗〕白鳥、〔上司〕小剣、　33、〔長田〕幹彦、野上彌生子
34、武者小路〔実篤〕、長與〔善郎〕、　35、〔谷崎〕潤一郎、　36、詩篇、
37、〔有島〕武郎、〔有島〕生馬、　38、〔久保田〕万太郎、水上瀧太郎、
39、〔倉田〕百三、〔吉田〕絃二郎、　40、〔志賀〕直哉、佐藤春夫、
41、差入ずみ、　42、〔近松〕秋江、宇野浩二、　43、〔里見〕弴、　44、小山内〔薫〕、久米〔正雄〕、

45、なし、　46、〔菊池〕寛（行方不明）　47、戯曲篇第一、〔河竹〕黙阿弥、依田学海、福地〔桜痴〕、榎本〔虎彦〕、右田〔寅彦〕、　48、戯曲篇第二、〔岡本〕綺堂、〔井原〕青々園、岡〔鬼太郎〕、高安〔月郊〕、松居松翁、山崎〔紫紅〕、〔島村〕抱月、
49、戯曲篇第三、中村吉蔵、木下〔杢太郎〕、〔吉井〕勇、〔秋田〕雨雀、池田〔大伍〕、鈴木〔泉三郎〕
50、戯曲篇第四、〔山本〕有三、小山内〔薫〕、岸田國士（差入の予定）、
51、短篇集、〔小林〕多喜二等、　52、なし、　53、中村武羅夫、加藤武雄、　54、大佛〔次郎〕、牧〔逸馬〕、　55、56、57、なし、　58、〔長谷川〕伸、〔白井〕喬二（行方不明）、
59、佐々木味津三、直木〔三十五〕、

陽の十ヶ月半の体重、七三五〇グラムで九九〇グラムの大差で落胆しました。牛乳の中へグリスメールを入れてみましたが、なほ好みませんので中止しました。食事の量が少いのに活動が激しいから、養分が成長の方へ沢山廻らないのでせう。今日荻窪から、農業年鑑、農業経営の新機構、源氏（お父様が三十軒位漁ったけれど　三十四が無いさうです）を送る筈です。
浩志は順調、御安心下さい。

〔八重子から虔へ、封書、消印十六年九月十五日〕
第三十三信（九月十四日）
長篇小説全集の内容をお知らせします。
1、〔菊池〕寛―新珠　結婚二重奏　第二の接吻

2、（長田）幹彦―永遠の謎　恋ごころも
3、（里見）弴―大道無門　桐畑　凡夫愛
4、（中村）武羅夫―群盲　若き日
5、（菊池）幽芳―白蓮紅蓮　忘れがたみ
6、差入ずみ
7、加藤武雄―（行方不明）
8、（谷崎）潤一郎―神と人との間　鬼の面　鮫人　黒白
9、（三上）於菟吉―日輪　白鬼
10、（徳田）秋声―闇の花　道尽きず
11、（吉田）絃二郎―無限　人間苦　白路
12、（佐藤）紅緑―愛の順礼　半人半獣　旅役者の手記
13、久米（正雄）―螢草　冷火
14、（泉）鏡花―芍薬の歌　由縁の女
15、（吉井）勇―魔笛　狂へる恋
16、上司小剣―東京（愛慾篇　労働篇　争闘篇）
17、（田山）花袋―恋の殿堂　残雪　新しい芽
18、吉屋信子―地の果まで　海の極みまで
19、（小杉）天外―銀笛
20、宇野浩二―出世五人男

佐藤春夫―神々の戯れ　警笛
21、賀川〔豊彦〕―偶像の支配するところ
沖野岩三郎―星は乱れ飛ぶ（外一篇）
22、小山内〔薫〕―落葉
谷崎精二―結婚期　離合
23、細田民樹―愛人
三宅やす子―奔流
24、島田清二郎―地上（地に潜むもの）
江馬修―受難者　山寺

浩志の耳医者通ひが昨日から一日おきになりました。はれが引いたら、鼓膜が普通より引こんでゐるのがよく分り、これはアデノイドのある証拠だから、学齢前に除去した方がよいと云はれました。手術は簡単で入院せずに済むさうです。うがひが出来るやうにならなければ手術するに都合悪いさうです。

本日、週報、農産加工汎論、測量、緑肥提要、農芸宝典、農村を更生する人々、緋文字、計七冊送りました。農業経営経済学は新本でも古本でも見当らず（敞さんに頼んだのですが）発行所にも品切です。註文の本のうち、キュリー夫人伝は行方不明、片山〔正雄〕の独乙〔逸〕文法辞典、高橋是清自伝、従妹ベットの三冊は目下手許にありませんから、差入が遅れます。

九日づけの手紙入手、浩志の耳はもう安心です。子等のために貴方御自身の健康をお守り下さい。

〔八重子から虔へ、葉書十八日付、消印十六年九月十八日〕

第三十四信

浩志は明日から医者へ行かなくてよくなりました。未だ少し赤くなってゐるのださうですが、之は自然に治るさうです。但し風邪を引くと再発しやすいとの事、強健法をきいたら肝油の服用をすゝめられました。昨夏購入したハリバがありますから試用してみませう。週報、日本農業年報、農民文学十人集（既読？）、母の肖像、明治大正戯曲篇第四、有島武郎第五巻、蜜蜂の飼ひ方、以上計七冊を送ります。

〔母・板谷つまより虔へ、葉書、消印十六年九月二十八日〕

はがき今朝落手、失望せずたゞたゞ時を御待ちあるべく候。父上その他の庇護のもとに幼き者達も安らかに生ひ立ち候へば決して御心配なさるまじく候。昨日よりツル川の三人が参り居候。坊やはおかァちゃんを全く袖にして私にのミまつはり寸時も離さうとはせず候。可愛ゆきものに御座候。明日ハおぢい様と外出の筈に候。

体を傷めぬやうそれ丈けハくれぐれも願ひ置き度。

風邪とのこと、その後如何に候や。

九月二十七日

〔弟・板谷敞から虔へ、絵葉書（軽井沢名勝）二十八日付、消印十六年九月二十九日〕

「不急旅行はお止め下さい」のポスターの手前、遠慮してたんですが、二十一、三日と休みなんで、間の二十二日に休暇を取り、二十日の夜、去年の春以来のリュックをしょって出かけました。長野電鉄の終点湯田中から白樺の志賀高原を通って熊ノ湯温泉へ二十五粁、翌日は渋峠（二、一七二米。本邦屈指の高い峠）、白根山を越えて万座温泉（一、七四〇米。本邦屈指の高い温泉）へ十八粁、最后は、草軽鉄道「上州三原駅」へ十七粁、合計六十粁歩いた勘定になります。（第九信）

〔虔から八重子へ、封緘葉書、消印十六年十月七日〕

十七信。受取った物、三十四信迄、前週の堆肥他六冊、袷、羽織、じゅばん。昨日荻窪から参拾円の差入があったが、何かのまちがひではあるまいか。下げた物、九月中下旬に農芸全書六冊、その他十一冊、ゆかた、晒じゅばん。なほ、袷と羽織とは再度手続をとった。受取ったら知らせてもらひたい。差入の希望、購入願ひたき本。

安田「日本農業の協同化」（白楊社）

林業宝典・経済農芸叢書の3・7、宗「作物学講義・食用作物篇」この四冊は農芸宝典の巻末参照。富樫常治「実験果樹栽培講義?」書名や、不確なるも富樫の果樹と云へば分る。実用農芸全書のその后刊行されたもの全部、うちにある筈のもの、「漬物加工法」「昆虫記」全部（三、四回に分けて）「動物図鑑」「生理学何故何故ならば」もう一つ大島?の生理学の本がありはしなかったか。「炉辺化学」、蘆花の思ひ出の記、黒い目と茶色の目を含む巻、長篇小説全集11、20、21、荻窪にあると思ふ「自然科学辞典」、それから、若し一度差入のつとめを果した経済年報があればそれを毎号、畝君の買ふといふ国語文化講座。たんぜんは丈長めのものを。足袋カバーは室内でのみ用ひるのだからダブついたものを。

風邪がハナとセキに残って今朝あたりからやうやくさっぱりとした。浩志の向うを張ったわけではないのだが。

お母さんに。御心配をかけてゐる時が思ひの外に先へ先へとのびてゆくのが本当に心苦しいのです。お蔭様で家族についての心配をしないでゐられる程お世話になってゐます。身は遠く離れてゐますけれど、心は月に日にお母さんの身近にゆく様な気がしてゐます。夢に見たりすると、それを一しほ感じます。まだ先は長い様ですが、いづれは待ちに待った日が来ます。どうぞそれまで御辛抱なすって下さい。今の時が無駄でなかった様な人間になって帰ります。

つねづねお骨折の空地利用についてですが、今月中に麦を播いて下さい。空いてゐる所は勿論、春先までにとるものの畦間にもまけます。灰をたくさん使ふとい、のですが、足りなければ、種をまく十日位前に坪当百匁位石灰をまいて土とまぜておいてもい、のです。なほ今月中か来月早々まくものにえんどう・そらまめがあります。えんどうは今年作った所はいけません。

他にも冬作はありますが、六ヶ〔難〕しいのが多いでせう。ではお元気で。

農業経営の新機構の第一篇の二、大原幽学は必ず読まれたし。

十月三日

〔八重子から虔へ、封書、消印十六年十月十一日〕

第三十五信（十月九日）

あなたの風邪を気にしつゝ、この二十日ばかり外出が多かったので御無沙汰してすみません。

事務用件を先に申上げます。

前週発送の本は「生理学」（上、下）「ミルオンザフロス」「高橋是清自伝」「生命の起源」「現代日本文学全集」13（樗牛　嘲風　臨風）、今週の分は、「現代日本」18、25、「生理学何故なぜならば」「趣味の有用植物」「漬物加工法」「炉辺化学」「週報」二冊、以上合計十四冊。

十月二日に宅下を受けた本、「土壌」、「肥料」、「現代日本」（佐藤、里見）、「家禽蜜蜂」、「農産加工汎論」、「農芸宝典」、「二都物語」、「独逸古典劇集」、「科学ト人生」、「科学的精神ト」、「明治大正」41、「新農業精鋭」上、下、「現代日本」60、24、「農業経営の新機構」、以上十六冊、この他に土田杏村があるわけだが一寸見当らぬのでこの次までに見つけておくとの事。同日差入れた参拾円は私が托したものです。これは面会の時に話します。

週報一冊の目方は四十五グラム。


保釈がかなへられず残念でしたが、公的な人には公的な立場があり、強ひて個人的事情を云々して頼むことは卑怯な態度になりますので、思ひ切りました。事に臨んでベストをつくす一方、常に最悪な場合の覚悟を心に構へることを忘れないと云ふのが、今年に入ってからの私の生活態度でしたので、失望の打撃は案外軽くてすみました。帰心矢の如きものがありませうが、百万億土へ行ったわけではなし、いづれは青天白日の身となる日を楽しみに、じっくり御勉強下さい。

浩志は荻窪ですっかりお祖母ちゃまに甘たれてしまひました。二、三日前の浩志のおしゃべりを御紹介しませう。

これもコーチャンの本だ　こゝを開けるとチョーチェンデンチャがあるんだ　ホーラ　チョーチェンデンチャだ　チョーチェンデンチャって書いてあるんだ　キチャって書いてあるんだ　パンタグラフがあるでせう　煙がでてゐる　くるまがある　きかいがある　バスがゐる　ブーンブーンが居る　ホーラ　陽子ちゃんみてごらん

こんな工合に立つゞけにしゃべってゐます（本をみながら、独りで）。

陽子は今月二日に瞬間「タッチ」が出来、この二、三日は立って手をた、いたりしてゐます。八日に半歩前進しました。誕生日までに二、三歩になるでせうか。

十一ヶ月半の体重七七〇〇グラム、標準を去ること八九〇グラムも下方にあります。けれど健康診断の要を認めませんから、荒田さんへは行きませんでした。

〔虔から八重子へ、封緘葉書、消印十六年十月二十七日〕

第十八信、丈夫でゐる。陽子のピチピチしてゐるのには驚いた。でも、体重の心配は解消しない。三十五信未着。荻窪から葉書二枚、本は毎週七冊それに目録二冊受取った。宅下したのはゆかたとじゅばん（再手続）、白地絣と晒襦袢。本を上旬に八冊、明日七冊の予定。今後、差入後二ヶ月たっても下らぬ本があったら知らせてもらひたい（外国語のは別）。差入希望の本、購入の分、白揚社の三冊、即ち吉岡「農業機械化の基本問題」、同氏「日本農業の機械化」、佐藤「産業組合の新体制」。養賢堂、明文堂、西ヶ原刊行会の図書目録が欲しい（二部とって一部手許に残せば便利だらう）。以下はうちにある筈の本。

西瓜の研究、園芸宝典、病虫害宝典、農芸大辞典、実用園芸（教科書型の本、二冊同じものがある。一冊は書込なしと思ふ）、牧野「原色野外植物図鑑」（四冊）、更生叢書中左の著者によるもの十冊。賀川、南崎、東浦、田沢、渡辺二冊、高橋、坂口、今、岩原、福島。

明治大正5、18、39、現代日本20、26、30、36、鷗外、漱石、武郎から適宜。なほ、農学書中左の条件にかなふものあらば、その目録を書送ってもらひたい。頁数をつけてくれるとなほいゝ。既報のものも含めて、但し読了のもの、雑誌、教科書は不要。「大正六年以后刊行の二百頁以上のもの」。又「生物学」中百頁以上のもの、目録もほしい。之は注文の便宜上、各々に図書館の整理番号を（A1、B2……）つけてくれるといゝ。ショーペンハウエルはⅡの表に二度の勤を果させる工夫はないものか。「読みで」のある本が手許にあると、薄い本がその間に大いに読めるので、あれに未練が残ってゐる。尤も今の所、ポンペイが⅓しか進んでゐないから急がないでいゝ。

本の購入については、発行所直接注文は一番手がかゝらないだらう。夫には振替口座を利用せよ。予め相当に払込んでおいて（本人払込は無料）払出用紙に夫々記入し麻布区貯金局内東京振替貯金課宛郵送（切手不要、通信事務と表記す）すれば夫丈で送金と注文とが出来る。注意すべき点は署名の所に僕の名を書き印は実印を捺すこと。二冊以上の注文の場合の送料は、郵便料金表対照の上判定すること（和の額まではいらぬ）。

併し、次の方法は不可能でないと思ふ。渋谷駅から青山車庫までの本屋をあさり、最后の（車庫の並びで車庫のすぐ手前）巽書店に、見出し得なかった分をさがすことを依頼し、手金を置いて、代金引替郵便で送ってもらふ。タツミの主人とは親しくしてゐたから、日限を急がなければさがして呉れるだらう。これを二ヶ月に一度位決行してくれゝば間に合ふと思うが。衣類の差入には一点毎に、こよりの端に名を書いたのをつけてもらひたい。本のレッテル（図書館の）はやはりとらぬといけない様だ。「直哉集」は不許。
お母さんに、これからの土仕事は手をひどくあらします、早目に手当なさるやうに。次信は、敞君宛のつもり。では元気で。十五日

〔八重子から虔へ、封書十月二十三日付、消印十六年十月二十三日〕

第三十六信
前週発送したもの、現代日本35、45、昆虫記Ｉ（大杉栄の訳故或ひは不許になるかも知れません）、世界文化史体系Ｉ（挿絵をしらべましたが、写真が鮮明でありませんから、大丈夫と思ひ切りとりませんでした）、ヴァレンスタイン、以上五冊。衣類は、冬シャツ、冬モ、ヒキ、タオル寝衣。

一時静まった浩志の怖がりがこの夏の終り頃から復活して、先日荻窪へ行ってから一層ひどくなりました。夜、お父様と帽子を買ひに行き、電信柱が黒くみえたのを怖がり、翌日からは外で歩きません。家へ帰ってきてからも、外で遊ぶのが少くなり、殆んど一日中家の中で遊んでゐます。こんない、気〔季〕節に陽にあたらないのはよくないといろいろ外遊びをするやうな準備と誘導をするのですが、なかなか思ふやうな効果をみせません。一週間余の荻窪生活で一日の大半お祖母ちゃまが傍に居て積木と絵本で遊んだ習慣が抜け切りません。子供は自分の家で育てるに限りますね。一年七ヶ月頃一月余の桐生での生活、それに今度の荻窪行で痛感しました。浩志の特異な性質はこの

恐怖の他に、人間に対する好き嫌ひが甚しいことです。荻窪の祖父母、桐生の祖母、敞叔父ちゃん以外の人は大てい嫌ひで、今日など新宅のおばあさんが通ったら、見まいの猿のやうに手で目をかくしてしまひました。現在家に居ては桐生の母を好み、私のことを排斥してゐます。そのくせ、母が留守の時はおとなしく私の世話を受けます。

男らしさに欠けてゐる浩志をみるにつけ、貴方の帰りが切実に待たれます。勿論一家の支柱である貴方の帰りはどんな意味からも待たれますが、特に浩志のために待たれること一番大です。泣き虫坊やに比べたら、陽子はハツラツたるものです。十日に二歩、十七日に四歩出ました。

今年は気候のせいで数も味も落ちるさうですが、それでもつぶらな赤い実をつけて、鶴川は今まさに柿の秋です。一昨年はなり年でしたが、柿の美しさに心とまらず、思ふに、浩志の成育に身も心も奪はれて過ぎましたが、この秋は柿実る土地の美に心を楽しませることが出来ました。二年九ヶ月の月日が流れましたが、年一年とこの地に対する愛情が深まるやうです。けれど交際不〔下〕手の私は土地の人に対するなじみは浅いものです。

先日松岡さんが立寄りました。その際栽培学汎論を頼みましたが、未だ送ってくれません。家にあるのを消しませう。貴方によろしくと申されました。

十月二十日夜

P・S・　栽培学汎論入手しました。試験場のものでレッテルが貼ってありますが、とらなくも入りますか？

〔八重子から虔へ、封書、消印十六年十月二十六日〕

第三十七信（十月二十五日）

十八日頃から十八信を待ってゐましたがなかなか来ないので変ったことでもあったのではないかと心配しましたが二十三日に入手、丈夫と知って安心しました。

今週は現代日本の21（正宗）と26（武者小路）、お待ちかねの栽培学汎論、農業経営経済学、畑作とその経営、それに週報を入れて六冊送りました。栽培学は早く読んで下さい。

陽子満一年の発育概況は次信に延ばして、たゞ体重だけ先にお知らせします。七九五〇グラムでマイナス七四〇グラムですが半月の増量二五〇グラムの好成績です。これ位の月齢になると半月一〇〇グラム増量が普通です。

今週の坊やのおはなしを送ります。

八畳の片隅で陽子を相手に、

「陽子ちゃん、ゆうべ泣いたの、熱い熱いってお風呂で」

（陽子の足にさはりながら）

「綺麗なあんよ、綺麗なあんよ」

（今度は傍のトラックを一寸押して）

「これ　テイチャバへ行くの」

（陽子障子につかまる）

「チョージ破いちゃ駄目よ

だっこ、だっこ、（自由にならないので）おんぶチマチョー　オチェナカへ」

（陽子、浩志のうさぎを口に持ってゆく）

「うさぎ　なめちゃ厭　ワー」

たうたうお兄ちゃんが泣き出してしまひました。澄んだ秋の午後でした。

浩志、この頃はすっかりおばあちゃまっ子で私を排斥し、「オトーちゃま好きでせう？」ときけば
「好きぢゃない」。「オトーちゃまのところへ行く？」ときけば「イカナイ」と答へます。

お大切に　　さよなら

〔八重子から虔へ、封書、消印十六年十月二十八日〕

第三十八信（十月二十七日）

今日宅下した本は、科学と方法、蔬菜園芸、大自然科学史3、大原幽学、農村を更生する人々、緑肥……、源氏、蜜蜂の……、現代日本文学25、13、農民道の真〔髄〕、実用植物……、世界文学11、5、×1、日本農業年報、土の文学、東京府の産業、日本農業年〔鑑〕、人の教育、意志ト現識トシテノ世界1、世界大思想3、農民文学十人集、測量、明治大正17、×15、×土田杏村、×有島4、生理学上、下、母の肖像、以上三十二冊。右のうち×印は今日宅下手続をとった中に含まれてゐないもの。今日宅下手続をすませたのに実際は受取らぬもの、有島5、明治大正5、世界文学21、現代日本35、45。

十五日に冬のシャツ、ズボン下、タオル寝衣、昆虫記Ⅰを貴方宛に発送したのですが、何かの間違ひで兄さんが受取ったらしいから問合せて下さい。十六日に週報、世界文化史体系Ⅰ、ヴァレンス

タインを送りましたが、この方は入手しましたか？
冬のシャツ類はなるべく自宅で洗濯したいと思ひます。今後は面会に行く日を予め知らせます。その時宅下を受けます。十一月も二回にするつもりです。寒くなって子供等が風邪でも引いたりすると行かれない月もあるかも知れませんから。次は十一月十日に雨天でなければ行きます。降れば一日おいて十二日にします。

要用のみ。

さよなら

〔八重子から虔へ、封書、消印不明〕

第三十九信（十一月三日）

偉人伝全集の内容は、1、ナポレオン　2、アダムスミス　3、グラッドストン　4、ダーウィン　5、ビスマルク　7、勝海舟　8、トルストイ　9、福沢諭吉　10、ロックフェラー　11、西郷隆盛　12、岩崎弥太郎　13、大隈重信　14、渋沢栄一　15、伊藤博文　16、陸奥宗光　17、新島襄　18、アインスタイン　19、東郷平八郎　20、西園寺公望　22、孫文　23、坪内逍遙　24、偉人論及偉人研究。

以上のうち、1は行衛〔方〕不明　6、21は発禁です。

三十一日に世界文化史大系Ⅱ（挿絵二枚切取）、養兎法を、一日に林業宝典、陸稲栽培の実際、近代戯曲集（世界文学全集35）、セル地寝衣、手拭一本を発送しました。衣類三点の郵送宅下入手しました。

子供達のはな風邪がやうやく抜け切り、爽涼の気の中に二人共元気に遊んでゐます。浩志も少しづつ外遊びが多くなりました。陽子とは少し仲よしになって、ブランコを貸してくれたり、食事の時陽子に食べさせてくれたりします。

積木が上手になりました。たいていはトンネル、省線電車、汽車などを作りますが、珍らしくこんな形に積んで「ビルの街」と云ってゐました。厚さ一、二センチの積木なのに崩れずよく積めたと思って、賞めてやりました。

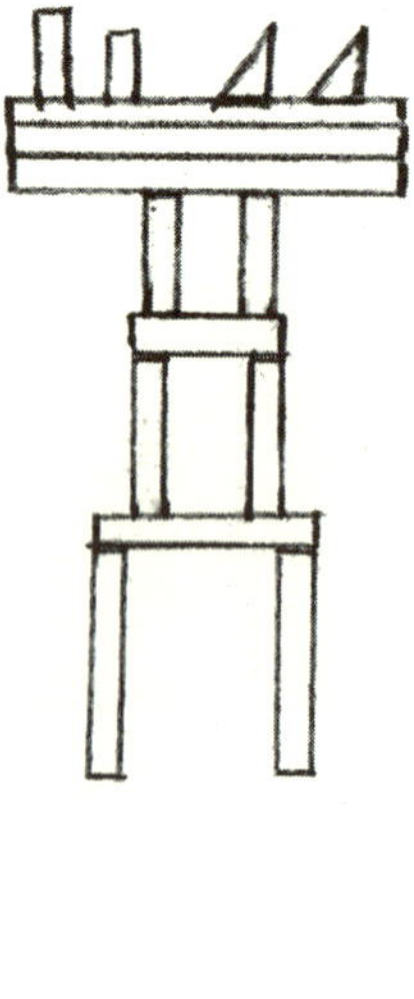

「汽車は蒸気の力で動きます」と云ふのを、「汽車は大根の力で動きます」などとふざけて云ひます。どう云ふ意味か時々「玉子おばあちゃま」「おかあちゃまのアンペンタン」と云ひます。表情からみてどうも悪口らしいです。

星をシソと云ひ、シソを星と云ひ、シグナルをシナグルと云ってゐましたが、いづれも正しく云ふやうになりました。

寒さが近づきました。二人の子よ、そして貴方も、丈夫で過してくれますように。

〈慶から弟・板谷敞へ、封緘葉書、消印十六年十一月四日〉

皆丈夫で居られる事と思ふ。僕も壮健。

近頃受取った品、独文辞典、大自然科学史4、自然科学辞典、文学全集35、45（二冊共不許）、毛布。生命の起原は実によかった。自然科学史も毎巻面白く読んでゐる。

左記の本につき御配慮願ふ。波多野「新版統制経済講話」、鈴木、井上「新訂栄養読本」（二冊共日本評論社最新刊、文部省推）、岩波全書の「膠質化学」「生化学」（既刊？）、朝日年鑑又は時事年鑑（兄さんのお下りでい丶）、岩波の「理化学辞典」（厖大なものでなく、十円前後位で買へるならば是非ほしい）、文学全集38、44、1、4、5、8を追々に。「宿南昌吉遺稿」購求の金のことは八重子に話しておいた。

こ丶数ヶ月、僕の最大関心事となってゐるのは「多摩丘陵地の農業を如何に立地せしむべきか」といふことである。巨大消費地に近く、自然から複雑な地形を与へられたわが墳墓の地多摩丘陵は農業立地の立場から見て全国有数の興味ある地と思ふ。こ丶の農業は須く多彩であるべきだが事実は理想を去る事遠い。将来この点について、大いに努力しようと考へてゐる。このことを念頭に置いて農学書を読めば、どんなのでも面白く読める。奥行浅く間口の広い僕の農学知識もこの目的には有効と思ってゐる。君のつとめ先の様子や毎日の仕事など、折にふれて少し知らして呉れないか。

愛子に「一年に一度か二度位近況を知らせてくれ」との伝言を、兼雄君へのお見舞と共に伝へてもらひたい。兼雄君の様子も久しく聞かぬ。段々い丶とは思ってゐるが。

他日君と共に自転車ハイキングをやってみたいなど丶思ふことがある。そして、そのコースなども夢想する。考へただけでも愉快だ。自転車では一日一〇〇—一五〇キロのコースは決して困難でないから、テクよりも夫丈張合があるといふものだ。

お母さんに。浩志がずゐぶんあまったれたさうですね。浩志は色々の点で相当に育てにくい子の様に思はれますが僕達の子供の時に比してどうでせう。今の恐怖心はそれ程気にしないでもいゝんじゃないかと思ひますが、でもやはり気がゝりです。善彦ちゃんのことをずっと聞きませんが、丈夫でせうね。浩志と種々の点を比較してどうでせう（自分の子の自慢の為でなく、正しい教育のために比較してみたいのですが）。寒くなります。みな御元気で。

〈母・板谷つまから虔へ、封書十一月六日付、消印不明〉

敞宛の手紙昨朝つきました。「僕も壮健」の文字が先づ第一に視神経をとらへました。こちらも一同無事です。鶴川の今日ハどうか知るよしもありませんが。

愛子への伝言はたしかにつたへます。一度も手紙を出してないんですか、ひどすぎますね。兼雄さんハ少しも病人らしくなくなりました。もう出勤を初めたかも知れません。

坊やと九日間暮らしてみました。「何でもかでもおばあちゃん」、しかし決してムヤミに甘ったれはしませんよ。何でもよくきゝわけます。たゞ自分の好きな人との間にハ他の人の一指をも入れさせまいとするのです。「おかあちゃんあっちいって」、「おかあちゃん来なくってい、の」「御飯そとでたべな」こんな調子です。

でも之等ハやがてひとりでに勿論直りますし恐怖心とても大した事ハありません。もし私がいっしょに一、二ヶ月も暮らせたら屹度直してみせると思はれた程度でしたよ。その内に強がり時代といふものが来ますから大丈夫です。

善彦ちゃんの便りハ九月以後き、ませんがその時の手紙に「歩けるやうにハなりましたけれど口の方ハサッパリダメなので悲観してゐます」とありました。二タ誕生の時にまだ歩けませんでしたよ。坊やとハ今のとこ比較のねうちはありません。うちの子等の幼時と比べて大差はありません。少し坊やの方が進んでゐるやうに思はれるのは時代のせゐでせう。

このあひだはよく絵を書かせられましたよ。省線電車、市内電車、サイドカー、オート三輪車、ローラー、石炭、兼て絵のお手本を準備してありましたから、どうやら書けましたが石炭ハ芋のやうになって困りました。動植物をかいてとハいひません。一人遊びもよくしますしき、わけがあるしおどけもするし決して育てにくい子とは思へません。かぜはよくひきますがひかせるともいへますね。何か手落ちがあるのでハ無いでせうか。

朝日降り露のコスモスみな動く
コスモスの白のなびきも暮れはて、
燈管の闇は明けゆく秋ざくら　淇久

十一月六日　　母

虔　様

〔弟・板谷敵から虔へ、封書八日付、消印十六年十一月九日〕

風邪を引いてノドをはらし、何年振りかで腋下に入れた検温器が四時には八度迄上りました。併し元気も食慾も平常通りで、ダルさも全く無く、検温器が狂ってるんぢゃなからうかと思ふ位です。「病気」で勤めを休んだのは之が始めて。休まないでもアッサリなほるだらうとは思ふんですが、来年の三月末日迄の間に与へられてゐる休暇がまだ十一日も有るし、それに家で本を読んでゐる事も、結構仕事の一部で有り得るので、休みました。次第によってはもう二、三日休むかも知れません（明日、永野さんに診て貰ひます）。

「大自然科学史」の第三巻がまだ戻りません。第五巻は未刊。「国語文化講座」は、題目が余りにも多過ぎる為、一つ当りの記述が簡単でいさゝか残念です。

「理化学辞典」は小生も一冊持ってゐますが、しょっちゅう使ってゐて、手離すわけに行きませんし、鶴川にも当然備へておくべき本ですから、買ひます（定価拾円ですから七円五拾銭で買へます）。

今、お父さんが、モーツァルトのジュピター（ワルター指揮）と、コレリのラ・フォリア（エネスコ独奏）のレコードを持帰られました。そして、すぐ医者へ行けと云はれるので、行きました。今は扁桃腺がはれてゐるだけだが、気をつけないと扁桃腺周囲炎になるとの事。もう二、三日休まうと思ひます。

先月の二十五、六日に、軽井沢の南、神津牧場と、北、鬼押出岩峯の茶屋辺を歩いて来ました。二十五日が秋季慰安日と称して休みだったので、機械研究室全員五十名の遠足と云ふわけです。尤も二十五日の夕方、宿屋へ集合する迄、出発時間も何も自由と云ふ事になって居たので、二十四日の夜から神津牧場へ出かけたのは十二名でした。徒歩行程四十粁と云ふ、かなりな強行軍でしたが、軽井沢駅が既に海抜九四〇米、最高の八風山が、一、三一五米ですから大した上下無く、さう苦しい路では有りませんでした。それでも一人、アゴを出し、小生リーダーたるの責任上、リュックサックを二つ背負って歩いたりしました。天候に恵まれ、牧場では濃い、うまい牛乳を一気に四合飲んだり、初めて浅間の煙にお目にかゝったり、（今迄何度か浅間は見てゐるんですがどう云ふ物か煙とは縁が有りませんでした）中々愉快でした。翌日は、又、十粁程歩いたんですが、足が痛くも何とも有りませんでした。

十一月二日、三日は、猪苗代湖、新潟を廻って来ました。水の澄んでゐる事（湖も、車中から見た川も）、飯のうまい事、が忘れられません。新潟市中にはパンも菓子もかなり豊富で有る処には有るんだなと感心しました。

愛子が今日、成女の同窓会だと云って、チョット家によりました。近い中に手紙を書くでせうが、兼雄さんも元気でゐます。

小生の仕事の内容に関して具体的に云ふ自由を持ちませんが、今は、或特殊なモーターの設計をやってゐます。之は二、三年前、北辰でやり損った物なので（小生は関係しませんでしたが）今度成功したら、北辰のおエラ方がどんな顔するか、面白いと思ってゐます。この仕事の為に小生が机に積上げてゐる本の名だけ紹介しませう。「電気機械理論」「電気機械設計」「電気機械構造論」「同期機」「評導機解説」「新船用測器」「電気工学ポケットブック」「機械工学便覧」「理化学辞典」。こんな工合です、では又。

八日夜（第十信）

板谷　敞

浪江　虔　様

〔虔から八重子へ、封緘葉書、消印十六年十一月十二日〕

第十九信、十一月八日。受取ったもの、三十八信まで、本毎週、シャツ、モ・引・ネマキ二、手拭、綿入。

本の宅下が大分混乱してゐた様だね。人の教育や神曲が残ってゐたとは思はなかった。所で二、三疑問があるが、受取った本の中明治大正15とあるのは差入を受けた記憶なし。又未受の世界文学21も同様、工芸作物上下は戻ったらうか。現代日本の35、45、有島5、明治大正50（手紙には5とあったが50のこと、思ふ）の四冊は再手続しておいた。又前回の面会以降宅下したのは生命の起原、大自然科学史4、堆肥、趣味の有用植物、炉辺化学、栽培学汎論、農業年鑑、現代日本18、生理学ナゼ、是清伝、計十冊及綿入、単衣二。現在こちらにある本は外国語三冊、現代日本21、26文化史大系1、2、林業宝典、養兎法、畑作とその経営、陸稲栽培、農業経営経済学、漬物加工法、自然科学辞典、世〔界〕文〔学全集〕35、昆虫記（不許）の十六冊、これ以外は全部宅下手続済につき遺漏があればたゞしてもらひたい。

前信に「実用園芸」と書いたのは「観賞……」の誤りだが、之は趣味の有用植物と似た内容だから当分いらない。レッテルはあっても差支へない様だね。有用植物と炉辺化学はそのまゝ入った。封緘は目下こちらで買へるから差入に及ばない。ジャケツと長じゅばんを今月中に頼む。農学書の優秀なものを次々と入れて呉れて誠にありがたい。栽〔培学〕汎〔論〕は最新版で、教へられる所多かった。松岡さんに厚くお礼を。ブリンクマンは目下読みつゝあるがいゝ本だ。なほ、更生叢書や昆虫記や文学書も適当にまぜて送ってもらはう。良書も先々の楽しみに少し残しておいて。

手紙で浩志の言葉を聞くのは非常にうれしい。今後もどうか度々知らせてほしい。その中陽子もあぎとふ様になるだらう。今年中にいくつ位言葉をものにするだらうか。兄がある関係できっと浩志よりは早いだらうと思ふが。

面会予定日を知らせてくれるのは都合がいゝが、シャツ類の洗濯はどうもこっちでやった方が好都合だから、宅下はしないつもり。みんな元気と思ふが、寒さに向ふから充分気をつけて。僕もすこぶる元気、勉強も大いにすゝむ。ではまた。

お母さんによろしく。


〔八重子から虔へ、葉書、消印十六年十一月十八日〕

第四十信（十一月十八日）
御無沙汰してゐましたが一同元気です。陽子はよく歩くやうになりました。一間半位小きざみな足どりで進みます。一人遊びもしますし、大分手がかゝらなくなりました。
十二日に受取ったものは単物二枚、さらし襦袢二枚、堆肥、趣味の有用植物、炉辺化学、是清、栽培学、現代日本18、35、45、なぜ何故、大自然科学史4、生命の起源、明治大正50、日本農業年鑑十六年版、計十三冊。有島の5はありません。発送したものは、黒ジャケツ、蘆花全集6、病虫害宝典、漱石全集3、明治大正28、西瓜、計五冊。週報は来ませんでした。

〔虔から義兄・瀬崎重吉へ、封緘葉書二十七日付、消印十六年十一月二十七日〕

心ならずも永いこと御無沙汰いたしました。急に冬らしくなりましたが、皆様お変りはありませんか。お蔭様で私も丈夫でゐます。

おわびの心、お礼の心、何と言ひ表はしてよいか言葉がありません。何卒御察し下さい。

妻子が路頭に迷はずに居られるのみならず、私までが潤沢な本の差入を無心したりしてゐますのも偏に兄上のおかげと、常に感謝してゐます。私達の結婚式の時「家庭を忘るな、母・兄」とお書き下さいましたあの言葉、その字の形まで、幾度となく思ひ浮べます。忘れてゐたわけではありませんでしたが、結果に於て同じで、今あのお言葉がひしひしと迫って来ます。ですが、今度こそ大丈夫です。今度こそ、完全に心の掃除をいたしました。将来についてはどうぞ一〇〇％に御信用下さい。兄上のお仕事のことなど、うかゞつてもどうせ分らぬ素人ですが、こゝ一年半に世の中が随分変った様に聞き、お仕事の上にも変遷が少くなかったことを思ひ、心にかけてゐます。

姉上は御丈夫ですか。幸男君は来春はもう四年生ですね。早いこと！　さぞ大きくなったでせう。その後の学校の成績いかゞですか。トシ坊は昨年は可哀さうでしたね。一言のお見舞も出来ず、我ながら不甲斐なさを嘆じました。今はもう丈夫でゐると思ひますが、トシ坊を幸男君に比べると、身体の点ではどうも見劣りがしますね。でも、これからは少年期の最も健康な時期に入りますから、安心でせう。

母上をすっかり鶴川で独占してしまひまして、そちらで何かと御都合の悪いこともあらうかと存じ、心苦しく思ってをります。昨日父が面会に参りました。荻窪でも鶴川でも一同丈夫の様子です。上州名物の寒風が吹きすさぶ時と思ひます。何卒皆様御大切に。

津久井様その他の方々によろしく。

乱筆多謝

〔母・板谷つまから虔へ、葉書十一月二十七日付、消印十六年十一月二十八日〕

今日八重ちゃん陽子ちゃんが来ました。そちらへは四、五日後に行くさうです。今日ハ海野さんにも用があるのでこのまゝ帰るというてゐました。先便に句をダブッて書いたりして馬鹿しました。ヘンに思ったでせう。

近作

黄葉一葉打ちふるうと見れば散りぬ
雨そゝぎ風そへば家の昼寒く
カーテン暗く重く垂れ部屋の冬
ショール深め魚買はんとねぎて立つ
買ひ得べくして買ひえず短日いよゝ

〔虔から八重子へ、封緘葉書、消印十六年十一月二十九日〕

二十九日、第二十信。受取ったもの、四十信、長じゅばん、前週の本六冊、宅下せるもの前週末に七冊、ウエルズ2（不許）、世界文学35（不許）、病虫害宝典、蘆花6、工芸作物上下、現代日本別巻。今日宅下願ったのが六冊、現代日本26、明治大正28（不許）、農業団体の統制、農村更生と青年教育、養兎法、陸稲栽培の実際。数日前ネルじゅばんと薄いもゝひき。

農学書目録の追加分をなるべく早く書き送ってもらひたい。

原色野外植物図譜の中に、主として樹木を説明したのが一冊（四巻？）あったと思ふ。この一冊だけを大至急送ってほしい。今林業宝典を力こぶ入れて読んでゐるのだがそれの参考として必要を感ずるので。

新しく買ってもらった農学書はいづれもいゝ本で、得る所が甚だ多い。多謝。

一つ註文がある。家事処理の能率増進について、つねに反省工夫努力をしてほしいといふこと。一年半の間に、特に陽子が生れてから、十分努力して、昔日の談ではなくなってゐると思ふけれども、しかも尚多少の不安と不満となきを得ない。将来ますます多忙となることは考へておかねばならぬから、一層の努力を望む次第だ。お母さん二人の「手早さ」を学ぶとい丶。

空地利用は近頃どうなってゐるだらう。空いてゐる地面は掘り起しておくと来春の作付のためにい丶。

一寸手ちがひがあつて、手紙は一昨日からやうやく順調に書ける様になったので先づ桐生に書いた。来週の三通はうち宛を省いて全部よそに出すかも知れない。

いよいよ冬になる。浩志よ、陽子よ、寒さに負けるな。

お母さん、どうぞお大事に。

丈夫でゐます。では

〔八重子から虔へ、封書、消印不明〕

第四十一信(十二月二日)

農学書目録追加分の一半をお知らせします。

我国近世の農村問題　本庄栄治郎　改造文庫　265

農村副業の手引(設計から販売まで)伊藤編　286

食用茸の栽培法　松島　233

畜産学粋　千島　240　文庫版

簡明農業要覧　井納、川崎　359　文庫版
戦後の農村は何処へ行く　稲村隆一　330
肥料相談　買方と鑑定　是沢　230　肥料相談　配合の仕方　同上　276
全国農村模範的副業の実際　国政研究会　292
通俗、肥料からみた桑の栽培　鍵谷　218
日本農村経済の再組織　広江　215
我農村の進路　谷本　326
新時代の農家経済　大久保　279
町村農会の経営　江木　354　農家経済の取方　加藤孝三郎　247
副業養豚の十講　芝田、平林　216　害虫防除の実際　石井　313　経済農芸叢書4
農業労働と小作制　河田嗣郎　409　四季の家庭園芸　石井勇　598
原色園芸植物図譜　1―5　原色果物図譜　いづれも200頁内外。
農民思潮と新農村施設　太田利一　249　庭本位の草花園芸　吉村　334
農業土地問題　橋本傳左衛門　412　米と肥料の知識　吉田　324
あまり良書は無いやうですから買残したものを近日中に求めて置きます。
二十信受取りました（三十日に）。貴方の感じた不安と不満は至極尤もと思はれます。もっと事務的になりませう。どうも私には或る部分の仕事に深入して全般的な仕事の運転が不〔下〕手なやうです。前信での、宅下本についての疑問は二冊とも差入ませんでした。帰宅して差入控と照し合はさず巣鴨で時間にせかれてかき取ったまゝ、を報じたための間違だったのでせう。

送ったものは二十三日に冬シャツ、モ、ヒキ、有島6、作物学講義。二十八日に荻窪から、栄養読本（之は私も読むつもりです）、膠質化学、自然科学辞典、一日に、原色野外植物図譜4巻、明治大正5、18、木材と木炭。

野菜つくりはその後も継続、夏から秋にかけて好成績の収獲だったのは小豆、里芋、普通の出来だったのは、大豆、胡瓜、八ツ頭（之はこいもが沢山つきました）、香〔芳〕ばしくなかったのは茄子、とうもろこし、さつまいも。いんげんは早蒔は相当とれましたがおそまきは暴風雨でたほされた後はあまり実がつきませんでした。じゃがいもは春のは良、初秋のは芽が出ないのが沢山ありました。その他、しょうが、小かぶ、さやえんどう、ピーマン、夏大根、などもありました。現在成長しつゝあるものは、ほうれん草、さやえんどう、しょうごいん、京菜、ねぎ、今日里芋を掘って穴にかこひ、秋大根を引ぬいて干しました。麦は相談の結果止めました。悪からず。空いたところは掘返し肥料を入れておきました。畑は殆んど母の手でなされてゐます。皆丈夫です。お大事に。

拾円同封しました。

〔虔から母・板谷つまへ、葉書四日付、消印十六年十二月四日〕

寒くなりましたね、皆御丈夫ですか。僕も至って元気です。理化学辞典他二冊ありがたう存じます。理化学辞典を手にして心躍りました。お母さんの俳句いつも楽しみにしてゐます。今度の「黄葉一葉……」など、巧いなあと感じました。僕にはあゝいふ観察力がありません。生活が単調すぎるのと、農学に心を占領されたのとで、全然句作の気が起りませんでしたが、一昨夜次の三句を得ました。句といへさうもない代物ですが。

また来た 鉄窓の冬が 芝も枯々
　僅にぬくみあるもっそうめしをかみつ、
子等かこむ卓には湯気も立つてゐやうに
ガラスまど貫いて冷気と流れ込む月光

目下文学書がや、欠乏してゐますので、全集中26、30、36、38、44の五冊をこの葉書着次第お送り下さい。福冨両君にお祝とお礼の心をお伝へ下さい。ではお大事に。（当分普通葉書しか書けぬことになりました）

〔虔から八重子へ、葉書九日付、消印十六年十二月九日〕

22（前信21の誤）、丈夫でゐる。四十一信、十円、シャツ、股引、本順調。お金の差入は一月早過ぎた。目下五十円近くあるから、当分入れないでい丶。今週末に左の八冊宅下の予定「明大22、漱石3、蘆花10、有島6、農産製造の……、農村社会事業、果樹……、栽培学講義」。週報（十一月十二日以降）の差入を待つこと切。四十一信の目録中「食用茸の栽培」と「農業土地問題」橋本の二冊、なは先に購求を願った食用茸栽培の実際は、見合はせてもらはう。先日松岡さんに礼状を書いたが、その際「日本農林種子学」借用方願っておいた。或は送って下さるやも知れぬからよろしく頼む。

野菜の栽培はなかなか盛の様だね。お母さんに何とお礼申上げてよいやら。

昨夜から燈管、心のひきしまるを覚える。あ、早く働きたい。当分普通葉書しか書けないことになった。大事に。

〔八重子から虔へ、封書、消印十六年十二月十三日〕

第四十二信（十二月十二日夜）

農学書目録残部をお知らせします。前便で書落しましたが、本の大きさは、概ね四六判でした。今度のは殆んど菊判です。

最新花卉園芸（石井勇義488）、昭和九年度指定村経済更生計画書（東京府400）、水稲栽培に於ける慣行施肥料及施肥期に関する調査（農林省農務局528）、湿田地帯に於ける農業概況（東京府210）、茶樹耕種梗概（農林省農務局234）、農家副業生産物の生産並販売統制に関する調査（農林省経済更生部230）、農用器具機械購入指針（大日本農機具協会）

台湾に於ける母国人農業植民（台湾総督府278）、米麦大増収法（山本豊次郎217）、東京府農林産物検査事業成績報告、第三報　昭和十一年度（東京府農林産物検査所375）、全国に於ける出荷団体の状況　昭和六年（商工省商務局359）

農業共同経営調査書（帝国農会267）、ポケット蔬菜園芸要覧（喜田363）、藁製品検査成績要覧（農林省経済更生部462）

大日本農政史（農林省866）、理想の庭園及公園（野間守人342）、日本棉作要説（農学経営研究会515）、農山漁家副業指針（農林省299）

業務功程　昭和十二年度（府立農事試験場261）

〃　十三年度（〃　249）

家畜管理と畜舎設計（山内憲次439）

農村社会生活篇―康徳元年農村実態調査報告書（実業部臨時産業調査局204）

土地関係並に慣行篇―　〃　（〃　290）
租税公課篇―北満南満農村実態調査報告書　（〃　446）

二十二信着、二十信不着、この中に差入関係の希望があったのなら知らせて下さい。週報は先月末送付方手配したのですが、今度内閣印刷局の刊行物の販売事務が官報販売所に移った為でせう、やうやく本日、十二月十日号が参りました。十一月十二日号よりと頼んだのですが、手ちがひがあったのでせう。折返し又註文します。

今週発送の本は、農村家屋の改善、農村の体育運動、造林と山村の副業、野外植物図説、太閤記（第一巻）、明治大正39、以上七冊。他に別便で週報一部。日本文学の年表は荻窪に有ったさうです。前週分の本の差入が抜けたのですが、近く埋合せします。

二日に登志彰が当分滞在の予定で来てすぐ風邪をひき八日は発熱、陽子も腸を悪くして発熱（同日）、一日三回乃至六回も水様便の下痢で心配しましたが、昨日は一回になり、今日は未だ。この子は病気になると平常の元気よいのに反比例に弱々しくなり、甚だ不機嫌で、今度などは夜中もよく寝ずお乳ばかり飲みたがって大さわぎします（離乳は昼間は出来ましたが夜は未だ出来ずに居ります）

宅下、面会、発信、怠り勝ちで済みませんでした。
浩志はますます太り、母、私、元気。こちらも八日から燈管です。
又申し上げます。お大事に。

〔虔から八重子へ、葉書十八日付、消印十六年十二月十八日〕

23、僕の書信は皆着いてゐる筈。番号が狂った丈のこと。四二信、本七冊受取った。誰か病気でゐはせぬかと心配してゐたが、でも大した事なくてよかった。それでも二人では骨が折れたね。宅下、前週実際に下げたのは七冊、昨日又下記七冊「現代20、30、36、明大39（以上不許）、明大18、農村社会事業、栄養読本」。差入について、綿入と足袋カバー成るべく早く、本は来週の分は週報の着次第すぐに。来々週はぬいてその次の週から又平常通り。なほ荻窪から全集の1、4、5、7、8をすぐ送ってもらふ様頼んでほしい。

栄養読本は絶好の書、反復熟読した上、常に参考とするやうに。「農村社会事業」は雑駁ではあるが、問題の概観を得るには好適のものと思ふからなるべく一読されたい。

浩志は今度は風邪がうつらなかったか？　とすれば感心だ。陽子の離乳はかなりおくれたね。近頃の陽子の食欲はどうだらう。肥り加減はどうか。色々とやはり気にしてゐる。

随分寒くなって来たね。併し、皆お互に元気一杯で冬を越さうではないか。大東亜戦争下の今日、元気が第一だ。お母様によろしく。

宅下の本がたまってゐる。近日中一かたづけ願ふ。（姉さんに頼んででも）

〔虔から弟・板谷敞へ、葉書二十日付、消印十六年十二月二十日〕

昨日は折角面会に来て呉れたのに、出廷中で逢へず残念だった。差入金五円誠にありがたう。尚、全集1、4、26入手、26は先月鶴川より差入があって既読。

昨日で調は完了。終結決定について伺った所「成るべく今月中にしようと思ふ」とのことだ。この旨島田氏と八重子とに知らせてくれたまへ。

理化学辞典は信用出来るのが何よりいゝ。春秋社の自然科学辞典の如く誤植だらけでは辞典として心細い限りだからね。勉強はすゝむ。今日まで二五〇冊読んだ。（農八八、文七四、科三七、他五一）厚い本が多く、それに一割以上再読してゐる。君のモーターはうまく行くかい？　これが荻窪宛本年の最終信になる。

お父様お母様姉さん君四人共元気で新年を迎へられる様に。

八重子に、綿入、太閤記外一冊受領、竹村判事の予審廷が新館の五号室に変ったこと、を序に知らせてほしい。


ではまた。

（八重子から虔へ、封書、消印十六年十二月二十七日）
第四十四信（十二月二十七日）
浩志の風邪は案外早くなほりました。今、陽子と私の番になってゐます。浩志の二年半の体重測定が大分おくれましたが今日計りました。十二・四キロで標準は十一・九二キロですから先づ先づ良い方です。陽子は十一月に計ったきりです。太らせようと思ふあまり、つひ過食させる傾向がありその結果胃腸を悪くしやすいので此の頃はあまり気にしないでゐます。勿論太らせようとする努力を放棄したわけではありませんが。
十八日に宅下した本は、作物学……、果樹……、明大22、28、蘆花10、6、有島6、漱石3、農産製造の……、日本文学26、21、世界文学35、病虫害……、世界文化史大系1、2、農業経営……、

農村の衛生と……、ポンペイ、陸稲栽培の……、最新養兎法、農業団体の統制、農村更生と青年……、漬物……、昆虫記1、大思想エンサイ〔クロペディア〕、畑作と……、以上計二十六冊です。工芸作物は九月に姉さんが宅下げたことになってゐるので目下問合中です。二十三日に足袋カヴァー、食用茸の栽培、太閤記3、農業土地問題、橇、を発送、十二月十七日号の週報は間違って写真週報*が来ましたので遅れましたが今日送りました。偉人伝全集について何時かの面会の時話が出て、手紙に書いたからといふのですぐ話を打切ったやうに記憶してゐますが、その後それについて書かれた手紙を受けませんが、不着の二十信にでも書かれてあったのでせうか。

浩志は実に寝つきのよい子で昼寝をしないせいもあって、床に入ると二、三分で眠ってしまひます。先頃はニャンコとワンコを左右に入れて独りでおとなしく寝入ってゐたのですが、風邪ひきの時に寝かせつけてもらふことが復活して未だよい習慣に返りません。夜中、又は明方に母のおふとんに入って来ます。

*写真週報　内閣情報部（のち情報局）により編集・刊行された、国内向けの週刊の国策グラフ雑誌。一九三八（昭和十三）年二月十六日に創刊され、一九四五（昭和二十）年七月十一日（三七四・三七五合併号）まで刊行された。週報の写真版。

〔母・板谷つまから虔へ、葉書、消印十六年十二月二十九日〕

年暮る、月静寂の光りを投げ
年くる、夜々に盈ちつ、ゆく月に

心身健かに新年をお迎へあれ
当方一同無事

淇久

十二月二十八日

母

〔虔から八重子へ、葉書六日付、消印十七年一月七日〕

24、四四信、足袋カバー入手。四三信不着。風邪はいかゞ？　はかない希望は持たぬことに肚をきめたので、心身至って元気に新春を迎へた。寒さはなかなか厳しい様だが寝具衣類共十分で少しも困らぬ。宅下品、十一月末頃ネルじゅばんと股引を下げておいたが受取らなかったか。又年末に袷とタオルねまき、本六冊（現代26、44、園芸宝典、西瓜、篤農青年、膠質化学）を下げた。今週宅下予定本七冊、（欅（不許）、明大5、太閤記1、2、3、図譜、実用植物図説）。差入希望、四二信目録中、日本棉作要説、茶樹耕種梗概、農業共同経営調査書、家畜管理と畜舎設計、台湾に於ける母国人農業植民の五冊、新書中、死とは何か、宇宙の神秘、雪、雷、の四冊、哲学概論1、2、鷗外全集二三冊、処女地帯、偉人伝は日本人の十二冊とダーウィン、アインシュタイン。明文堂、養賢堂、西ヶ原の目録を是非とも。又一月中に帝国農会の年鑑が出る筈につき必ず。岩波全書中、畜産学汎論、気候学、植物病学汎論。本年の初便りが安藤さんから来た。協会の本近く送ってくれる由。その際、手紙のお礼も忘れぬやうに。お母さんによろしく。

逆境こそは心をみがく絶好の機会なればお互に修養につとめよう。

〔八重子から虔へ、封書、消印十七年一月十二日〕

第四十五信（一月十一日）

貴方に引かへて私は今年ほど空虚なお正月はありませんでした。年末からスランプにおちいり新年に入っても抜け切れず此の頃やうやく良い傾向になったやうです。大いに反省するところがありました。

年末に発送した本は足袋カヴァーと一緒に四冊でしたが内二冊は宅下、或ひはその予定に入ってゐますから、食用茸の栽培と農業土地問題が残っている丈です。

八日に宅下げたものはネル半じゅばん、股引、現代日本の20、26、30、36、44、西瓜の研究、園芸宝典、篤農青年——、膠質化学、栄養読本、農村社会事業、明治大正18、39。

先日の面会で浩志の肉声をかすかながら聞いたわけですね。年末の或る日、用をしながら聞いた浩志の本読み。

　キーシャハ走レ、ドーコヘ走ル、煙ヲ吐イテ（以上少し節をつけて）

線路ノ上、ポッポポッポッ、

流線型、ロータリー車、

飛行機ダ　爆音ダ　青イオチョラニ翼ガシカル、

大キナ汽船ダ

自動車、自転車　オート三輪、

田モ畑モミンナウシロへ、

今日ハ楽シイ日曜日、

浩志もさうでしたが陽子もお話初めが遅いやうです。「バー」と「ウマウマ」と「パ、パ」だけです。パ、パ、とはお乳のことです。私達の云ふことはかなり理解して行動します。動作の速いことは大したもので「おまめさん」のよび名があります。二人ともよく泣きます。母親似？　やれやれ。我が家の春は何時のことでせうね。新春の元気を持ちつゞけて下さい。

〔八重子から虔へ、葉書、消印十七年一月十三日〕

第四十六信（一月十三日）、目覚めると雪で浩志は喜び陽子は驚きの目をみはってゐます。今日、勝海舟伝、福沢先生伝、図譜3、家畜管理と畜舎設計、農業共同経営調査書、台湾に於ける母国人の農業植民、茶樹耕種梗概、計七冊を週報と共に送りました。

浩志は此の頃自分のことを「ボク」と云ひます。登志彰の影響です。「宣撫」の詳解を大言海で引いてお知らせ下さい。広辞林を兄さんに貸してあるし、国民百科にはありませんので。

〔虔から父・板谷浩造へ、葉書十三日付、消印十七年一月十三日〕

本年第一信、お変りありませんか。五円のお差入有り難く拝受。なほ年末お送り下さった本三冊、お母様の葉書入手しました。「朝日年鑑」はまだあかないでせうか。あいたらどうぞ僕の方へまはして下さい。二、三日前から歯根膜炎再発（二年前にやった金冠歯の歯ぐきの痛みです）でいさゝか元気を殺がれてゐますが、この前程ひどくはなく、読書睡眠にもまあ差支へない位ですみさうですから御心配なく。隣の歯の充塡物がとれて了ってゐるのでついこの歯に負担をかけすぎるのが原因でせう。歯の治療のためにも保釈は望ましかったのですが、止むを得ません。近頃は毎朝教育勅語の他に再に宣戦の大詔を拝誦して修養に勉めてゐます。本当に生れ変って、天地神明に恥ぢぬ日本国民となったのですが、今の所何一つ御奉公出来ないのが何より心苦しいことです。

いよいよ寒さの峠にかゝります。何卒御身御大切に。

お母さん、姉さん、敞君によろしく

〔虔から八重子へ、葉書十五日付、消印十七年一月十五日〕
25、大辞典他三冊、週報十二月三十一日号まで、荻窪より哲学小辞典他三冊着。手紙はまだ着かぬ。大辞典はフリーパス、もっと早く入れてもらへばよかった。差入希望、冨山房刊行のもの、「生物学辞典」（三・二〇〔三円二〇銭〕）之はぜひ、なるべく早くほしい。次に冨山房百科文庫中10大科学者の歩める道。9列強現勢史ドイツ、81列強現勢史東中欧諸国、この三冊はぜひにといふわけではない。（10が六〇銭、他が八〇銭）この文庫中一冊（欧州大戦―その戦略）はうちにあるから巻末広告参照、岩波文庫版の昆虫記を番号の多い方から逆の順序で追々に。
宅下予定（今週末）、林業宝典、造林と山村の副業、木材と木炭、農業土地問題、太閤記4、農村の体育運動の六冊。

二年前にやった歯根膜炎再発、但し軽いから安心されたし、もう五日になるが、まだはっきりしない。

皆丈夫でゐるだらうね。みんな寒さにうち勝ってくれるやうに。近日中才助さんに一枚書かうと思ってゐる。

〔虔から八重子へ、葉書二十日付、消印十七年一月二十日〕

26、四十五、六信、本、入手。歯は治った。綿入羽織といふ話だったが、入れてくれ、ばありがたい。が無くても凌げる。村越三千男（？）の植物図鑑（大型のもの）を次回発送分に加へてほしい。「生物学」は僕の作った総目録が次の順序になってゐた筈。イ生物学概論、ロ植物汎論、ハ同各論、ニ動物汎論、ホ同各論、へ其の他。これを次の順序で入れてもらひたい。1への中農業に関するもの。2イ。3ロ。4ニ。5への前記外のもの。6ハ。7ホ。但し、1は頁数を論ぜず、2以下は五十頁以上のもの、尚表紙と三〇頁毎とに江南印あるものは墨で塗りつぶすこと。

「宣撫」は新作語らしく字源、大言海共になし、新修百科増補の中に「宣撫班」があって戦地に於ける窮民避難民の保護救恤……と稍詳しく説明してある。国民百科の補巻を調べて見よ。お母さんによろしく

〔八重子から虔へ、封書、消印十七年一月二十五日〕

第四十七信（一月二十四日）

二十六信着、二十一日の宅下本は二十四信、五信に宅下予定本としてあった十三冊を間違ひなく、受取りました。発送した本は十九日に、雪、死とは何か、六法全書、鷗外全集7、西郷隆盛伝。次に第二門の主なる本をお知らせします。

国富論上中下（改・文〔改造社文庫〕）

「経済学及課税の原理、リカアド　地代論、ロードベルトゥス　民約論　この後のものにも　ラスキン、戦争論　クラウゼヴィッツ　上下」（以上岩・文〔岩波文庫〕）

社会進化と婦人の地位、ラッパポート　神と国家、バクーニン　経済学の実際知識、高橋亀吉
朝日時局読本（移り行く支那、現代政治の動向、金本位没落の渦紋、危機に立つ欧州、革新政治下の米国、以下略）
経済の変革、太田正孝　大思想全集1　コント　実証哲学
戦時経済体制とその前途、藤岡啓
本邦社会統計論、高野岩三郎
経済記事の基礎知識、ダイヤモンド
新聞、経済記事の――、阿部賢一
戦時経済統制の現段階と其前途、高橋亀吉
世界は動く、ウェルズ
本邦に於ける小麦の需給、東亜経済調査局
本邦を中心とせる石炭需給
特産取引事情、上巻、産調資料（康徳四年）
商業交通編（現代産業叢書）
日本経済図表（現代経済学全集）猪間驥一
現代法学全集　全三十九巻　　以上
陽子の体重八七〇〇グラム（再測定）（満一ヶ年の標準が八六九〇グラム）
一同元気で明日はお祖父様のお出と、浩志は楽しみにして寝につきました。

〔虔から八重子へ、葉書二十九日付、消印十七年一月二十九日〕

27、四十七信、「雪」その他着、陽子の体重、不満足ながらや、安堵。前週宅下の本七冊、（勝、福沢、図譜2、3、食用茸、農村家屋、国語文化4）、差入希望、本邦社会統計論、長篇小説全集11、20、21、22、一平全集中旅行記を含むもの。なほ生物学は月十冊位の見当で。購入願ひたきもの、鉄道省編博文館刊の「日本案内記」といふのが八冊出てゐる。（1東北、2関東、3中部、4、5近畿、6中〔国〕・四〔国〕、7九州、8北海〔道〕、三六判四、五百頁、二円五十銭前後）この中どれでもい丶から先づ一冊だけ。ダイヤモンド社刊「旅窓に学ぶ」（東日本、西日本の二冊半切判、八百頁位、二円程度）この方は見つかったら二冊共買ってもらひたい。どちらも古本に出てゐると思ふ。

浩志の交友情況を知りたい。いくぢなしの坊ちゃんより、腕白な田舎小僧たるを望む。

〔母・板谷つまから虔へ、葉書、消印十七年一月二十九日〕

皆が丈夫で新年を迎へた事をほんとに有り難いと思ひます。一月五日にツル川から四人づれで来てくれました。三月にハ坊やとまた数日いっ緒〔一緒〕に暮らすことが出来ませう。そしたら色々書くたねが生じませう。

近詠　暮景

乾ききれぬシャツよ白くつめたし

落日凍雲をいろどる電車のひゞき

暮るゝ路地冬の子ら泣けり叫べり
ひとりゐれば家寒々と暮るゝなり
枯ざくら十日ばかりの月かと仰ぐ
歯ハ一時おさまりましたか。よいといふ事を愛子からきいて見舞も出しませんでした。
一月二十九日

〔八重子から虔へ、封書、消印十七年一月、日付不明〕
第四十八信（一月二十九日夜）
霜の朝がつゞきますけれど陽光は何となく春めき立ってきました。午后になって青空がふっと曇り風のないだ一ときなど冬を背後にしたやうなゆったりした気持になります。物干ざほの傍のみぞを渡ってたんぼへ出られるやうになった浩志が「れんげがなくてつまんないなー」と云ふのにも「もう直ぐ咲きますよ」と答へられるやうになりました。「春になって村のこと家のことがしきりに思はれる」といふ手紙がつひ先頃きたやうでしたが、あれからもう直ぐ一年。子と共に過す日々は早いものですね。
松岡さんから農林種子学（前後編）、校長協会から日本農業教育史が送られました。教育史の方はどこ宛に礼状を出すべきか迷ひましたが、発送が協会になって居りますから差当りこゝへ出します。貴方から高築先生なり安藤さんなりへ出して下さい。定価が随分高く拾五円ですが、代金を送るのかどうか至急御返事下さい。過日私からお頼みした時は代金は分り次第御送りしますとは書きましたが。

二十七日にタオル寝衣、神秘な宇宙、農林種子学前編、新植物図説、明文堂図書目録を送りました。種子学後編も追って送りますから、全二冊の宅下予定日の見込がついたらお知らせ下さい。

二十七信着、（二月三十日）

浩志の友達は未だありません。一日中殆んど一人遊び、時々母や私が相手になってやります。時たま、八重子ちゃん（二年生）武子ちゃん（八才）よし子ちゃん（五才）達が遊びに来ますが長くは遊んでゐません。近所に同じ位の男の子が居るとい、のですが。浩志と陽子が少しお腹を悪くしましたが、浩志は極く軽く、陽子も大したことはありません。　さよなら

〔虔から母・板谷つまへ、葉書二月五日付、消印十七年二月六日〕

第二信、二十九日付のお葉書頂戴、皆御丈夫で何よりです。冬も峠を越しました。今後とも御元気で冬をお送りなさいますやうに。本二冊昨日入手。なほ近日中に次のものお送り下さい。文学全集14、17、53、汽車の窓から上下二冊、宿南昌吉遺稿、山鹿素行全集（？）

文学全集中、開化期文学集、蘇峰集など面白く読みました。和歌俳句集は当分手許に置きたく思ってゐますが、お入用でしたら宅下します。

また、ちょいちょい近詠お知らせ下さい。

歯はなほりました。お父さんによろしく。

〔虔から八重子へ、葉書七日付、消印十七年二月七日〕

28、四十八信一昨日入手。ねまき、本等受取った。

教育史は安藤さんの手紙に協会より贈呈とあったから送金不要。

今週宅下した本七冊、現代、鷗外、台湾……、茶樹、科学日本の建設、天災……、西郷。

予備の本が尽きんとしてゐる。来週は二回（この状着き次第と十一日号週報着後すぐ）発送ありたし。尚、週報は毎号なるべく早く見たい。種子学前篇昨夕読み始めた。後篇も一緒に送ってくれたら早く下げられたものを。

前年末荻窪より差入の全集が第何巻であったか至急知りたい。なほ、本と一緒に石ケン一個（包紙を破らずに）差入れしてほしい。

希望書、明大10、19、47、ポケット蔬菜園芸要覧、業務功程（十三年）

〔母・板谷つまから虔へ、葉書二月七日付、消印十七年二月七日〕
ほんとに冬の峠ハ越しましたね。気長にそして体を大切にめでたき日を待って下さい。
二月九日に送るべき本は
一、哲学と科学との間、一、数学について
一、国語文化講座第二巻、一、宿南昌吉遺稿、
の四冊、他ハ其後一週して送ります。

和歌俳句集ハいつまで置いておいてもい丶のです。

昨日愛子が来ましたが幸福らしいでした。

お父様ハ風邪にもか丶らず元気です。

句のなき母

〔八重子から虔へ、封書、消印十七年二月十一日〕

第四十九信

第四門の一部をお知らせします。

×古事記、日本工業史（横井時冬）、日本商業史（同上）、×近世封建社会の研究（本庄）、蹇蹇録（陸奥宗光）、人類文化史物語上下（ヴァン・ルーン）、ミル自伝、海舟座談、世界人類史物語上下（コフマン）、以上文庫版、×印は二百頁以下。北支産業要覧（東亜問題研究会）、中支産業要覧（同上）、カムチャツカ紀行（ステンベルグマン）、農村の改革者　聖ヴィアンネー伝（戸塚文卿油）

岩波新書――北極飛行（ヴォドピャーノフ）、戦争とふたりの婦人（有三）、日本資本主義史上の指導者たち（土屋喬雄）、戦没学生の手紙（ヴィットコップ）、アフリカ分割史（大熊眞）――旅人の眼（川島理一郎）―要修理―、世界大戦―その戦略―（リデルハート）、欧米の隅々（市河三喜）、モルガン　古代社会、各国経済史（経済学全集）、世界経済史（同上）。

二十八信着、前年末荻窪より発送の全集は1、4、5、7、8の筈です。一月四日に、雷、一平全集9、農林種子学後編、泰西本草及び本草家、台湾の植物、満州の植生状態と植物分布、八日に、日本農業教育史、岩崎弥太郎伝、明大10、石けん一個、九日に荻窪から、国語文化講座　第二巻（之の第一巻は着いてますか?）、数学について、哲学と科学との間、宿南昌吉遺稿、を送りました。宅下は七日にする筈でしたが、都合悪いことがあって、出来ませんでしたから、近く兄さんに面会ながら行くつもりです。

陽子の新発音、「ウーマ（馬、牛をみてもさう云ひます）」

「ウワンウワン（犬）」「ナーナ」（菜）「ニャアニャア（猫）」

又訃報一つ、やっちゃんが逝きました。

さよなら

二月十一日

〈八重子から虔へ、葉書十二日付、消印十七年二月十二日〉
第五十信、第四門の残部をお知らせします。
日本経済史（第一巻のみ許可）、二千五百年史
日本経済史（本庄、黒正）、日本消費組合運動史
近世外交史（信夫淳平）、欧州経済史（本位田、書込多し）、満州国産業概観、二宮尊徳、朝鮮漫談、
支那の綿業、以上いづれも菊判
今日聞いたのですが、昌三さんは去年の十一月に出征したさうです。豊島園では浩志は喜んで木馬や、豆自動車、メリーゴーラウンドの象に乗ったりしました。陽子はどれも恐がって駄目でした。
この頃陽子は赤い靴をはいてよく陽にあたるので頬が小麦色にやけました。

〈虔から八重子へ、葉書十三日付、消印十七年二月十三日〉
29、皆丈夫だらうね、僕も至って元気、冬も先が見えて来た。本六冊と四冊、石ケン入手。宅下し

た本は次の八冊、種子学（前）、図譜1、共同経営、現代4、国文講座3、天災、雪、死とは。差入希望、全国農村模範的副業の実際、我農村の進路、日本棉作要説、山本有三集（大判のもの）。種子学後編未だ現品を手にしないから宅下予定はたゝぬ。雪と、科学日本の建設とは一読を希望する。新植物図説は巻末に小植物学辞典がついてゐて好都合だ。

国語文化講座によると、ガギグゲゴの発音は語頭以外は鼻濁音が標準の由、子等の教育上、ぜひ之による様注意されたい。

お母さんによろしく、みんな元気で！

〔弟・板谷敞から虔へ、封書二月十三日付、消印十七年二月十三日〕

一月二十日と二月九日とが零下五度で、「大寒」の間は大した寒さは有りませんでした。僕はとうとう外套を着ないで通せさうです。一月初旬に一寸風邪気味だったのでしたが、いつの間にか、抜けました。ホームで電車を待ってゐる時が一番寒いですが、襟巻や外套にくるまってゐる連中も、結構寒がってゐますから、同じ事らしいですよ。初めは、零度になったら着るつもりだったのでしたが、いざ、さうなって見ると、別段大した変りも有りませんし、今更着るのも何となく癪に触る様な気もして、とうとう意地をはり通したと云ふわけです。来るべき冬には、セーターでもやめようかと思ってゐますよ。はるべき意地と、非科学的がむしゃらとの区別は明瞭に附けるつもりですが。

今日の休みは、大森へ行きました。兼雄氏が、一寸風邪引いて休んでゐましたが、ホンの鼻風邪程度で、熱も有りません。何でも今度の日曜には、例の珠算競技会の為、出勤しなければならないから、その代りに休んだのだと云ってゐました。当方は皆元気、鶴川からも今日葉書が有りましたが、皆相変らずださうです。

歯はその後どうですか。僕は又一本かぶせました。まださう悪くはなってゐなかったのですが、応召の用意の一つとしてやったのです。

「大自然科学史」はどうしたのか、その後、出ません。近日中に、三省堂へ問合せるつもりでゐます。全部揃ったら読まうと思って、まだ手を附けて有りません。もし、五巻以後が出ないとでも云ふのなら、ダンネマン自身が、あの大著から抜粋した、「大自然科学史入門」（二巻）を買ふ事にします。

「国語文化講座」は完結しました。近頃、種々の本を買込んでゐるのですが、中々読めません。何しろ、研究所で回覧の本だけでも「精密機械」「科学測器」「火兵学会誌」「電気学会誌」「電気通信学会誌」「無線資料」「機械及電気」「科学知識」「科学画報」それに自分の「機械学会誌」。各、二日づゝとして、二十日かゝるわけ、勿論、全部が全部必要なのでは有りませんが、時々ノートを取らなければならない事も有り、又、英語やドイツ語の本も読む必要が有り（しかも、之はチャンと訳文にしておかなければならないのです）、中々大変なんですよ。それでも少しづゝは他の本にも頭を突込んでゐます。この前送った「哲学と科学との間」など、苦心惨憺しました。その前の「科学日本の建設」は一瀉千里でしたが。

「国語文化講座」は、後、二冊で読み終るのですが、その次は、石原博士の「自然科学的世界像」に取組む予定です。まあ、来月になってからの事でせう。

三月二十一日は土曜日で、今月と同じく金曜日休みでも、平常通り、日曜休みになっても、二日続きですから、何処かへ出かけようと思ってゐます。上・信・越方面は、まだ一寸無理ですが、伊豆、箱根辺ならよからうと思ひます。

先日、鶴川、大森、荻窪　三家のレコードを数へたら、実に百七十五枚有って、一寸驚きました。（邦楽レコードは含みません）　ブッ通しでかけても二十四時間丁度位かゝるわけです。その後買ったレコードは、コルトー、ティボー、カザルスの「大公トリオ」（ベートーヴェン）です。

「哲学小辞典」は常備しておけるんでせうが、一応読んだら返して下さい。但し、特に急ぐ事は必要有りません。

では、元気で。

二月十三日夜、第十一信　敞

浪江　虔　様

〈虔から八重子へ、葉書十六日付、消印十七年二月十七日〉

30、四十九信着、兼雄君から葉書をもらった。

明後日宅下予定の本八冊、種子学（後）、家畜管理と……、数学について、哲学と科学……、泰西本草、台湾の植物、現代5、7（7は不許）、二十一日には確実に受取れると思ふ。

生物学の差入についての注意、板谷印を塗りつぶすこと、図書館レッテルをとること。

毎日地図で勉強してゐる。一八五市五四〇郡の名と位置を全部覚えたが、思った程骨が折れなかった。

公判も遠くあるまい。はかない希望を持たずに、服役の覚悟をしっかりときめた。落胆することはない。僕達は未だ春秋に富んでゐる。雄々しい心で苦難を克服しようではないか。お父さん、お母さんたちには全く申訳なくてたまらないけれど。では元気で

〔虔から弟・板谷敞へ、葉書十八日付、消印十七年二月十八日〕

第三信。昨日十一信がついた。ありがたう。本四冊（九日発送の）、お母さんからの葉書入手。丈夫で何よりだね。非常な元気ぢゃないか。それに、職務と勉強に「其の本分を尽し」てゐる由、羨しい次第だ。尤も僕もお蔭で読書はもりもりやってゐる。併し読む一方だから知識の消化不良といふ傾向は免れない様だ。過日、ダイヤモンド社刊の「旅窓に学ぶ」購求方八重子に頼んでおいたが、この本は君にも大いに役に立つと思ふ。哲学辞典の件承知した。そのうち宅下する。大自然科学史あれなりになっては誠に惜しい。出版が困難であるらしいが、あゝいふいゝ本は、他のものを犠牲にしても出してもらひたい、科学日本の建設のために。「雪」一読をすゝめる。

シンガポール陥落万才！　今朝はお赤飯だった。では、みんなによろしく。（僕も至って元気だ）

〔八重子から虔へ、封書消印十七年二月二十日〕

第五十一信、三十信入手しました。

貴方の方も裁判の係りが決ったのではないかと思ひますが、分り次第直ぐお知らせ下さい。

一、二ヶ月前市制実施の町が二つあって一八七市になったのですが何と云ふ町か判明しませんから、明日役場へ行って官報で調べてからお知らせします。一つは長崎県でした。

今日は陽子を前にして浩志が絵本を読んでやってゐます。こんな風に――。ロープウェイでせう。

ほら、皆んなが旗立て、乗ってゐるでせう。ほら、電気機関車よ。つばめ号をひいて行きます。渋谷駅よ。むかしの電車（むさしの電車のこと）、これ何処へ行く電車でせう？　お母ちゃん。（陽子は私の方へ来て自分で絵本を持って、ウワンウワン、ウーマと読み始めました。浩志はかまはず続けます）「リンリン皆さんお支度願ひます」と書いてある。赤い帽子被ってる子はだっこ。

若しかすると愛子さんが御芽出度かも知れないのですって。昨日お父様がいらして、嬉しそうなお顔で云ひました。それにつけても兼雄さんが今の健康をずーっと持ち続けてくれることを念じて止みません。

下堤《しもづつみ》の御芽出度、院の上のけんさんのところに女の子が生れました。先日お祝ひに行って、始めて、お嫁さんに会ひましたが、明朗な人でした。

うちの直ぐ前、三間ばかりおいて今井さんで家を建てます。今日地鎮祭をしてゐました。

十六日発送の本は、明大19、47、生物学辞典、蔬菜園芸要覧、大隈重信、業務功程、生物学史、生物学と人生問題。

一同元気で春を待ってゐます。余寒厳しいですから充分お気をつけ下さい。

〔虔から義母・瀬崎ちせへ、葉書二十日付、消印十七年二月二十日〕

お変りなくてゐらっしゃいますか。申訳ないと思ふ心ありがたいと感ずる心、とても言葉に表はせません。親不孝の行の故に、途方もない御心配と御苦労との種を作ってしまひました。けれども、おひざもとに帰れる日が来ましたら、その時こそは、その時こそは！とかたく心に誓ってゐます。どうぞそれまで、あいそづかしをなさらずにお待ち下さい。之がたゞ一つのお願ひです。余寒なほ厳しき折柄、どうぞ御身御大切になさいます様。
八重子に。前週末に本を発送してくれなかったのだらうか。欠乏せんとしてゐる。至急埋合せをたのむ。昨日荻窪よりビン詰二ヶ差入あった。よろしく

〔八重子から虔へ、葉書、消印十七年二月二十一日〕
五十二信（二月二十日）
新らしく設置された二市は、大村市と人吉市で前者は長崎県東彼杵郡、大村町、三浦村、鈴田村、萱瀬村、福重村、松原村の区域、後者は熊本県球磨郡、人吉町、藍田村、西瀬村、中原村の区域です。いづれも二月十一日から市制施行です。（告示は一月でしたが）
今日は珍らしい日で荻窪のお母様が一人で見えました。
栄養読本は得るところ大でした。桐生の姉にもす、めました。
火、金にはかごやへ出張の歯医者に通ってゐます。

〔八重子から虔へ、葉書二十二日付、消印十七年二月二十二日〕
五十三信。母への葉書ありがとう存じました。
今日発送の本七冊、生物学概論、細胞の生化学、模範的副業の実際、山本有三全集、長篇小説全集11、本邦社会統計論、渋沢栄一伝。
この冬子供達に行った皮膚鍛練は起床の時肌着から全部とりかへること、お風呂から出る時水でふくこと、毎朝水で顔と手を洗ふこと、等でした。陽子には少し酷らしく、後の二つはどうやら馴れ

ましたが、最初のは毎朝少し泣声をあげます。着物は厚着の方でせう。薄くすると洟水を出すのですから止むを得ません。この頃は陽子がお兄ちゃんを打って泣かせることもあります。御自愛下さい。

〈母・板谷つまから虔へ、葉書、消印十七年二月二十三日〉

丈夫なそうですね。

一　汽車の窓から　　　二冊
一　田山花袋　　　　　一
一　泉　鏡花　　　　　一

右の四冊を今日郵送しました。

この冬ハ去年に比べて随分寒いことでした。ラヂオで温度をいひませんからハッキリしたことはわかりませんが、うちの寒暖計で示すところでは一月二十日の最低が-5、二月九日が-5、それから-3-2などが続いて二十一日がまた-5、而して今日は俄然暖く四度でした。もうほんとに大した事ハないでせう。去る二十日はじめて一人で鶴川に行き二時間ばかり坊やと遊びました。物がよくわかって実に可愛い、ことです。

さよなら

二月二十三日　　　　母

〈虔から八重子へ、葉書二十五日付、消印十七年二月二十五日〉
31、五一、二信昨日入手。新市に就ての報告ありがたう。今年はよく雪が降るね。昨日宅下した本七冊、満洲の植生……、雷、蔬菜園芸要覧、岩崎伝、朝日年鑑、国文講座2、一平全集。第四門中差入してもらひたいもの。農村の改革者、欧米の隅々、……指導者たち。旅人の眼（修理困難ならばよろしい）。
歯の根本治療を服役前にすることが出来れば結構と思ふので、も一度保釈申請をしてもらふ様一昨日島田さん宛に頼んでおいた。もとよりアテにはしてゐない。三月上旬にヂャガイモを植込むとい、、去年ナス、トマト、ヂャガを作った土地は避けねばならぬ。近日中インの上の由さんに葉書を出さうと思ってゐる。

では元気で

〈母・板谷つまから虔へ、葉書二月二十七日付、消印十七年二月二十七日〉
一　原形質　一　核学　一　統制経済講話
一　天才と遺伝上　一　睡眠と夢　一　哲学の方向
一　天才と遺伝下　一　自然科学発達史
一　歴史的現実　一　日本文学全集（五十三）
右十冊今日郵送
庭土の凍てゆるみきと踏みありく
夢やぶれ夜半のふすまに雪を感ず

雪げ水雲一片を漂はす　　　淇久

〔虔から八重子へ、葉書四日付、消印十七年三月四日〕

32〔塗りつぶしてある〕丈夫でゐる。受取ったもの、53〔塗りつぶしてある〕信、羽織、週報二十五日号、荻窪より本四冊と十冊。今週宅下の本六冊、現代、業務功程、生物学史、天才と遺伝上下、大隈〔重信〕。

保釈の件につき島田さんから「自分から再び請求しても全然見込がない、むしろ本人から願って見たらどうか」といふ旨返事があったが、僕自身から願書一枚出した所で同じ事だらうし、公判もさう遠くあるまいから、よさうと思ふ。

目下、本は大分豊富にある。

三月は気候変化の最も甚しい時だから子供達に一層注意ありたし。お母さんによろしく。

では元気で

〔弟・板谷敞から虔へ、絵葉書（赤城名勝）、消印十七年三月七日〕

今日は暖いでしたね。二十一度になりましたよ。それでも相変らず街には襟巻と外套とが横行してゐます。温度とは無関係に、唯、惰性だけでさうしてゐるんですから実に妙な物ですね。

「大自然科学史」に就て、三省堂へ問合した所、「第五巻は今月末発売、以下続いて出る様努力する」と、昨日返事が有りました。

近日中に、「国語文化講座」の中の、「国語生活篇」と、「キュリー夫人伝」とを送ります。

三月六日　第十二信

〈虔から母・板谷つまへ、葉書九日付、消印十七年三月九日〉


第四信、皆御丈夫でせうね。僕も至って元気です。

下旬のお葉書二通差入金一円ありがたうございます。

本十四冊たしかに受取りました。愛子おめでたの由、お父さんもお母さんも、それまでの半年が待ちかねる程でせう。僕も嬉しいです。昨日昌吉遺稿を読み始めました。「真実一路」といふ言葉を強く思はせられます。

昨夏お父さんに申上げた「浩志たちの為にお二人の伝記を書くこと」の考は、昌吉遺稿を読みつゝ、一層強まりました。重大な不孝と子等に対する無責任を、之によって少しでも償ひたいと切望してゐます。どうかその資料（年譜や断片の思ひ出草）を少しづゝでも作っておいて下さい。

敞君に。旅したら旅先から絵葉書をぜひ送ってくれたまへ。

気候変化多き三月故皆様特にお大事に

〈母・板谷つまから虔へ、封書三月十日付、消印不明〉

第四信今朝落手、至て元気とは有りがたいことです。昌吉氏の遺稿ハほんとにネウチがありますよ。それに文章にとても力がありますものね。最初の請ひの時さし入れようと思ったんですけれど赤線が到る処に引いてあったのでつい手をつけおくれてゐましたが再度の申送りで今ハ猶予もなりがたく必許可を期して三回のしらべに及びさて差入れてハみたもの、許否如何を気づかってゐたのでした。

さて、伝記のことですが、お父さんハ筆とる事に気乗りがせぬ御様子です。億劫なのでせう。無理に願うのもきの毒ですからもう暫く待って下さい。心の重荷がとれゝば自然筆も軽くなりませう。

鶴川では、先頃中皆で風邪にかゝったさうですが順々に快くなるらしい報がありました。

昨年末に敞君が私に三宅周太郎の文楽の研究を買ってくれました。なかなか興深く読みましたから今日、国語講座の第五巻、キュリー夫人伝と共に送ります。文楽の研究一とその続編です。こんな一面を読むのもムダではありますまい。そして私の好む義太夫の価値を少しでもみとめて下さい。

〔俳句が三句あるが消されている〕

三月十日　　母

虔　様

〔虔から八重子へ、葉書十一日付、消印十七年三月十一日〕

33、暖かくなったね、丈夫。54信未着、本六冊着いた、前信に週報二五日としたは一八日の誤。宅下五冊、教育史、細胞の生化学、明大10、渋沢、昌吉遺稿。

一つ重大な提案がある。浩志達が青年期に達した時読ませるために亡きお父さんの伝記（併せてお母さんのも）を書いてほしいといふことだ。膨大なものは要らぬ、年譜を作って、力に応じて少しづゝ肉をつけてゆけばよい。荻窪の両親のは僕が書く（昨夏以来考へてゐる）、桐生の両親のはあなたに書いてもらはねばならぬ。浩志達にとつて、四人の祖父母の伝記は、いかに生命にみちたものであるだらう。ぜひ努力してもらひたい。熟慮の上返事してくれ。

由さんから早速返事が来た、嬉しい。
本は目下かなり豊富だが、生物学を主として相当に送ってもらひたい。みんな元気で！
ラングーン、ジャワ続いてわが手中に帰す、なんといふすばらしさぞ！

〔八重子から虔へ、封書、消印不明〕

第五十四信（三月十二日夜）

二月二十三日に宅下した本、農村家屋の改善、図譜1、2、3、食用茸の栽培、天災と国防、福沢伝、勝海舟、家畜管理と畜舎設計、農業共同……調査書、台湾に於ける……、茶樹……、雪、死とは、鷗外7、西郷隆盛、神秘な宇宙、……種子学、前後、泰西本草……、台湾の植物、数学について、国語教育編、国語芸術編、哲学と科学との間、科学日本の……、現代1、4、5、7、以上三十冊。

発送の本、三月四日に、長篇小説20、我農村の進路、欧米の隅々、農村の改革者、日本棉作要説、十日に、長篇〔小説〕21、消費組合の先駆者、陸奥宗光伝、昆虫記20、18、日本資本主義史上の指導者たち、新島襄伝、日本に於ける細胞学の過去及現在、細胞学の過去及現状、細胞体の有形形質、以上。

睡眠と夢、自然科学発達史、新版統制経済……の三冊は兄さんに廻しますから御承知下さい。

昨日神田の古本屋で六冊ばかり買入れて来ました。他の場所で古本屋がかたまってゐるところは何処ですか。

私方の父母の伝記承知しました。自転車のけいこ、編物、洋裁、染物、と練習を要する仕事が一杯たまってゐますが何とか書く時間を作りませう。但し期限は約束出来ません。

骨組だけは母が鶴川に居る間にとっておきます。何よりも現在必要を感じてゐるのは自転車乗りです。幸ひ基本的練習は一応済んでゐますから寒くなるまでに乗り廻せるやうにしたいと思ひます。

山室さんの住所は世田ヶ谷区新町三—一五。善彦ちゃんは昨年末愛子さんが訪ねた時未だしゃべれなかったさうです。ひどい吃音ではないかとお父さんは云ってます。そのことで昌子さんが非常に悲観してます故、手紙を書く時御注意下さい。

〔虔から兄・敬の妻板谷園子へ、葉書十八日付、消印十七年三月十八日〕

第五信、差入や宅下に度々お世話になって居りながら、ずっと御無沙汰いたしてをりまして申訳ありません。

この冬は寒さがや〻酷しかった様ですが、健康状態に支障はありませんでしたか。でも、もうおひがんになりましたね。

敞君から永いこと借りてゐた哲学小辞典は今日宅下します。又、兄さんにまはす分の本三冊中、統制経済講話はすでに下げてあり、「睡眠……」「自然科学……」も来週初に下げられるかと思ひますから然るべく。

四月上旬中に現代日本文学全集の23、28、32をお送り下さい。

おからだ御大切に。

皆によろしく。

僕は相変らず元気でゐます。

〔八重子から虔へ、封緘葉書、消印不明〕

五十五信

第七門の図書目録をお知らせします。

通俗医学講座（1―6）、消費組合必携　中巻（関消）、英雄待望論（鶴見雄輔）、膨脹の日本（同上）、胆っ玉（頭山満）、大西郷遺訓、好書品題（蘇峰）、文芸名作漫画、食糧問題の話（下村宏）、世界と日本（同上）、ユーモア全集（十二巻）、家庭科学大系（四十六冊）、学童の教養、生活と書籍（徳富猪一郎）、郷土心理学、魚畜類の新利用法、心理実験、産組革新論、健康増進叢書（鍛錬篇、強壮篇）、朝日常識講座（新聞の話、人口問題講話、都市と農村、物価の話）以上。

先日浩志が積木をしながら、こんなおしゃべりをしてゐました。

「何か作ってるの　浩志ちゃんが」何を作ってるのときいたら、「ワンワン（陽子の発音の真似）でもない、ウーマ（同上）でもない。省線電車、トンネル作ってるところ今。みんなお客さんを乗せて行っちゃふの、この電車。小田原―多摩川、あの電車は八時間行くの。あっちの電車は四時行くの。この電車もう人が降りたの。又こゝへ止ってるのよ。おとなしいよ浩志ちゃん、どうしておとなしいんでせう」

当地で現在配給になってるものは、米、砂糖、塩、醤油、味噌、菓子、炭、小麦粉、食用油等です。このうち一番不足勝ちなのは砂糖。米はやゝ足らぬ気味ですが、困る程ではありません。が不足して困る家が多いらしいです。併し臨戦下ですから止むを得ないでせう。醤油と味噌は未だ本格的ではありませんので足るか足らぬかよく分りません。炭はこの頃、月三俵もあるので一俵棄権することもあります。お菓子は勿論大不足ですが、牛乳やおさつがありますし、又小麦粉などを使って菓子パンめいたものをつくってやったりしますから、子供達のお八つに困ることはありません。少しおくれたかも知れませんが昨日じゃがいもを植えました。そろそろ畑仕事が忙しくなります。素人園芸向の軽い小さめのくわを買ひました。今年はトマト、いんげん、小豆、大豆など沢山作らうとはりきってゐます。

週報三月十一日号発送しました。　　三月十四日夜

〔虔から八重子へ、葉書十六日付、消印十七年三月十六日〕

34、本十冊着いた。念の為発送案内を書送ってほしい。宅下した本五冊、核学、原形質、生物学概論、汽車の窓から、統制経済講話（之は平明簡要・必読の書）。なほ今週中にねまき、羽織、哲学小辞典他二、三冊宅下の予定。荻窪から又四冊差入があって少したまり過ぎたから今月中は生物学五、六冊と週報とのみに止めてもらはう。

も一つ、重要な提案がある。日記をつけよといふことだ。勿論死せる形式的なものでなく生きた心の日記だ。日記なき生活は反省修養なき生活といっても言ひすぎではない様に思ふ。忙がしいことは十分推察するが、家事の能率を高めて、出来る丈精神生活の充実をはかってほしい。努力・努力！努力なきところ進歩はあり得ない。

気候不順、健康に一層の注意をのぞむ。

〔八重子から虔へ、葉書二十日付、消印十七年三月二十日〕

五十六信、十八日に陽子を連れて兄さんに会って来ました。その日宅下を受けた本、二十三冊で

三十一信から四信までの宅下本と一致して居りました。発送したものは十四日に週報三月十一日号を、十八日に袷の着物、生物の電気発生、日本案内記、日本農業の機械化。来週送るもの、うちに農業経営の諸問題を入れますが、これは戸塚さんから借りたものですから早く宅下して下さい。山室さんへの手紙を未だ書かないのでしたら、モウパッサンの従妹ベットをお返し下さるやう云って下さい。母は風邪が治りきらないので未だ桐生へ行きません。

〔虔から八重子へ、葉書二十四日付、消印十七年三月二十四日〕

35、五十四・五・六信、袷、本全部受取った。五四・五信には努力生活への意気込が現れてゐて実にうれしい。どうかその調子で！　宅下したもの、羽織・ねまき、本十二冊、有三、現代17、長篇11、生物学と人生問題（以上四冊不許）、生物の電気発生、哲学小辞典、汽車の窓、棉作要説、模範的副業、睡眠と夢、自然科学発達史、社会統計論。
第七門より差入希望のもの、健康増進叢書二冊、郷土心理学、英雄待望論。
山室さんには二十日に出した。古本屋は本郷・早稲田等にもあるが、到底神田の比ではない。松岡さんの手を通して蜂蜜を買ふことが出来るかも知れないから、近日中、問合はせて見ようと思ふ。陽子の発育に好結果をもたらすと思ふが、果して買へるかどうか。
二、三日非常に暖かだったからお母さんの風邪もすっかりぬけたと思ふが「どうぞお大事に。」と。では、元気で。

〔父・板谷浩造から虔へ、封書、昭和十七年三月二十四日付、消印十七年三月二十五日〕

日本人を両親に持てる其許が今や確固たる日本精神を把握し厳然たる日本国民として更生したる事を悦ぶ。此上は対応に於て其実績を顕はすべし

昭和十七年三月二十四日

父　板谷浩造

浪江　虔　殿

〔八重子から虔へ、葉書二十七日付、消印十七年三月二十八日〕

57、三十五信受取りました。羽織と寝衣は十九日に姉さんが宅下してくれました。発送したものは二十二日に週報二冊、二十五日に農業経営の諸問題、遺伝学の進路、シャツ、モ、ヒキ。育児日記をつけたいと以前から考へてはゐましたが当面の必要に迫られないこと故、つひのびのびになってゐました。それは祖父母の伝記同様彼等にとって意義深いものでせう。私自身の日記に織り交ぜて記録しませう。併し、毎日はつけられません。そして、永続的に書ける確信を持つまでもう少しお待ち下さい。暖かになって従来の方法では鍛錬になりませんので今朝から乾布摩擦を始めました。母は二十二日に帰桐〔桐生に帰る〕、二十九日にこちらへ帰る予定です。

〔虔から弟・板谷敞へ、葉書二十八日付、消印十七年三月三十日〕

第六信、いたゞいたもの、父上、母上の手紙、君の十二信、十九日のお金一円、キュリー他三冊。「睡眠と夢」は、夢の解釈がやゝ目的論的になりすぎてゐる様に思ったが、非常に面白かった。鉄道省編の「日本案内記」（全八冊）中「近畿上」を試みに読んでみたが農業地理研究の立場からは

あまり役に立たないけれども、案内記としては誠にすぐれたものと思はれる。で、一つ提案がある。最近改版になった関東・東北・中部・近畿下の四冊（丁度十円）を君と僕と半額宛負担で買ふといふのはどんなものだらう。勿論僕が一読した後は君が自由に利用してくれゝばいゝ。近畿上今日宅下したから、之を一応見て、考へてくれたまへ。

お父さんに。厳粛なお手紙、襟を正して読みました。忠孝の道にあくまで徹すべく精進を続けることを誓ってお答へといたします。

お母さんに。山室さんから御返事いたゞきました。おついでの時お礼申上げて下さい。では、みなさん、御元気で

〔母・板谷つまから虔へ、葉書三月二十九日付、消印十七年三月三十日〕

丈夫ですか、期待をかけまいとしてもかけられてなりません、一昨日四冊送りました。

国語講座巻一、文学全集三冊

向ひの小山さんが八十三才で先月亡くなりました（老人性肺炎）。常に百才を口にしてゐられたのに。

江ノ嶋にて（先達江ノ嶋にはじめて行って見ました　一泊）

〔俳句が四句あるが消されている〕

〔母・板谷つまから虔へ、葉書三月三十日付、消印十七年三月三十日〕

日本文学全集23　28　32

国語文化講座　第六巻　　以上四冊
四月上旬にとのことでしたけれど都合で今日郵送します。あの暖さでクロッカスが三月早々咲きました。
左に近作
　クロッカス咲きいでぬ悲しかりけり　と人知れぬ思ひを花に寄せました。
〔俳句が五句あるが消されている〕
三月三十日　　母

〔虔から八重子へ、葉書三十一日付、消印十七年三月三十一日〕
36、シャツと股引受取った。宅下本十二冊、農業経営の諸問題、農業機械化、細胞体の有形形質、細胞学の過去・現在（2冊）、遺伝学の進路、昆虫記二冊、日本案内記、国語文化講座5、新島、哲学の方向。
戸塚氏に厚くお礼を。「機械化」と「統計論」とは兄さんに貸してあげるといゝ。案内記については敞君宛葉書を見られたし。国語文化講座5中「農民の言葉」「婦人の言葉」「子供の言葉」「能率と国字問題」（合計約六十頁にすぎぬ）はぜひ読んでほしい。

子供達の為に砂場を作ってやったらどうだらう。場所はぬれ縁の先がよからう。一米に一米半位のもの。砂が手に入り難ければ細かいをが屑でもいゝ。小石、貝殻、木片等を適宜交へれば一層効果的と思ふ。工夫してみてもらひたい。

じゃがいもの芽は、一ヶ所一本にすること、貧弱なのを順次取り除いて。

お母さんによろしく。元気で。

〔虔の兄・板谷敬から八重子へ、葉書三月三十一日付、消印十七年三月三十一日〕

本の差入有難う。又先日の面会本当にうれしかった。二年ぶりでしたね、陽子ちゃんの可愛かったこと。これで又当分遇へないでせうね。

然し悲しむのはやめよう。今は全世界が生れ更りつゝある時なのだ。私達は過去に於ける偏向が甚しかっただけに、厳しき鍛錬をうけなければならなかった。併し又それだけに早く目覚め、且つ徹底的に反省し得たのだと思ふ。さう思へば禍ひも転じて福となり、すべては感謝すべきものとなる。兎に角、これから先もどの様な運命が私達を待ってゐようとも、少しも悲観せず、互にはげましあひ、信頼と愛とをもって又希望にみちて元気に進みませう。お祖母ちゃんによろしく。

〔八重子から虔へ、葉書八日付、消印十七年四月八日〕

58、発送案内。三月三十日に週報、変異とメンデル性遺伝、長篇22、部落史、昆虫記17、養賢堂図書目録。今日ナンセン伝、農業年鑑、土地なき民、健康増進叢書の鍛錬篇、強壮篇、以上。先日、桐生の子供達三人と一緒に動物園に行きました。陽子はライオンの前でも「ゾウー」と云って見てました。発音の進み方はおそく、既報の他、「タータ」（足袋、靴下）「トート」（鶏）位なものです。砂場は前から考へてゐましたが、オガ屑でよく遊ぶので延ばして居りました。場所についてはもう少し考へませう。私から出した手紙は他日持って帰られるのでせうか。待つことの、それなくして三月も終ってしまひましたね。

〔虔から八重子へ、葉書八日付、消印十七年四月八日〕

37、五十七信入手。宅下した本八冊、明大19、現代14、部落史、昆虫記17、変異とメンデル、指導者たち、欧米の隅々、我農村の進路、及び衣類三点、シャツ、股引、足袋カバー。差入希望。ネル半襦袢、ねまき。鷗外と武郎一、二冊づゝ。漱石虞美人草、坑夫、蘆花竹崎順子。正木処女地帯。明大48、49。購入希望の本、養賢堂の畜産宝典（三・八〇〔三円八〇銭〕）水産宝典（四・八〇〔四円八〇銭〕）明文堂の日本農産要覧（二・八〇〔二円八〇銭〕）（小熊著）なほ明文堂刊、丹羽著「二十坪家庭菜園」は（六十銭）空地利用に好適な参考書かと思ふ。僕には必要ぢゃない。

部落史、面白かった。場所は埼玉の中部丘陵地、地理的にも鶴川と似た所がある。読んでもらひたい。

お母さんは桐生から戻られたか。浩志・陽子は丈夫だらうね。

ではまた。元気で

〔八重子から虔へ、葉書十二日付、消印十七年四月十二日〕

59、九日の私の留守中陽子はおとなしかったさうですが、帰った私の顔をみると、しばらくは嬉しがり次いですねて怒って寝ころんで足をバタバタさせてゐました。お兄ちゃんが連れてゆかれ自分がおいてけぼりされたのが腹立たしいらしいのです。三十七信入手。一昨日半じゅばん、農芸大辞林、昆虫記13を、今日週報四月八日号を発送します。科学日本の建設は後半の種々な改造案を面白く読み且、参考になりました。今は昌吉遺稿を飛び読してゐます。絶対音音楽早教育に関する資料を集めてみようと思ひます。貴方の御意見も聞かせて下さい。では、元気を持つゞけて。又。

〈虔から母・板谷つまへ、葉書、消印十七年四月十三日〉

第七信。前月末のお葉書と本、今月初の一円、ありがたうございました。文楽の研究、大いに啓蒙されました。すぐに好きになることは出来ぬにしても、この芸術と芸術家とに対して尊敬の念を持つことは出来ます。そしてそれは人間として当然のこと、思ひます。今までの認識不足、恥ぢざるを得ません。窓下の芝生は日に日に青みまさります。絶好の季節、皆さん丈夫で元気でお暮しのこと、想像します。僕も至って元気、どうぞ御安心下さい。お父さんによろしく。

十三日

〈虔から八重子へ、葉書十五日付、消印十七年四月十五日〉

38、五八信、本八冊（二回）、じゅばん入手。宅下本八冊、長篇21、22（共に不許）、ワレンスタイン、ミル、文楽、続文楽、ナンセン、鍛錬。週報の四月一日号は「戦時生活読本」といふ特輯だから、催促して取ってもらひたいナ、そして差入前に一読するとい、。手紙の件、係の人に直接きけないので不確だが、多分戻せると思ふ。

浩志の観察力教育参考（あくまで参考にすぎぬ、取捨選択新工夫を望む）蔬菜の栽培を手伝はせ（役に立たなくてよし）植物の成長状態に興味を持たせる。茎、枝葉、つぼみ、花、大きさ、数、形、色。近所の子とつみ草に行かせること。木の若枝をびんにさして葉の開きゆく様を見さす。おたまじゃくしの成長を田について、又は時々つかまへさして。食卓で各食器の高さ、色、模様、お風呂で種々の容器の大きさの比較。富士の色の朝夕の変化、等。要は教へ込むことでなく、興味を持たせ注意を向けさせることにある。桐生の姉さんから手紙いたゞいた。ついでの時お礼を

〔虔から八重子へ、葉書二十二日付、消印十七年四月二十二日〕

39、宅下本六冊。現代53。明大47。キュリー。ロッチデール。国文講座6。歴史的現実。ついでの時石ケンを一つ頼む。

子供等の音楽教育について。所謂「絶対音感」教育は近頃一部でやかましく唱へられてゐる様だが、僕にはその意義がや〻疑はしい。今の僕の考としては、よい音楽を（ベートーヴェンから童謡まで含めて）なるべく沢山聞かせて、耳に親しませておくだけでい〻のではないかと思ふ。次におもちゃ及び観察力養成について。「砂場」に太細・長短種々の竹筒及びその半割を備へてやったらどうだらう。トンネル、橋等になるだらう。各室の畳数。ガラス戸のガラスの数。夏みかんの袋の数等に注意させること。そろそろ蒐集本能が出て来ると思ふが、木の葉など集めさせてみるも面白からう。

じゃがいもは一ヶ所一茎にし他は除き去るとい〻。

お母さんによろしく。元気で！

〔虔から父・板谷浩造へ、葉書、消印十七年四月二十四日〕

第八信。お元気ですか。公判は五月二日午前九時より、第四号法廷で開かれる事となりました。弁

護士に至急面会したく思ひますので、連絡方お願ひいたします。素行二冊、生物学三冊、十六日一円拝受。国語文化講座1、文学全集37、41、48を近日中お差入れ下さい。

お母さんによろしく。御身御大切に

二十四日　（公判通知は今朝受取りましたので鶴川ではまだ知らぬ筈ですからよろしく）

〔虔から八重子へ、葉書二十八日付、消印十七年四月二十八日〕

40、宅下本十冊。農業年鑑、現代23、明大48、49、長篇20（以上不許）、農村の改革者、陸奥、昆虫13、素行4、漱石4、綿入、タオルねまきも下げた。

公判は五月二日午前九時。第四号法廷。一人でないらしいから恐らくこの日丈では終るまいと思ふ。確定的のことは言へないが、上訴などせずに一日も早く服役しようといふ大体の肚だ。なほ、求刑と判決言渡との間に一度面会に来てもらひたいと思ふ。どんな結果にならうとも絶望的な気持にならぬ様、しっかりした心持になってゐてくれ。淋しいお心で居られるだらうお母さんをもはげましてあげてくれ。子供達の健康にくれぐれも注意して。では、元気で！

〔八重子から虔へ、葉書三十日付、消印十七年四月三十日〕

60、三十九信までの宅下本中受取らぬもの。長篇21、22、ワレンスタイン、ミル、以上四冊ですから再手続しておいて下さい。発送したもの、二十五日に動物の雌雄性、有三全集5、7、概観維新史、続日本精神史研究、週報、以上六冊。有三以下の四冊は戸塚さんの奥さんから借りました。戸塚氏へは日本農業教育史をお貸ししました。よい本だと云ってゐたさうです。公判がどんな結果にならうとも覚悟は出来てゐます。留守宅については心配せず、心おきなく服役して下さい。四日に面会に行きます（雨天順延）。「陽子ちゃん」と呼ぶと「アーウ」と返事します。浩志も元気、私も。

〔八重子から虔へ、葉書一日付、消印十七年五月一日〕

61、今日、石けん一個、本十二冊送りました。週報、植物系統解剖学、植物の分類と系統、新日本文学全集（尾崎士郎）、旅人の眼、処女地帯、随筆宮本武蔵、農業労働と小作制、坪内逍遥伝、ダーウィン伝、昆虫記9、10。自転車のけい古を初めました。第一夜は一時間のうちに一度も乗出せませんでしたが、第二夜は三十分間に二、三度走らせました。いつになっても日記をかくひまが出ません。思ひ切って今日から書くことに決めます。

さやえんどうがなり始めました。先づこの近辺ではうちのが一番優秀です。

〔八重子から虔へ、封書、消印十七年五月五日？〕

62、四十信記載の宅下本十冊受取りました。

砂場が出来ました。場所は物干場の北隣。午前中陽が当り午後には陰ります。ぬれ縁前より日光の工合はよし、邪魔にもならないのでこゝに決めました。遊び方はこちらからはなるべく教へないやうにし、子供自身の自発性を待つやうにしてゐます。小石にはあまり興味がおきないやうです。二人とも摘草は大好きで摘んだ花をそれぞれ所有の瓶にさしたり砂山にさしたりしてゐます。

「部落史」は自ら愛着を禁じ得ない小説でした。

陽子はビン、ホン、ダンダン等を発音し、時々言葉にならないひとりごとを云ってゐます。兎を見に行くのが好きで今日はれんげを食べさせてゐました。浩志は一ヶ月程前から食事するのにスプーンからお箸になり、此の頃は毎朝子供歯みがき粉をつけて自分で歯ブラシュを使ひます。今夜から就寝前に口をすゝぐことに決めました。乾布摩擦はまだ気候不順で風邪をひきやすいので中止してゐます。夏に始めようと思ひます。

浩志は相変らず熟睡します。寝つく時は五月人形の金太郎を枕もとに置いて、うさぎを手に持ち、ワンコとニャンコを左右に寝かせて、身辺にぎやかにして二、三分で寝入ります。陽子は寝つきが悪く今夜も寝かせつけたのが九時、そして夜中も三、四回起ることもあります。手紙かき、読書、自転車けいこ、日記、つくろひ物、私の夜の仕事は山ほどあります。すべてをするのには毎夜一時頃まで起きなければならないでせう。

拾五円同封しました。


〔虔から八重子へ、葉書六日付、消印十七年五月八日〕

41、六〇、六一信、本十二冊、二十九日週報、石ケン受取った。宅下した本は再手続四冊の他に下記八冊、現代28、32（共に不許）、41、進化要因論、植物系統解剖、土地なき民、世紀の狂人、他一冊。本はもう一度だけ差入してもらひたい。その時石ケンをもう一つ。島田さんは去る日曜に面会に来てくれた。必要なことはすべて話した。
昭和十五年五月以降の図書館の貸出簿、入会申込書等、当時の図書館経営事情を示すものをすべてと、のへておいてほしい。

羽田書店から「生活科学叢書」（？）といふのが何冊か出てゐる様だが、相当にいゝものがありさうだから照会してみたらどうだらう。

お母さんによろしく。


〔八重子から虔へ、葉書八日付、消印十七年五月八日〕

63、濃く淡く村は緑一色に染められました。
決裁を前に控へてたゞならぬ心地のすることもあります。覚悟は出来ていても子供等のことを考へるとよい結果を願って止みません。発送の本七冊、日本社会事業年鑑、農業保険論、転換期の食糧問題、新世界文学全集13、有三全集10、8、アインシュタイン伝、偉人伝を除く他の六冊は借りもの。十八日に面会に行きます。子供達はラヂオの朝の音楽のベートーヴェンやブラームスには無関心ですが童謡レコードをかけてやると、喜びます。

只今百足退治に大さわぎを演じました。


〔虔から弟・板谷敞へ、葉書八日付、消印十七年五月八日〕

9、みんな元気だらうね。僕も元気。お母さんからの葉書、本四冊受取った。国語文化講座は全体として見ると、読んでゐたその時よりも、よくまとまってゐる様に感ずる。本当にいゝ講座だった。あれによって多数の人がよりよい日本語の建設に参加することを期待する。自分等もその運動に当然応分の力を致すべきだね。服役の覚悟をしっかりと固めたので、公判にのぞむ心は平静だ。もとよりそれを望むわけではないけれども、修養の道場として考へるならば之は価値ある生活たるを失はないと思ふ。

父上、母上、姉上によろしく。


〔弟・板谷敞から虔へ、封書五月十日付、消印十七年五月十一日〕

八日附けの葉書、昨夜、愛子の所から帰って、読みました。

前に、「旅行したら絵葉書をくれ」と云はれましたが、今、何処へ行っても、感心する様な絵葉書が無いんです。三月には、小田急（今月から、東横、京浜を合併して、東京急行電鉄と改名しました）の新松田から、足柄峠（例の新羅三郎義光の笛吹石と称する物が有ります）、金時山、長尾山、乙女峠と歩いて、箱根温泉群の一番奥の仙石原温泉のその又一番奥、俵石温泉で一泊、翌日は、明神ヶ岳、明星ヶ岳、塔ノ峯と越え二日で四十粁余ノシました。二日目は風がやゝ強いでしたが、快晴に恵まれ愉快な山旅でした。殆んど全コース、富岳の偉容を望み、鶯がしきりに鳴いて、嗜みの有る御人ならば、大いに詩情の動くで有らう様な風情でした。

四月二十五日は、上越線、越後湯沢から、三国峠を越えて法師と云ふ、まだ余り俗化してない、気分のいゝ温泉に泊り、二十六日には赤沢山を越えました。一ヶ月前の箱根には、山ヒダに、申し訳みたいな雪がポッチリ残ってゐたゞけでしたが、流石、上越の山には、歩く路にも、かなり厚く積ってゐる雪がカチカチに凍ってゐる様な所も有り、山の形も遥かにいかめしくて、「天下の嶮」の呼称は宿替へする方がよさゝうです。

二十四日、夜汽車で殆んど一睡もせずの強行でしたが例の通り平チャラで、歩くだけなら、まあ滅多にヒケを取らない自信はタップリです。

待望の「大自然科学史」第五巻は、いよいよ今日発売の筈です。

「改版、日本案内記」は、受取ったばかりで、まだ見て居ませんが、買ふ事に異議有りません。所で、当方で買ひませうか、それとも鶴川の方でもう買って有るのでせうか？

今、ドイツ語の、「純粋理性批判」が有りますが、希望ならば入れます。借物ですから、成可く早く返事して下さい。但し、読むのは、ゆっくりで結構です。

頼まれて、又、ドイツ語教授を始めました。今の所予習無しで済ましてゐますが、段々進んで行くと、又、忙しい種が一つふえる事になります。

今日から夏場所大相撲が始まりました。今度は、警戒警報が出ると即時中止、翌日続行と云ふ事になって居りますから、十五日間が、何日に延びるか分りません。今場所の興味は、双葉山の掲額新記録成るや否やと、安芸海、照国の横綱先陣争ひとです。張出横綱羽黒山は、初日いきなり九州山にしてやられました。

五月十日　第十三信

板谷　敞

浪江　虔　様

〔虔から八重子へ、葉書十三日付、消印十七年五月十三日〕
42、受取ったもの、十五円、本七冊、六二、三信。宅下本六冊、有三5、7（共に不許）、維新史、精神史、国文講座1、蘆花、なほ前信に「その他」としたのは英雄待望論。公判は十九日でなく十六日だからまちがへない様に（もう知ってゐると思ふが）。子供たちの成長は目に見える様だね。吾々も負けずに成長せねばならぬと思ふ。一生を終るまで常にのびてゆきたいものだね。

今日で丁度二年、感慨無量。

では公判の日まで。元気であれ。

お母さんによろしく。


〔虔から弟・板谷敞へ、葉書十五日付、消印十七年五月十五日〕

10、手紙ありがたう。えらい元気だね、結構なことだ。カントは読む暇がもうないだらうから辞退する。案内記は未だ買ってない筈だからよろしく頼む。自然科学史5以下や案内記は既決でもやがて許可になりはせぬかと期待してゐる。こゝで殆んど四百冊に近い本を読んだが、服役したら牛の様に反芻するつもりだ。服役後は月に一回はぜひ便りをくれたまへ。夏場所がすんだら主な結果を知らせてくれないか。実は春場所の結果も知らずにゐるのだが。
お母さんに差入金のお礼を。

ではみんなお達者で！


〔虔から父・板谷浩造へ、葉書二十日付、消印十七年五月二十日〕

11、気のせゐかも知れませんが、おやせになった様ですね。今さらながら不孝の罪の重きに心で泣いてゐます。服役の覚悟が定まってゐますので言渡を待つ心は平静です。が、お心を休め得る日が一日でも早くなる様にと祈る心は抑へることが出来ません。浩志と陽子とをかはいがってやって下さい。教育上の御意見は御遠慮なく八重子においひ聞かせ下さい。女手だけで、何かと至らぬ所があらうと思はれます。どうぞくれぐれもお身体をお大事になさって下さい。お母さんも暑いにつけ寒いにつけ御自身のことに御注意なさって、なるべく私達のことは御放念下さいますやうに。

〔八重子から虔へ、封緘葉書五月二十一日付、消印十七年五月二十二日〕

64、受取った衣類は、綿入、タオル寝衣、長じゅばん、シャツ、モ、ヒキ、そのさんが宅下してくれた本は全部で十八冊、四十二信までのものと引合ひました。今日こちらから発送したものは、さらしじゅばん、石けん、それに本十冊。伊藤博文伝、昆虫記5、2、鷗外全集8、煉瓦女工、生物学中の「苔蘚類、藻類、植物病理原論」、週報、農業労働論、以上。最後のものは借りた本です。

上訴についての私の意見は三年までは上訴権放棄、それ以上は上訴しても可。つまり三年の判決の場合は上訴せずに直ぐ服役してもらひたいと思ひます。

今度の面会は何日頃がそちらの都合よいかお知らせ下さい。二十六日以後三十日までに一度行きたいと思ってゐますが。

陽子の体重グラフを私の置場所が悪かった為子供に持出され寸断されて了ひました。つなぎ合せて、十ヶ月までは判明しましたがあとの二ヶ月が分りません。そちらへ上げた私の手紙で調べられないかしら？

かなり長い間全盛だった積木と絵本に最近はやうやくあきて浩志は木馬と砂あそびに興が移りました。昨日は一日雨に降りこめられて、木馬乗りが盛でしたが、こんな可愛い、姿を見せました。ニャンコをおんぶし、ワンコを抱いて、ハタキを持って木馬にまたがり得意な姿です。家に柱時計がないものですから、先日製材の時計がチンチン鳴ってゐるのを初めて聞いて、「お母さん半鐘よ、警戒警報でせう」と云ったので思はず笑ってしまひました。実際には当村では空襲警報の時半鐘がなります。たまにお兄ちゃんが私のひざに腰かけてゐると、陽子がとんできて「アンブン　アンブン」と云ひながら自分もお兄ちゃんを押のけて腰かけます。半分づつ腰かけると云ふ意味なのです。

子供達の可愛い、生活ぶりを貴方と共に笑ひ合へないのが残念です。

脚気は早目にお手当下さい。

　では二十六日に又。　身心共にお元気で！


〔八重子から虔へ、葉書二十一日付、消印十七年五月二十一日〕

65、十九日は天候が悪かったせいか桐生の兄は見えませんでした。今朝荻窪からお便りがあり、貴方が高等学校時代親しくしてゐた谷氏が今度満州へ転任になりました。大体六年の予定で再び東京に戻るさうです。出立は二十六日です。脚気が悪化しても薬不足の折故、こちらで差入るやうになると思ひますから、そんな場合は電報でもお知らせ下さい。

〔虔から八重子へ、葉書二十二日付、消印十七年五月二十二日〕

43、宅下した本七冊、現代48、新日本6、ダーウィン、孫文、武蔵、昆虫12、植物の分類と系統。い、気候だね。自転車の練習は進んでゐる？　焦るに及ばないが、ちゃんと乗れる様になるまでやりとげる様に。一度会得すれば決して忘れるものではないから。

ダーウィン伝はぜひ読んでもらひたい。量は少い。

炫ちゃんがなくなってもう一年近くなるね。可哀さうな大勢の子供たちは丈夫で育ってゐるだらうか。お母さんによろしく。近所の人々にも。

では元気よくあれ。

〔虔から八重子へ、葉書二十七日付、消印十七年五月二十七日〕

44、六四・五信着。判決は正に予想通りだった。心身共に頗る元気。安心せよ（むくみは一時的現象だったらしい）。陽子の体重の件だが、旧い手紙は役所に預けて了って調べられない。

面会に来るなら一日も早いがよい。それでも間に合ふかどうか分らないよ。お世話になった人達、心配してくれた方々にどうかよろしく。僕のことにあまり心をつかはず、お母さんにつかへること、育児とに専心してくれ。自分の身体を大切にするは勿論。

お母さんに。とうとうこういふことになりました。どうぞお赦し下さい。でも、今迄よりもこれから先の方が四ヶ月も短いのです。どうかお力落しなさらずに御辛抱下さい。この間に私は全力をあげて心をみがき、おひざもとに帰ります。くれぐれもお身体をお大事になさって下さい。

第二部

判決後（昭和十七年六月～十九年一月まで）

〔弟・板谷敞から虔へ、封書六月三日付、消印十七年六月三日〕

もう作業を始めてゐるさうですね。本は余り読めないでせう。当方は相変らずの忙しさですが、今度の日曜には、丹沢山塊主脈縦走をやる予定でゐます。その次の日曜には多分鶴川へ行きます。先日初めて「能」を見ました。囃子が、凡そ調子外れには入るのがどうも気になりますが、中々面白い物です。

ベートーヴェンの交響曲を全部レコードに入れてゐる、唯一人の指揮者、フェリックスワインガルトナーが死にました。元ベルリンフィルハーモニックオーケストラのコンツェルト・マイスターだったゴールドベルクと、その伴奏者クラウスが、今ジャヴァ島に住んでゐるんださうです。日本へ来ればいゝにと思ってゐます。

さて、大相撲の結果を知らせませう。順序として一月十一日から二十五日迄の春場所の事を先づ書きます。

双葉山が十四勝一敗で九枚目の額をあげました。この一敗は、出羽ノ海部屋の新鋭、入幕してから二場所目の、前頭五枚目豊島による物です。(この豊島は十勝五敗で今場所は小結として登場し、八勝七敗でした)

その他主な成績は、東、張出横綱羽黒山十三勝二敗(相模川、増信山)、大関照国十二勝三敗(安芸、相模、陸奥ノ里)、関脇玉ノ海・名寄岩共に十勝五敗。

西では、御大男女ノ川九勝六敗、大関前田山二勝三敗十休、張出大関安芸海十三勝二敗(双葉、羽黒)、関脇五ッ島全休、張出関脇肥州山六勝九敗　と云ふ工合で、得点は東二〇五、西一五六と大きく開きました。おまけに、男女ノ川、五ッ島が引退する事になったので、今場所は照国、清美川等の伊勢ヶ浜（元清瀬川）部屋が西に廻り、その代りと前田山が東には入って対戦しました。七日目を終った時、僅か一点の差だったのが、羽黒山、玉ノ海等の病気がたゝってその后、差は大きくなるばかり、遂に二〇二―一六三で西軍が凱歌を奏し、来場所は入れ替りです。

個人優勝は新記録、十回目の双葉山、十三勝二敗（照国、清美川）で、羽黒山は二勝四敗九休、西の正大関安芸海は十三勝二敗（双葉、前田）、張出大関照国も十三勝二敗（玉ノ海、輝昇）で共に横綱に推薦されました。東の大関、前田山は、十一勝四敗で、依然大関居据り。東・関脇玉ノ海は五勝七敗三休。張出関脇名寄岩は十一勝四敗でしたが、関脇に八場所頑張り、平均十勝五敗の成績を挙げてゐる実力を買はれて、来場所は大関として登場する事になりました。役力士を除く幕内優勝は、十一勝四敗の老雄大和錦でした。以上、

六月三日夜　　敞

〔八重子から虔へ、封書六月四日付、消印十七年六月四日、判決後からまた書簡の番号は一に戻っている〕

一信、

相変らず元気ですか。当方一同無事です。案じてゐたお父様の健康も何の障りもない御様子で安心しました。先日敞氏微熱で欠勤しましたがもうピンピンして七日には丹沢登山、十四日には鶴川に来るとのことです。愛子さんはつわりが軽く済んで、健康状態良好です。兄さんの脚気も追々快方に向ってゐます。去る三十日浩志を連れて会って来ました。

これからの長い年月兄さんの生活を思へば心が痛みます。併し、併し、兄さんは必ず、くずをれず悲しみの中から珠玉を拾ひ上げて下さるでせう。

子供達は太陽と泥で育ってゐます。手足は云ふまでもなく、ズボンから頬の方までハネを上げて、泥だらけになった浩志を洗ってやったことも二、三回あります。男の子らしい汚し方と思って母としての嬉しい経験の一つでした。陽子ははだしの好きな子で下駄に紐をつけて足にしばっておいても度々ぬいであちこち急がしさうに歩き廻ります。最初石油箱に一箱分供へた砂はもうすっかりなくなり二、三日前一箱補充しました。

先日多摩川原通過の際、砂をトラックに積み入れてゐましたのでお砂はこんな遠くから運ぶのだし、川や海でなければないのだから大切にしなければならないと云ひ聞かせましたら、それからはあまり無駄に扱はなくなりました。私の自転車は四月は二回、五月二回、今月二回練習しました。今月に入ってからは月がないので夕方陽子がお風呂に入り、浩志が寝ついてゐる間に二十分位の練習です。乗り出しがたいてい出来るやうになり一本道なら走れます。今度は曲り角の練習に移ります。

面会は十五日過ぎに行きます。浩志は桐生から三輪車をもらひました。未だ乗れません。生活が変ったのですから、十二分健康に御注意下さい。

六月四日

〔虔から八重子へ、葉書、消印十七年六月十一日〕

元気でゐる。まだ誰からの便りも受取らない。仕事は面白い。使用者の立場になって、丈夫なものをと心がけて作ってゐる。全力をあげて、やっと課程を僅に越える程度。とにかく之に一心を打込んで贖罪生活の第一歩をふみしめてゆく。時間の経つのが早いのに驚く。仕事に追はれるからだ。従って日のたつのも実に早い。

皆丈夫でゐるだらうね。浩志の誕生日を愉快に祝ってやってくれ。僕も心で祝ふ。浩志の科学教育教材で思ひついた一つ、種子の発芽発根の観察。適当な容器にをがくづを入れ、湿気を十分に与へたとへば五〇のたねを埋め、二日毎に五粒づゝ取出して見る。これからは高温で発芽が早いから面白い。西瓜のたね等捨てずに利用出来る。或はまだ浩志に早すぎるかも知れないが。

封緘葉書四枚差入願ふ。本も衣類もまだそのまゝ。借りてある本は何々か知らせてほしい。まだしばらくはこゝにゐるらしい。お母さんにくれぐれもよろしく。

〔八重子から虔へ、封緘葉書、消印十七年六月十五日〕

二信、

十二日にお葉書受取りました。私の方は二十六日以後急に日が経つのが遅く感じられます。発芽の実験は面白さうですね。試みてみませう。そして一回きりでなく、期間をおいて色々な種を材料にして観察させませう。子供達は畑仕事をよく手伝ひます。じゃがいもの花を摘み取るのは二人の仕事でした。そのおかげで胡瓜の花が三つ四つ同様に扱はれました。捨てゝおいた南瓜の種が一個所から数十発芽したのを四つばかり残して摘み取っておきましたら、傍でみてゐた陽子のお仕事でせう。その四つ残しておいたのも何時の間にやら消えてゐました。胡瓜やおさつの苗が引抜かれてあったりおちびさんはなかなかまめに働きます。今年は例年になく虫が多くてさやえんどうを取去った後の土の中から二百匹位の夜盗虫を駆除しました。容器にうごめく群をみて食慾が減じた程です。じゃがいも、大根は昨年に勝る出来です。

お砂場と三輪車にひきつけられて此の頃は近所の子供達がよく遊びに来ます。戸外で遊ぶこと、友達と一緒に遊ぶことなどの点からお砂場をつくったことはほんとに成功でした。浩志は三輪車に少し乗れるやうになりました。私の自転車は曲り角も覚束ないながら出来るやうになって先日は袋橋辺まで買物に行きました。

借用した本は

日本社会事業年鑑、農業労働論、有三全集10、8、新世界文学全集13、転換期の食糧問題、農業保険論、随筆宮本武蔵。　以上八冊。

今日は荻窪へ二泊の予定で行く筈でしたが天候が悪いので明日に延ばしました。

五月の末に愛子さんが面会に行ってくれましたが、私が面会した後でしたので駄目でした。

昨夏に比べて私の健康状態良好で四時半頃起床、オガ屑をとりに行きます。

六月十四日

〈母・板谷つまから虔へ、封書六月十八日付、消印十七年六月十九日〉

気持が重いと筆をとる事も大儀になり長いこと御無沙汰してしまひました。幾分むくみがあるさうですね。でも一日を短いと思ふほど仕事にせいを出せるときけば今のところさう悪くは無いのでせうか。来年一っぱい丈けですから大に望を持ってどうぞ元気に暮らして下さい。お父様の健康状態ハ此頃ハ良いのです。めまひもずっとありません。私が一生懸命気をつけて上げてゐますから心配なく、その他の諸事も決して心配してハいけません。よく眠りよく働いて下さい。

鶴川でもうちでも皆よく働いてゐます。

昨晩、一昨晩とツル川の三人が泊り、今日ハ井ノ頭の動物園を見たりなどして午後帰村。動物園ではおさる、鶏（ヒヨコ）、羊、鯉。陽子ちゃんハ花（アナといふ）を喜んで見ました。坊やハもうこはがりやではありません。随分男の子らしい遊びをします。箪笥に足をかけて逆立の形をしたり、庭におりてハ蟻ナンカ僕ふみつぶしてやる、い、石さがそといったふうな。扇子の古を五本二人に与へますと陽子ちゃんハすぐに二本を破ってしまひ坊やの方ハそれを開いて、

「大きくあけると?」　「風が沢山きますよ」

「この位あけると?」　「風が少し沢山きますよ」

「この位あけると?」　「もっと少しきますよ」

「ちこーォちあけると?」　「風もすこーォしきますよ」

この問答を幾回くり返したでせう。私の姿が一寸見えないとをぎくぼのおばあーちゃんと呼び立てますけれど、先のやうにお母ちゃんあっちいってなど、は一度もいひません。絵や絵本の興味ハ中休みのていです。

二人共よい子です。

陽子ちゃん、大はしゃぎしてゐる時でも敵叔父ちゃんが帰ると忽ち一変、お母ちゃんに顔を押しつけて息をはずませてゐます。とうとう叔父チャンに丈けハ笑顔を見せませんでした。その叔父ちゃんが大ぶ前に手紙を出したさうですが見ませんでしたか。

二十一日の日曜ハ練馬のおばあさんの十三回忌に当ります。小石川のお寺に会することになってゐます。子供等に十三回忌を営んでもらうなんておばあさんハ仕合せですね。

第一信　母

六月十八日夜

虔　様

〈虔の兄・板谷敬から八重子へ、葉書六月二十二日付、消印十七年六月二十三日〉

御ぶさたしてすみません。先日の面会本当に有難う。浩志ちゃんのスバラシイ元気に感心しました。八重ちゃんの養育が立派に成功してゐる証拠です。本差入有難う、週報もついてゐます。健康恢復が思はしくないのでもう暫くこのまゝ療養をつゞけることに決心しましたから、本を続けて若干差入れて下さい。「私の生涯」「ローマ衰亡史」の続き、その外前々からの希望書何でもようございますが、特に今見たく思ってゐるのは、民族心理学、動物心理学、児童心理学、個性心理学等の本、凡ゆる医学関係参考書、近世諸民族の歴史、高等数学のよき手ほどき、百万人の数学等。園子を愛してやって下さい。あれでも、純真な無私な愛には充分感動し感謝しうる素質を持ってゐるのですから。おばあちゃんによろしく。

〈八重子から虔へ、封緘葉書、消印十七年六月二十五日〉

三信

その後浮腫はどんな工合ですか。悪化しなければいゝですが。

前便で書落しましたが炫ちゃん一家は皆健在です。先日お寄りした時さやえんどうが沢山作ってありました。売るのださうです。おりうさんは相変らず太ってゐます。昨年春生れたもと子ちゃんは可愛いく成長してゐます。炫ちゃんの弟さんが帰ってゐて、町田の工場に通ってゐます。

浩志の画いた象さんの絵〈絵ははがれていて現存せず〉。つひこの間の作品です。坊やは果して象のつもりでかいたのかどうか分りませんが陽子がみて「ゾー」「ゾー」と云って象にしてしまひました。二年頃はよく鉛筆を手にしましたがそれ以来は稀にしか持ちません。いつも電車とか自動車とかの絵ばかりですが今度始めて動物をかいたのです。

発芽の実験に着手しました。箱を用ひず地面を箱型に掘ってオガ屑を入れました。杏の種を使ひました。内果皮を割って中の種子を十、内果皮のまゝのを一つ埋めました。他にさやえんどうを五十、水に浸しておいてこれは明日埋めます。

晩秋蚕には、うちでも五匹ばかり飼育したいと知合ひに頼んでおきました。

先頃、蛙になったばかりの幼いのが沢山ピョンピョン跳びはねてゐるのをみて、おたまじゃくしの成長ぶりを浩志にみせなかった私の怠惰を悔ひました。今年ほどチビ蛙を無数にみた年はありません。真体重が分りました。浩志は十三キロ三〇〇グラムで五七〇グラム多く、陽子は十キロ五〇グラムであと四ヶ月の間に三五〇グラム増せば標準に追ひつくわけです。つひでながら母が四五キロ、私が四四キロ（いづれも風袋共）。

お父様お母様と一緒に井ノ頭に行きました。浩志、陽子共に健脚で動物をみて歩きました。十九年春にはもっと賑やかで行けるでせう。

子供達のために身体を大切になさって下さい。

六月二十三日

〔虔から八重子へ、葉書五日付、消印十七年七月七日。ここから差出住所が中野区新井町に移る〕
皆丈夫だらうね。第三信までと、お母さんからの手紙と受取った。三十日にこゝに移った。曾て兄さんが一年半過した所だ。こゝでの作業は風船。手袋にやうやく馴れた所で作業が変ったのは一寸惜しかったが、目の為には風船の方が余程よい。こちらでは運動と入浴の条件が今までよりも遥によく、有りがたく思ってゐる。なほ三十日入所の際診察していたゞいたが、心臓は異常なき由。安心されたし。本と衣類はむかうでは遂に宅下出来ず、こゝまで持って来た。入所後二週間以上経ってから、宅下などお願ひ出来るとのこと。封緘の差入が許されるから四、五枚面会の折にでも入れてもらひたい。

修養の実を挙げるため、毎月標語をきめることにした。前月のは「足るを知る」であった。服役生活でこの修養は困難であり従って努力の甲斐ある次第、自省して不十分ながら相当の成果を挙げ得たと思ってゐる。今月のは「戦歿将士への感謝」。七・七記念日*とおぼんとの月だから、毎朝英霊に黙禱を捧げてゐる。

子供達のためにお池を作ってやってほしい。工夫してみてくれ。面会を待つ。池のことも相談しよう。皆によろしく。

＊七・七記念日　七・七とは一九三七（昭和十二）年七月七日盧溝橋事件の起きた日のことである。これより日本は中国との全面戦争に突入したが、翌一九三八（昭和十三）年には東京朝日新聞などで「日支事変一周年の七・七記念日」と称した。

〈虔の兄・板谷敬から八重子へ、葉書七月十三日付、消印十七年七月十四日〉

本郵送どうも有難う。二度目もつきました。「育成動植物の趨異」一―二、「蚕」「通学（？）医学講座」一―六の九冊ですね。書名に誤りがあったら直して下さい。それから御面倒でも書き込みによく注意して下さい。尤もこゝ当分はもう差入れ不要です。ゆっくり読んでゐますから。どれもいゝ本でうれしいです。暑くなりましたね。みんな元気ですか、虔君も達者でせうね。僕の方は相不変持久戦です。園子について御心配下され真に感謝します。いづれ私共みんなの修養がもっとす、めば万事よく行きませう。

お祖母ちゃん、浩志ちゃんによろしく。


〔虔の兄・板谷敬から八重子へ、葉書七月十六日付、消印十七年七月十七日〕

御葉書有難う。通俗医学講座ですね。非常に読みたく思ってゐたものでした。週報七月一日号着。とうとう病舎に移り、専心療病に努めることにしたので読書の方は当分余りはかどりませんから、週報以外の差入は暫く見合せて下さい。

坊や達のお父ちゃんは時間的にも空間的にも少し近くなったのね、結構でしたね。

自転車が上手になった由、楽しみでせう。

よろしく。


〔母・板谷つまから虔へ、葉書、消印十七年七月十八日〕

健康工合ハどうですか。暑い折柄とて随分こたへるでせう。七月の五日からぐんと暑くなって日々の最高温度を示せば五日30、六日31、七日34、八日30、九日31.5、十日32.5、十一日35、十二日34、十三日から三十度の下となり、十六日ハ二十一度でした。この日会社ハお盆休みでしたから二人でツル川へ行きました。陽子ちゃんがおなかを悪くしてゐてひきつけのやうな形になったりして皆に心配させましたが、その中に折合ってきましたから様子によって入院させるやういひ置いて帰宅、今日の今（午後七時）までも何の知らせもありませんから大丈夫なのでせう。冬ハかぜ夏ハおなか

と心配させられます。他の一同ハ無事

七月十七日　第二信　　　母

〔八重子から虔へ、封書、消印十七年七月二十二日〕

五信〔四信と思われる〕

十八日はあれから荻窪へ立寄り、茄子と南瓜を置いて昼食を御馳走になり、十四時半（鉄道省では近く二十四時間制を実施するさうです。）の電車で帰りました。陽子は元気に外で遊んでゐました。

翌日は甘酒屋（役場の下隣りの大きな百姓家）のお葬式で昼間は勿論、夜も供養念仏で家を留守にしました。二十二時半頃帰宅すると浩志が八度の発熱、暑気あたりらしいのでその手当をしました。

今日は七度位になり元気です。

十六日以前に食事時よく繰返された会話をお知らせしませう。

　浩志「お祖父ちゃまは何ていふ日に来ますって？」

　私　「十六日よ」

浩志「何だから来るの」　　私「浩志と陽子を見たいからでせう」

浩志「何だから見たいの」

私　「可愛い、からでせう」　浩志「可愛い、からでせう」

陽子「ナニ？　ナニ？」　　私「お祖父ちゃまのお話よ」

十六日にはお祖母ちゃまは坊やと外でよく遊びお祖父ちゃまは木琴をた、くものを修繕したり、ブランコの紐をよく直したり、三輪車に油をさしたり、きりだし庖丁を砥〔研〕いで下さったり、いろいろ働いて下さいました。お二人が鶴川へは割合よくお出かけになるので大森辺では不平の声を放ってゐるやうですが、近く第二世の産声によって、それも解消すること、思ひます。冬の間閑散だった畠が急に賑やかになりました。胡瓜はもう七、八十本もいだでせうか。茄子はてんとう虫が絶えませんが米さんのところで感心する程、よく育ってゐます。いんげんは第二次のものがなり始めました。トマトも日に二、三個づつ赤らんできました。じゃがいもは十五、六貫とれました。

兄さんは病舎に移りました。はかばかしく治らないからと葉書にありましたが悪化したのでなければい、がと心配してゐます。少し前から週報を送ってゐます。図書館の本も時々送ります。

今夕自転車で下堤まで行って来ました。帰路、萩生田の曲角でスピードがついてしまって曲れず落ちてしまひました。田に出てゐた二、三人が手を止めて見てゐました。どこも痛めずすぐ元気に乗り出しました。

今日から土用です。さあ、みんな健やかに元気に夏を越しませう。

七月二十日夜

八重子

P・S・　封緘五枚別便で送りました。

〔八重子から虔へ、封緘葉書、消印十七年七月二十七日〕

六信〔五信と思われる〕、電蓄故障、修理店の住所お知らせ下さい。

お天気がつゞきますね。畠の野菜もの、ために一雨あればい、のですが。

二十一日夜再び浩志が発熱しどうも扁桃腺らしく思はれるのでそのやうに手当をして昨日から平熱になりました。咳も出ずはな水も大して出なかったので風邪とは気づきませんでした。

陽子はこの頃お口が達者になって「ヂーチャン」「バーチャン」「トーチャン」「カーチャン」と縦横無尽です。「チョーダイ」「モーイーヨー」などとも云ひます。はだか、はだしが好き、そして相変らずおてんば娘です。湯ぶねの縁につかまって、身体を浮かしたり、椅子へ上って危いしぐさをする、柿の木に足をかける、窓から乗り出す等々。夜は「テ、テ、」と云って私の片うでを丁度ヴァイオリンでも持つやうな格好に抱きかゝへてねむりつきます。お兄ちゃんの方はもうずっと以前からワンコ、ニャンコを寝床から放逐してゐます。

今、うちにある子供の遊び道具を参考までに、記してみませう。

スベリ台、ブランコ、三輪車、木馬、木琴、黒板あそび（時計、算へ玉つき）、こま、木製鉄ぽう、ワンコ、ニャンコ、人形三、絵本、積木、木製の汽車、郵便車、水でっぽう、後はガラクタです。

お砂場では空かん、空びん、郵便車、などが主な遊び道具です。木馬は少し前から、三輪車は今日しまひました。前者はあきがきたから、後者は別な理由からです。積木、絵本は全部出しておかず数を制限してゐます。

与へたい玩具、その他何でもお気づきの点は御注意下さい。

昨年は陽子に手がかゝり、畠は処女地で骨が折れましたが今夏は両方とも手がはぶけ大変楽になりました。涼しくなったら産婆学の勉強を始めるつもりです。八月も元気でお目にかゝりませう。

七月二十六日夜

〔虔の兄・板谷敬から八重子へ、葉書八月一日付、消印十七年八月一日〕

随分すごい暑さでしたね。それでも一昨夜の雨から大部楽になりました。田畑の作物もホッとしたでせう。陽子ちゃんいかゞ、もうすっかり元気になりましたか。夏は本当に心配ですね。僕も今は非常によくなりました。脚気はもう殆んど完全に癒ったらしく、あとは只肥るだけです。それにしても今度の病気でお父様に大変な御散財をかけた上、家中の者に一層の心配をかけ、実に心苦しく感じてゐます。この取返しはきっときっと、しなくてはなりません。週報七月十五日号不着。医学講座大層面白し。公判は八月十八日。母上様によろしく。

〔弟・板谷敞から虔へ、葉書八月二日付第十五信、消印十七年八月二日〕

毎日随分暑いですね。昼休み、シャツも脱いで野球をやり、日曜毎に海へ行く、と云ふわけで、大分い、色になってゐます。山の方は、六月初めに丹沢の主脈縦走をやり、今月末には、塩原から川治へ抜けました。丹沢は、新宿から小田急で僅か一時間半足らずの所に有るのに、全く深い感じのする山です。この時は、霧と雨に悩まされ通しで、眺望は殆んど駄目でした。いづれ再挙を計るつもりです。塩原では、本道から十五分程外れた、塩ノ湯と云ふ所で泊りました。こ、の「川岸温泉」と云ふ岩屋風呂は、折柄の満月のおかげも有って中々い、気分でした。川治への通は、余り推奨すべきコースで有りません。

この前、夏場所大相撲の結果を知らせたんですが、不着の様ですから再記します。双葉山十三勝二敗で十度目の優勝（新記録）、安芸海、照国、十三勝二敗で横綱に、名寄岩十一勝四敗で大関に。

〔八重子から虔へ、封書、消印十七年八月三日〕

六信、

お丈夫だらうとは思ひますが便りをみるまでは気にかゝります。昨一日は三十五度、今日は四度半位まで上りました。この二、三日私は足がだるくて、眠くて仕事が出来ません。多分暑さと自転車でとび歩く用事が多いのとで疲れてゐるのでせう。子供たちは元気です。もうずっと以前からですが、浩志は私のいふことをよくきくやうになりました。子供の言ひ分が悪いと判然してゐる時はどんなに泣いても放っておきます。すると途中で気付いてピタリと泣き止んで「ハイ　ハイ」と言ひます。この時私も急いで「ハイ　ハイ」と返事してやって始めて笑ひ顔してやります。最近は陽子がお兄ちゃんを真似てゐます。よいも悪いも見習ふわけですから、第一子の教育のとりわけ大切なことを痛感します。

うちに住んでゐる生物についてお知らせしませう。

ひき蛙とかにです。ひき蛙はほりぬきのタンクの下、かには台所の流れ水の通路で矢張りタンクの下の土管の辺がすみからしいです。かには二匹ゐます。蛙は毎夕七時二十分頃になると、その異様な姿をのそりと現します。誰か見つけて「オガマさんのお出ましよ」と云ひますと、子供達二人が見に来ます。母が最初小さなガマだと云ったところから、こんなよび方をしてゐます。かにはめったに姿をみせません。一匹はうすいコバルト色のこうらをした綺麗なかにです。

ミ、ズ、蛇、ナメクジ、カタツムリその他何でも見かける度に子供を呼んで見せてゐます。初めは恐がりますがだんだん馴れます。

今月は宅下の関係上、八日前後にお会ひするやうになるでせう。読書、日記、裁縫、いづれにも御無沙汰。ちと緊張せねばと自省してゐます。

八月二日夜

〔八重子から虔へ、封書、消印十七年八月九日〕

七信、

四、五日来涼しくて一息つけましたね。待望の雨も少しではあるけれど降って畠のものも幾分甦ったでせう。あれ位の雨量では地下一寸位か湿りません。今年は稲作は上々です。今までの天候は肥料の不足を補ふ位よかったさうです。これで九月上旬の暴風雨期を無事に終らせたいものです。畠は一般に豆類の成績が悪いとのこと、うちの小豆はわせでもう四合位とれました。涼しさを利用して母は虫とりに余念ありません。私は洋服一着縫ひ上げました。陽子のあせもも大分綺麗になり、浩志は最近大工さんのよし子ちゃんとよく遊び一人の時は積木で電車遊びをしてゐます。畳のへりが線路です。よし子ちゃんとはお砂、オガ屑、草花を材料にしてまゝごと遊びです。陽子は近頃一人でブランコに乗れるやうになって、「ゴージュウ　チャンジュウ」と云ひながら乗ってゐます。五十、三十のことでせう。

牛乳もよく飲むしごはんも沢山いたゞくので肉づきがよくなりました。相変らず私の片うでを抱いて寝つきます。此の頃は浩志も真似てゐます。いつも浩志の方が先に眠ります。浩志は十日程前から台をして一人で湯船に入れるやうになりました。朝は塩で夜はコドモハミガキでみがくことは習慣になりました。よし子ちゃんの影響で「えらーあらー」だの「おいらのうち」だのと田舎言葉を使ひます。最近気づいたことですが「ボボ坊や」とか「ナ、何が」とか吃るのでなほしてゐます。

来年も下半期になれば二人連れて面会に行けますからそれが楽しみです。子供の年を考へると貴方の留守の年月の長さをしみじみ感じます。

兄さんの脚気は殆んど治ったさうです。荻窪、大森、桐生変りなく、登志彰は扁桃腺の全摘をしたさうです。

では又、さよなら
八月八日夜

〔虔から父・板谷浩造へ、封緘葉書、消印十七年八月十二日〕

お母さんの第二信、敞君の十四・五信、八重子の七信（二日付）まで、以上受取ってゐます。御丈夫でお誕生日をお迎へなさったこと、思ひます。お誕生日を迎へるたびに、身の不孝をしみじみと感じます。どうぞお赦し下さい。さ来年のお誕生日には……

お父さんのことを思ふ度毎に公判廷で拝んだお姿（本当に拝む心でした）を目に浮べます。あのお姿、一生忘れてはならぬ、忘れることの出来ぬお姿です。

お母さんも御丈夫でせうね。暑さも今月に入ってゆるんだ様ですから、それ程苦にしては居られないでせう。僕は至極元気で作業に励んでゐます。先月は全体で科程を僅に越えたに止まりましたが、今月は確実に三割増、来月は五割増の予定です。暑さは思ったより遥に楽にしのげます。七月下旬の数日はかなり暑いでしたが、それでも、作業が二割方はかどらなかったのと、あせもが発生したのと、それだけのことでした。そのあせもも、八月に入るとすぐ消え去りました。一番日のあたる十五時から十七時まで、不思議と曇ること多く、これはやり切れぬなど、思ったことはありません。

こゝの夏は「案ずるより生むが易い」の言葉がピッタリとあてはまります。

兄さんの健康状態はどうでせうか。心配してゐます。

アメリカに在る純叔父さん一家はどうして居られるでせう。随分と苦しい立場ではないかと思ひますが。

お庭利用の野菜栽培はどんな工合ですか。鶴川には幾種類も参考書がありますから、八重子に命じてお取寄せ下さい。一般的注意を言へば、なるべく深く耕すこと、落葉、ゴミ、どぶ泥等を土とまぜること、日あたりをよくすること、虫は出来る丈早く取ること、等です。又、各野菜類の主たる利用部分以外も利用する工夫が必要と思ひます。根菜類で葉の食べられるのもあります。「食物」についての考へ方は、戦時下の今日、今までと大いに変らねばならぬと思ひます。

愛子の身体は順調でせうか。もう一、二ヶ月の後には、また可愛い孫が一人ふえるわけですね。いくらかかた苦しい福冨家（さう思はれます。でなければ結構）で、大きなおなかで、チト気骨の折れることでせう。暑い折柄、大変でせうが時折行って元気づけてやって下さい。之は特にお母さんにお願ひしておきます。初のお産と、さとの母親とはいつでもどこでも、切っても切れぬつながりがある様で。愛子にとってお母さんのお顔を見るのは何より心強いことだらうと思はれますから。なほ、僕から、お産の見まひもお祝も直接言ってやれませんが、よろしくお伝へ下さいます様今からお願ひしておきます。

敞君からの十四信のお礼を言ひ忘れてゐてすみませんでした。鶴川の電気蓄音機故障の由、敞君がムトウ楽器店の宛所を知ってゐる筈ですから知らせてやって下さい。

八重子に左の二つ御伝言をお願ひします。

所持品全部の宅下手続をとっていたゞいたこと。

自転車に乗ってゐる時、危いと思ったら必ずブレーキをかけること（坂を下りて曲る時などは常に）、之はいくら馴れても忘れてはならぬ鉄則。以上。

先月三十日が免業になった関係から、今月の免業が第二、第四日曜に変更になり、手紙が一週間おくれました。九日。


〔母・板谷つまから虔へ、葉書八月十四日付第三信、消印十七年八月十四日〕

これひとのまちまちし手紙ハ昨日届き申し候。暑きさかりをまづまづことなく過され候事うれしき限りに御座候。こゝもと一同変りなく候へば御安心下りたく、純造氏も何にせよ慣れきったる土地なればこなたにて思ふ程の難儀ハなかるべくと存候。

兄さんハ宜しき方に向ひ居る由に候。

さて福冨家、老人達の亡き後の旧家ハ随分なごやかなるものにて愛子の立場ハ至てのんきなものに候。この月初め兼雄氏東北に旅行、愛子ハ荻窪に二泊、初妊婦とも見えぬ丈夫さに御座候。

蜩ハ朝の夢場に青く鳴く　　蜩や風呂といふもの常によし　　母

〔八重子から虔へ、封書、消印十七年八月二十日〕
九信
今宵は清涼な月夜です。夏も終りましたね。一シーズン終ると「みんな丈夫でよかった」といふ思ひを深めます。案じられた兄さんの健康も大分よくなったことは何よりでした。二十一日に会って来ました。体重が四十一キロ余になったさうですから随分やせたわけです。帰途雑司ヶ谷の戸塚さんを訪ねました。今月初旬御主人が大阪から帰られた由。お訪ねした時は外出してらしてお留守でした。奥さんに岩波の仕事をお世話願ひたいと頼んで来ました。子供の菓子代だけでも私の手で得たいと思ったからです。傍ら産婆開業の準備を整へるつもりです。

自転車は未だ全く初歩で片手をハンドルから離すこと、カーヴの急なところなどは出来ません。先日図らずも夜道を駅まで往復しその翌日今度は強雨の中を同様駅まで行って来ました。スピードを出すと危険に思はれるのでゆっくり乗りますから駅まで普通十五分かゝります。貴方の倍ですね。敞さんの歩行時間と大差ないわけです。夜道の時は二十五分費しました。雨中行進の時は貴方のレインコートを着てきゃうぎの帽子を被って行きましたが下着から全部ビショぬれになりました。昨年夏頃御主人が亡くなられて以来職業に専心しておられるらしく村のお産は能ヶ谷の産婆さんでよく間に合ってゐるやうです。が先日後産が出ないから是非と迎ひに来られましたので行ってあげました。

この二、三日中に桐生の姉、その弟、母、と引つゞきの来客で九信がおくれました。この頃、十五時から十七時頃照ってゐるのでホットしません。けれど風が涼しいので助かりますね。

では又、申上げます。　　さよなら

八月二十五〔二十と思われる〕日

〔虔の兄・板谷敬から八重子へ、葉書八月二十五日付、消印十七年八月二十六日〕

元気な姿を見て大変うれしく思ひました。その上お金まで差入れて下すって本当に有難う。みんなの親切のおかげで僕は、此処に居て許される限りの最上の養生をさしてもらってゐます。こんなことは、現在では社会ですら一寸望めないことでせう。実に実に辱〔なさ〕けないと思ひます。僕の性格的欠点を指摘してくれて本当に有難う。僕の一番の弱点は頑執です。見界〔解〕が狭くて、一度思ひ込んだ事は、四囲の事情が全く否となり、もう二進も三進も行かなくなり切ってしまはなくては改められないといふ独善主義です。僕は今度の受刑生活に於てはこの弱点を克服して、もっと広く高いおほらかな心持を養ひたく思ひます。みなさんによろしく。どうぞみんな健康でね。

〔八重子から虔へ、封書、消印十七年八月三十一日〕

十信

今年もあと四ヶ月になりました。今思ふと十八年度の一ヶ年が随分長く感じられますがさて来年になってみれば仕事に追はれ子供の成長にまぎれて過ぎてゆくのでせう。

宅下の荷物は先日着きました。衣類、書籍、雑品共みな間違ひなくあるやうです。只一つ、桐生の兄が送った浩志の写真が見当りませんが宅下せずに持ってゐるのですか。予想に反してかびてゐるのはガマ口だけでした。

今度食糧営団*といふのが中央と地方にできるさうです。扱ふ仕事は主要食糧の綜合配給と非常時用の食糧の貯蔵です。この十一月から全面的に活動を開始するさうです。中央食糧営団の機構は日本米穀株式会社、全国製粉配給株式会社他三つの団体に政府が解散を命じて統合したものです。資本金一億円の半額は政府で残額は前述の団体の株主が出資するのださうです。この営団によって主要食糧品が一層統制強化されるわけですね。

自転車乗りは愉快です。この頃はよく種さんの家までお豆腐や生揚を買ひに行きます。買物、お使は一手引受になりました。今度本町田まで行ってみるつもりです。大蔵から町田までのバス代が十五銭から三十五銭に飛躍したので未だ一度も利用しません。本町田からは十銭です。鶴川駅、淵之辺間をバスが開通するやうな噂があります。局前にバス停留所が出来るとか。

四、五日前浩志が九度八分も発熱、何の熱か最初見当がつかずにいたらお腹でした。幸ひ一日で下熱しましたが下痢は四、五日つゞきました。今日は二、三回に減り、元気もよくなりました。夏期は少なくとも一日おきには便通がないといけないやうですね。便秘してゐるところへ不消化物を食べ過ぎると腸を悪くするやうです。

陽子は毎日便通があったせいか発熱せず少々下痢しただけでした。先日中来客が多かったからお客本位の献立をしてしまったせいかも知れません。今後は戒めませう。

浩志がこの頃盛んに遊ぶ道具は長火鉢の小さい引出し二つを取り出し、引き金を積木で連結させて電車をつくり動かしてゐます。よく云ふ駅名は柿生、西生田、東生田、多摩川、経堂、新宿、荻窪、小田原、江の島、桐生、などです。陽子ちゃんせみとって来ようなどさそって魚とるあみを持って新宅の上あたりを漁り蟬ならで落柿をあみに入れて来たりします。うちの近所を二人で何か興じ合ひながら走り廻ったりしてゐるのをみるのはほんとに楽しいものです。その浩志も東京を歩く時は実にヨチヨチと足がはかどりません。来月は陽子をつれて面会に行くつもりです。

八月三十日夜

八重子

虔　様

＊食糧営団　一九四二（昭和十七）年の食糧管理法公布に基づき、主要食糧の一元管理を目指して設立された。中央食糧営団と各地方食糧営団からなる。中央食糧営団には、日本米穀株式会社、全国製粉配給株式会社、全米商連、麦工連および日工連の二会社三団体が統合された。営団とは戦争遂行のために国家による統制管理を目的とした特殊法人。

〔虔から八重子へ、封緘葉書、消印十七年九月七日〕

第十信まで、及びお母さんからの第三信受取った。相変らず丈夫で仕事にはげんでゐる。浩志のおなかはすっかり治ったらうね。浩志も陽子も、どうも病気にかゝり易い様だ。医者に用のない子供になるといゝと思ふ。

子供達のことを考へると、全く僕の居ない期間の長いのに驚く。その間、よく僕の為すべきことまで引受けて、子供等のために努力してゐてくれることに心から感謝してゐる。今後とも、全力をあげて子供等の心身の健全な成長のために奮励してくれ。

先月の修養事項としては「暑さに感謝する心」を選んだ。あの陽熱の下、全国三百二十万町歩の稲田で、お米が着々と実ってゆくことを考へるなら、暑さに感謝せずに居ることがどうして出来よう。夏を楽に越せた一つの原因はこの心にあったかも知れない。今月は「日本人らしく」といふことに決めた。心の持ち方、物事の考へ方の隅々まで、まことの日本人らしくすること。それに大いにつとめようと思ふ。永い間誤った考へ方に馴れて来た自分だから、余程努めないと、つい非日本人的考へ方をし勝ちなのだ。従って、心の隅まで日本人らしくなることにつとめるのは大いに必要のことなのだ。

兄さんの健康が回復しつゝある由、嬉しく思ふ。体重の減少は必ずしも病気の為ばかりではないからあまり心配せぬ様に言ってあげるとい丶。僕もやうやく四七キロしかない。（九月一日測定）それでもこ丶へ来て多少増加したのだ。

子供等のおもちゃについては、遊ぶ所を見ることの出来ぬ僕にはこれと言って名指すことは出来ないが、一般的に言って、みごとに完成してゐる立派なものよりも、素材的なものを。人工物よりも自然物を、重んずることを望む。なほ保育問題研究所の人々の説を参考にすることも併せて希望しておく。

育児、家事、産婆開業、岩波の仕事……となかなか容易でないね。けれど、努力の生活の中にこそ喜びがあるのだ。大いにがんばってほしい。それから日記だが、形式的なものはいらないけれど、大切な事柄（精神的のものも含めて）、子供等の成長史に記さるべき事項などは、ぜひ記録しておいてもらひたい。出所後の大きな「たのしみ」として、その日記を心にかけてゐる。

お父さんの肖像画の件はどうなってゐるか。なるべく早く具体化されたし。又、伝記の要項も、暇を見ては少しづ丶作ってゆかないと計画倒れになるよ。

浩志の写真は百科辞典（三省堂の）の一番後にはさんである筈。

九月の面会は何日頃になるだらう。凡その予告をしてくれると都合がい丶。なほ、その時、教務課の竹中先生に是非お目にか丶る様に希望する。先月末、先生に御面会を願ひ、種々お話をうけたまはり、書籍も特別に貸していただ丶いた。その際、先生から、九月の面会の時には自分への面会ものことであった。

村の田も、やうやく稲穂にみが入りかけて来たこと丶思ふ。もうしばらく暴風雨を来させたくないものだね。そして、村の人々が喜びにみちて刈入れることが出来るやうに！

おめでたがいよいよ近付いて来た愛子に、ぜひよろしく伝へてほしい。安産の知らせを待ってゐる。荻窪、桐生の皆々さんにもよろしく。お母さんは面会においでにならないだらうか。好い季節を迎へて、お互に元気一杯に働かうではないか。

九月六日　　　　　　　　　　　　　　虔

〔八重子から虔へ、封書、消印十七年九月十三日〕

十一信、

お変りなくお過しですか。こちらは陽子が病気しました。

四日に軟便を三回しましたが夕刻から八度二分の熱で大したこと、も思はず寝かせましたが、後で考へるとこの時直ぐ浣腸すれば、いつものやうな簡単な治り方をしたのではないかと思ひます。五日、六日と九度前後の熱で七日は四十度三分の高熱で我が家始まって以来最高のものでした。村野、渋谷、両医師に走りましたがいづれも留守、田舎生活の不便を感じました。併し高熱ではありますが一般状態から推して危急の病勢とも思はれませんでしたので少しも慌てはしませんでした。発病以来三、四回浣腸しましたがいつも大した悪い便は出ませんので、きっと腸内に未だ残ってゐると思ひ最後の手段としてリチネを服用させましたら七時間位後粘液便を排出、八日朝は八度六分に下り、九日から平熱になりました。後遺症として黄疸らしい様子があり、粥食ですが相当量食べてゐるのに身体がなかなかしっかりせず不機嫌で昨日は殆んど一日中私におん負したり抱かったりしてゐました。寝冷は注意してゐますし不消化なもの或ひは病気を誘発するものを与へた覚えはなし、どうも過食が原因らしく思はれます。近所にも伝染病が流行し関山で疫痢で死亡し、井の花で同病で入院しました。陽子は折角太り始めたところでしたのに返すがへすも残念千万です。今夏の私の育児は不成績でした。

乾布摩擦は始行二、三日後私は落伍、二人の子供は続行してゐますが、どちらも快味を感じないやうで、この調子では秋が越せるかどうか心細いものです。

昨日はさながら浩志の独唱会でした。レコードにある「お山のお猿」で、歌詞は、お山のお猿はまりが好き、とんとんまりつきゃおどりだす、ほんにお猿は道化もの。二番が、赤いべゞきて傘さして、おしゃれ猿さんまりつけば、お山の月が笑ふだろ。

時々順序を間違へたり調子をくずしたりしますがなかなかうまく歌ひます。二枚あった童謡レコードの一枚が破損したので新しく購入してやりたい、玩具も買ってやりたい、今までお金を欲しいと思ったことは一度もない位でしたが子供を持ってからお金が得たいと思ふやうになりました。

戸塚さんに頼んだ岩波の仕事は直ぐと云ふわけにゆかないので管さんを煩はしてみようかと思ってゐます。岩波を引いたといふ話ですが。

稲穂が重く垂れ始めて豊作の喜びは朝に晩に目近にその成長を見てきたものにとっては更に切なものがあります。都会生活者には味はへぬ喜びです。春を越し秋を重ねる度にこの土地の自然が離れ難い魅力を増すやうです。

お互ひに、修養に仕事に、意力を注ぎませう。

さよなら

九月十二日夜

〔弟・板谷畝から虔へ、封書九月十三日付、消印十七年九月十三日〕

今年の残暑は全く厳しいですね。今日は三十一度でしたが昨日は三十四度迄昇りました。八月中も毎日曜泳ぎました。今年はどうしたわけか海月が多く、大分やられ、一週間もはれのひきゝらない事も有りました。

上野でレオナルドダヴィンチの展覧会が開かれてゐます。「モナリザ」や、「最后の晩餐」の模写が、申訳みたいに陳列して有る外、大部分は、彼が残した設計図によって製作、組立てられた機械類で、今の時代としては勿論ビックリする様な物は有りませんが、この「万能の天才」のエネルギーには全く頭が下ります。

二十三日鶴川へ行きましたが、道路工事をやってゐて、薄い板一枚の急造の橋を、大荷物をのせた自転車を引っぱってヨチヨチ渡ったり、前輪がパンクしたりで、四時間半もかゝりました。帰りは、二子玉川の方を廻って二時間余り、流石にヘトヘトになりました。小生、陽子嬢には怖がられてテンデ駄目ですが、浩志坊やの信用は絶大です。

愛子の初産は、一ヶ月位先ですが、順調に行ってゐるらしく、素晴しい元気でゐます。大兄さんの第二審は矢張り六年の判決でした。まだ病舎にゐますが、もう殆んど全快したさうで、二日、休暇を貰って面会に行った時も、元気でした。体重は四十六・六キログラムだと云ってゐました。

バリトンのゲルハルト・ヒュッシュが新に入れたシューマンの「詩人の恋」全曲（十二吋、三枚）のレコードを買ひましたが、小生の電蓄、目下故障修理中の為、手廻しで一度聴いたきりです。シューマンの曲にはシューベルトの物の様な奔放さは少い様に思はれますが、何か、深さを感じさせる気がします。ラヴェルの「左手の為のピアノ協奏曲」が今月末に再発売されるので買ふつもりでゐます。之は、いつぞやラヂオで「ラヴェル週間」が有った時初めてきゝ、一風変ったすさまじさに、ほしいと思ってゐた曲です。演奏者はブランカールと云ふフランスの閨秀ピアニスト、恐るべき技巧家です。

では　元気で

敞

九月十三日　第十六信

〔八重子から虔へ、封書、消印十七年九月十七日〕

十二信、

六日付のお便り昨日受取りました。久々で長い手紙をもらって嬉しく思ひました。陽子は未だ病気前の本調子に戻りませんが、便の色、尿の色は通常に復しました。病人用の玉子の配給を受けて失はれた体力の取戻しにと、食事に注意を払ってゐます。今度の病気中特に目立ったことは陽子が非常に意地っぱりでかんしゃくもちだったことです。近所のお母さん達にきゝますと、矢張りちょいちょい熱を出したり風邪をひいたり、お腹を悪くしたりするさうですが、うちの子供は早くそんな心配と縁を切りたいですね。弱いのか私の不注意が多いのか、今後は十二分に気をつけませう。貴方の留守中医者の厄介になったのは十五年夏浩志がお腹で阿佐ヶ谷の病院へ入院した時と十六年の中耳炎の二回だけです。

肖像画でなく、写真を引伸ばさうと思ひます。不手に画かれるのはいやですから。先日兄さんが来た時頼みましたが、お彼岸に母が帰りますから、その時進行を計りませう。

伝記は来年度に入ってから着手の予定。

日記は五月一日につけ始め怠り勝ちながら七月二日まで記して、その後はブランクですが、「大きなたのしみ」ならば又続けます。

面会は二十一日に行くつもりです。それまでにこの手紙がお手に入るかどうか。陽子でなく浩志を連れてゆくかも知れません。母は姿を見ると涙もろくなるからと云ってゐます。

今年は茄子が優秀でした。胡瓜も未だ成ってゐます。その代り余蒔の方は稀にしかなりません。南瓜は三十位。糸瓜は去年と同じく四畳半の窓ぎわに作りましたが、実も葉も大きく、これは浩志の夜のお小水で育ったのでせう。

では面会を楽しみに。

九月十六日夜、

八重子

虔　様

十三信

〔八重子から虔へ、封書、消印十七年九月二十八日〕

去る十七日、四眠から起きて三日目の蚕を二十六匹もらひました。陽子も浩志も恐がらずに見てゐました。最初「ムシ　ムシ」と云ってゐた陽子も教へられて「カイコ」とか「カイコサン」とか云って時々見てゐました。私がつまんでも陽子の方は一寸手を出しましたが結局触れず浩志は全然触れようともしませんでした。二十二、三、四と全部上蔟し、二十五日には全部営繭しました。今日米さんに見せたらよい繭だと云ってゐました。朝晩桑をやってその成長を見守ってきたものを殺すことは忍びませんでしたが幸ひ母がこの仕事を引受けてくれました。三個だけ残して、これは繭を喰ひ破って出てくる姿をみることにしました。このさゝやかな養蚕は子供達には「蚕」といふ存在を教へた位のものでしたが、私にとっては非常な興味ある観察でした。桑の喰み方、繭の作り方など他の仕事はおろそかにして、飽きずに見てゐたものです。春蚕はきたてからしてみようと思ってゐます。

二十三日は磯さんの家のお産に行きました。前から、神蔵さんが留守の時は是非と頼まれてゐたものですから。延滞破水、臍帯のてん絡　新産児第一度の仮死に近い、といふやうなお産で私が居てよかったと思ひました。赤ちゃんの沐浴を済ませたところへ神蔵さんが来ましたが、若しこのお産にこの時間まで産婆が居なかったら、被膜児、胎盤の早期剝離といふ両方の生命に関する異常産になるかも知れず、未熟な私でも役立ったことは何よりでした。管氏宅は高円寺で五月生れの民郎《タミチ》さんがベッドに寝てゐました。用談に気をとられよくもみる時間もありませんでしたがさすが玩具は優秀でした。但し数は多過ぎると思ひました。管さんは岩波を止めて、人形芝居運動を松葉さんと組んでやってゐるさうです。赤ちゃんは奥さんに似た立派な顔をしてゐました。

陽子は徐々に以前の活発さを取戻してゐます。

九月二十七日夜

〔慶から八重子へ、封緘葉書、消印十七年十月七日〕

十二信不着、十三信は三十日に受取った。なほ敞君の十六信も着いてゐる。相変らず元気で働いてゐる。九月には外六（科程外六割のこと）の成績を挙げた。

陽子はすっかり元気になったらうね。満二年のお誕生日も近い。体重もうんと増してくれるといゝが。

子供たちの教育上（特に目下の所は浩志の）菅君夫妻（管に非ず）との交際を深めることを望む。必ず得る所があると思ふ。又、こちらからも先輩として何かお役に立つこともあるだらう。浩志の智能年令測定などもやってもらへないだらうか。そして、才能に応じた教育を施してゆかねばならぬ。この点は、僕自身の経験に徴しても大切なことだ。未だ童話を好んで聞くには至るまいが、いづれその時期も来るだらう。児童文庫に相当に材料がある筈だから然るべく。浩志の「何だから」の問に対しては極力適当な答を与へてやる様努力してほしい。大人向きの答でなく、浩志本位の、子供にとって得心のゆく様な答を。

食衛生に関することを一つ。唾液中の澱粉糖化酵素プチアリンは食塩の存在する場合、その作用が著しく盛となる（理化学辞典による）従ってごはんをかむ時、塩分を含むものと一緒にすることは消化を助けるわけだ。よくかむ習慣を自分にも子供にも着けると共に、このことを応用してほしいと思ふ。

磯さんのうちのお産に役立った由、嬉しく思ふ。磯さんはごく貧乏らしいから、そのつもりで居るがよい。

今月の修養事項として「私心を去れ」を選んだ。これは真に必要な、併し極めて困難な事で、もとより一ヶ月の努力で達成出来るとは思ってゐない。けれども、先月竹中先生から貸していたゞいた金子大栄氏の「帰依と行善」及び鉄舟の「武士道」を読み、自分の心を反省し、自分が将来、本当に御奉公するためには、何よりも先づ私心を去ることが必要だと痛感したので、早速それについての努力を開始することにしたのだ。私心のあるところ、真の御奉公も善行もあり得ない。

先月、官本で*「病院船」を読んだ。若し未だ読んでなかったら一読することを望む。蚕に大層興味を持ったらしいね。生物の生活は見れば見る程、知れば知る程、面白くなって来るものだ。そこにはまた、子供の教育上無限の教材もある。なほ、岩波全書にある「蚕」は、決して専門的のものでなく、蚕についての高度の常識（一寸変な言ひ方だが）を収めたもの故、来春までに読んで置くとい、。

野菜畑の成績はその後どうだらう。あの土地は有機物に乏しいから、落葉など手に入る様なら成るべく沢山すき込むとい、。をが屑も下肥と混ぜて腐らせると肥料になる。これからは冬の葉菜類の季節だが、ほうれん草は就中最も栄養価の高いもの故、成るべく沢山作るとい、。竹の枝（葉のついたもの）を手に入れて、斜に立て、霜除をしてやれば寒中を越すことも出来る。自作の野菜を手がけてゐるので、もう十分心がけてゐること、は思ふが、野菜には全く棄てねばならぬ所は少いものだ。普通食べないでゐる部分でも、食物として価値ある所がいくらもある。果物などもさうだ。みかんの皮など、ビタミンCを極めて多く含んでゐる。戦時下、有用なものを無駄にせぬ様、細かい注意をしてほしい。

荻窪、桐生、大森によろしく。愛子のお産は未だの様だね。陽子と同じ十月生れといふことになら う。吉報を待ってゐる。

お母さんに。わざわざおいで下さってありがたうございました。申上げたいと思ってゐたことも殆んど言ふことが出来ませんでしたが、お元気のお姿を見ただけで十分でした。でも、気のせゐか、いくらかおふけになった様です。それにつけても不孝の罪が身にしみて感ぜられ、申しわけなくてたまりません。どうかおからだを大切になさって下さい。

十月四日

*官本　本来は「官公庁の蔵書」を意味するが、ここでは刑務所内で所蔵された図書を指す。これに対応する用語は、「私本」であり、自費で購入したり、差入れる本がそれに当たる。

十四信

〔八重子から虔へ、封書、消印十七年十月七日〕

愛子さんは結婚記念日に当る九月三十日の○時過ぎから発来し十四時五十五分に男児を出産しました。昨日お父様から通知がありまして今日浩志を連れてお祝に行きました。兼雄さんに似た子です。体重は三キロ強、秋生と命名なさったさうです。愛子さんは元気でした。二ヶ所裂傷があったさうですが昔なら放置しておく程度のものださうです。お母様は当日の八時過着以来一切のお世話をなさっていらっしゃいます。お忙しいらしく、来てから一度も入浴なさらぬさうです。

以上十月三日記

手紙を書きかけてゐるところへお産を頼まれ、そのま、バタバタと忙しくなってペンを執る時間がありませんでした。関山の柏木静治さんのお家で、この方は以前会員だった人です。赤ちゃんは生れてゐましたが第二度の裂傷、卵膜の残留といふ状態で産褥熱の危険性があるので消毒を厳重にしてゐますが今日までは何等異常なく経過してゐます。

愛子さんはその後順調とのこと。

先日の大森訪問で浩志は初めての駅を沢山通ったわけですが、果してどの駅名を記憶したか、或ひは数多く聞いたので一つも覚えなかったかしらと私にとっては興味ある問題でしたが訪問の翌日例の通り一人で電車遊びを始めましたので、今か、今かと耳をすましてゐましたら、たった一つだけ云ひました。「アチモノヨコチョウ」

お大切に

十月六日夜

八重子

虔　様

〔八重子から虔へ、封書、消印十七年十月九日〕

十五信

お手紙今日着きました。今度は割合に早く着きましたね。

いつも元気でそれに先月は仕事の成績も優秀で何よりでした。どんな生活状態にあってもその生活をマスターしぬきんでるだけの能力を持つといふことは頼もしいものです。

陽子はすっかり元気になりました。沢山食べて沢山排泄してゐます。

菅さんに対しては不服があります。昨年のことだったでせうか、お詫状を兼ねて百万人の数学下巻をいたゞけるやうに話して下さいといふ手紙を差上げましたが返事をよこしません。先日の訪問で私からの手紙が不着でなかったことを確かめました。今度岩波の仕事を世話して下さいと頼んだら、即日翼賛会*へ行くつひでに岩波へ寄り――。

どうも人の悪口はいやなものですね。それに相手は貴方の親友ですしね。もう止めます。岩波の仕事は当にせず一路産婆開業に邁進しませう。菅さんとの交際は当分こちらから積極的に深める気持にはなれません。私はいくら有能でも信実のない人はきらひです。

留守中扱ったお産は四つでしたがいづれもお金のお礼は一銭も受け取りません。三つめのおはぎ、お赤飯、季節の野菜、果物などは喜んでいたゞきますけれど。

畑のことは十二信に書きましたが、成績のよかったのは茄子、胡瓜（但し余蒔の方はいくつもなりませんでした。水分の不足でせう）甘藷は全然ものになりません。里芋、八ツ頭は未だ掘ってみませんが昨年よりは出来が悪いでせう。これは一般にさうらしいです。南瓜は食べきれません。糸瓜は今年の方がよく実入りました。ほうれん草は蒔いても蒔いてもよく出ません。

菅さんを攻撃中、ふと自分自身のことを反省しました。

十四信は愛子さんの出産通知を含む大切な便りに拘らずいかに多忙とは云へおくらせて、すみませんでした。

今日は母に留守を頼んで保健教育講座を午前中だけ聴きに行きました。「乳幼児の保育について」と云ふ題で南多摩保健所長が話されました。同所は昨年四月から八王子市台町に開所されました。

明日は「農村の栄養改善について」を聴講します。

菱山さん達を知ってゐる服部智《サトシ》といふ方が近所に越して来られました。貴方とも面識がある筈です。国民学校の先生です。もう大分前に越して来られたのですが、さういふ方だと分ったのは最近です。

今日この人の受持つ教室をのぞきましたが特色あるものでした。

さよなら

十月八日　夜

八重子

虔　様

＊翼賛会　大政翼賛会。国民動員体制の中核組織として一九四〇（昭和十五）年十月十二日に結成された公事結社。総裁は内閣総理大臣。中央本部事務局の下に道府県支部、大都市支部、市区町村支部、町内会、部落会などが設置された。以後政党は解党されて大政翼賛会に吸収された。一九四五（昭和二十）年六月に本土決戦に備えた国民義勇隊結成により解散した。

〔母・板谷つまから虔へ、封書十月十二日付、消印十七年十月十三日〕

随分お無沙汰しましたね、御免なさい。

手紙ハ（今月の）今日ツル川から回送され丈夫なことを何よりあり難くよみました。巳に承知と思ひますが愛子ハ九月三十日（結婚記念日）十四時五十二分越申べき関をこえまして男子出生、秋生《あきお》と命名。電話でよばれてその朝からつきっきり、その苦痛の幾分をわけてやったつもりです。初産としてハ先づ並通のところでせう。それから九日間ゐてやりすっかり回復したのを見とゞけて帰宅しました。赤ンぼは色の黒いところまで父親そっくり。お乳ハ余るほどあります。

四日目でした、八重ちゃんが坊やをつれて来てくれました、お祝い品や見舞品を持って。坊やハはにかまずにこやかで上品で並み居る子供達の親々をして顔色なからしめました。こんない、子のお父さんよ、よいお父さんになって下さい。

お隣り蠣崎家奥さん胃潰瘍にて七月末入院、病勢退かんともせず、九月二十九日十一時とうとう亡くなられました、七十才。

有木未亡人ハ御主人の病中共に神道に入り、その没後神と夫の命なりと信じ喜多見町に国本高等女学校といふを建設、この春より開校、有木はるき女史校長の位置に立って大に活働して居られます。

お手伝ひの意味で私ハ校長さんの着物裁縫方をひきうけをり大森から帰るやすぐ針を持った有様です。この学校生徒ハ今たゞ二十名とか、よそからきゝました。どうか追々盛にして上げたいものです。遺産の全部を之れに打ちこんだのださうです。兎も角はるきさんハ変った人ですね。話ハ後にもどりますが、愛子が「八重子姉さんに見舞はれいろいろ教へられたり注意されたりした時ほんとに心づよく感じたわ」としみじみいうてゐました。

十月も早なかば、全体の四分の一ハ過ぎ去りましたね。

日に日に寒くなります、どうぞ無事でくらして下さい。

母より

虔　様

十月十二日夜

〔八重子から虔へ、葉書、消印十七年十月十五日〕

十六信　愛子さんも秋生ちゃんも順調。私の扱った柏木さんも。今日は荻窪のお父様がいらして下さいました。珍らしくも陽子が始めからよくなついて手をつないだり膝に乗ったりむつまじくしてゐました。丁度運動会だったので四人で出かけました。まだ二人とも興味がないらしく三つ四つ見て直ぐ帰りました。大森訪問から一週間程経て「北馬場」といふのをヒョイト云ひました。面会には二十二日に行く予定です。土地借受の話は才助氏が直ぐに承諾しました。残した繭三つのうち二つから蛾が出て産卵しました。上蔟から約三週間でした。明日桐生から姉と子供達が来ます。

十月十五日

〔八重子から虔へ、封書、消印不明（十月下旬？）〕

十七信

満二年を迎へた陽子の此の頃の生活断片をお送りしませう。おめざは六〇〇〇—六〇三〇　同じ頃眠りから覚めたお兄ちゃん共々昨夜大事さうに持込んだ玩具で一時遊びます。

「キュッキュッして」昨夜、せきがでたからと直ぐ着物を着せようとしたら乾布摩擦をしてくれと云ひました。

小さな歯ブラッシュ二つにお塩をつけてやると二人共よく口にブラッシュを入れたまゝ歯をみがかないでゐることがあります。

「富士山が見える」ぬれ縁に出て云ふ陽子。「今朝は曇ってゐるから見えないよ」と母。

「ネムイノ　ネムイノ」ほんとにねむい時とおんぶをしてもらひたい時さう云ふこと、あります。

お昼寝は図書館で一時間足らず。目覚めるとたいていは少しも泣かず「オカーチャマ」と呼びます。

「赤いべゞきてカカッテチョーダイ」一日一回、童謡レコードをかけてもらふのを楽しみにしてゐます。

「陽子ちゃんうたってごらんなさい」と云ふと「アーカイベベキテ、カチャ　チャチテ」ここが一番お得意らしいです。後がでないので「おしゃれ猿さん　まりつけば」と私がうたひますと「ヨーコ　ヨーコ」ととめます。

もんぺをはいてゐると「チョンペ」と云って私を笑はせます。「赤ちゃんのお家に行ってきますよ」と云ふと、「ナニヤローカ」と云ひます。お兄ちゃんは「何くれる？」とき、ます。ドロップ一つとかビスケット一枚とかこれはお八つ以外ですからおしるしだけやります。自転車をひきだしてくると四畳半の窓から、或ひはぬれ縁から「チッケイ」と見送ってくれます。お兄ちゃんとお手々つないで花つみにゆく姿は絵にかきたいやうです。食べた後のお口のまわりをみて「陽子ちゃんのお顔が汚いこと」と云ひましたら「キレーヨ」ですって。就寝は一九時頃。お気に入りの玩具を持込んで私の手を撫でながら眠りつきます。「お兄ちゃんみたいに一人でねんねするのよ」と毎度云ひきかせても「カーチャント」とがんばってゐます。

身長は八〇・五　標準八〇・二　胸囲　四九・五　標準（問合中）

磯さんの赤ちゃんは高道さんと云ふ名です。お臍は臍膿漏といふ病気で私の処置で治る見込です。あと一週間位は通はねばならぬでせう。

菅さんから手紙が来ました。仕事をもらへるか否かは未定です。

短い秋の日を仕事の予定を沢山盛り上げていよいよ短く暮してゐます。今、陽子のスェーター編に熱中してゐます。

朝晩冷え込んできました。身体に気をつけて下さい。

八重子

虔　様

面会には十五日頃行きます。

〔虔から八重子へ、封緘葉書、消印十七年十一月十三日〕

十六信は二十三日に、十七信は昨七日に着いた。四日に桐生の姉さんからの葉書。相変らず元気。先月も外六〔科程外六割〕であった。

浩志のあの朗かな笑ひが今もなほ目と耳に残ってゐる。お母さんからの手紙によると、浩志は大さうい、子だとのこと。慾目を離れても恐らくい、子だらうと信じてゐる。十七信ありがたう。陽子がそんなに「おとな」になったとは驚く外はない。併しもう満二才だものね。驚く方が馬鹿なのだらう。陽子も浩志に劣らず「い、子」だらうと信ずる。二人の子を立派に育ててくれてゐるそなたの努力には限りなく感謝してゐる。父親としてのつとめを少しも果し得ない我身の俯甲斐なさを慰めるものは、そなたへの信頼なのだ。どうかこれからも万全を期して育児にはげんでもらひたい。冬を迎へようとしてゐるが、この冬は何とか病気させずにすませたいものだ。子供達のことを考へると、時折は居ても立っても居られない焦燥を感ずることがある。が、思ひなほして、今の自分として子供たちの為になし得る唯一つのことは己が身の修養だと、自らの心を鞭うつ。そして将来よき父たらんことを誓ふ。

岩波の仕事がもらへなければ、却ってその方がい、と思ふ。僕の希望としては、産婆の方に専心してもらひたいのだ。産婆は聖職といっても不当でない。特に現情勢下の農村産婆はさうだ。そして、か、る貴い仕事に専心して、学理と技術とに絶対的な自信を持つ所まで修行することは、たゞに世の為人の為に役立つばかりでなく、自らの修養にも非常に大切なことだと思ふ。「あの産婆さんに来てもらひさへすれば」と村の婦人達から全幅の信頼をかち得るに至るまで、五年十年二十年の絶えざる努力精進を為す不退転の決意を今、しっかりとかためてもらひたい。之が、最近強く考へられる切な望みだ。次に、僕の将来の専門学について、兄さんのご心配も誠に尤もなことだが、僕は決して単なる独学を考へてはゐない。又、専門学を、就職や生活のための手段としてではなく、自己の使命完遂のための不可欠な条件と考へたい。学究の方法としては、関係ある学会（例へば農業経済学会）に加入すること、先輩諸氏の教を乞ふこと。この二つと、あとは自分の研究とを考へてゐる。そして働きつゝ、学びつゝ、全日本の農村の種々相をすっかり頭に入れる所まで進んでゆきたいと思ってゐる。日本の農村・農民、農業があらゆる点で大東亜十億の農民にそのゆくべき道を示さねばならぬことを思ふとき、日本農業経済地理の研究は、終生の研究対象として決して貧弱なものではないと信ずる。

今月は「孝」の一字を徹底的に考へて見ようと思ふ。分り切ったことの様でありながら、いさゝかも忽に出来ない事柄が「孝」だ。この大切な事柄を、何と甚だしくおろそかにしてゐた自分であらう。今月はこの題目で、しっかり自分を叱ってみようと思ってゐる次第だ。「私心を去る」といふ先月の項目は、問題が大きいだけに、たゞそのことが、あらゆる行為に絶対的に必要なのだといふことを理解し得たに止まり、無我の境地に入ることなどは未だ未だ遠く及ばないけれど、この点に気がついたといふだけでも僕としては小さくない収穫だったと思ってゐる。

服部先生との交際は出来るだけ深めてほしい。図書館の本も自由に利用していたゞくとい〻。一般書籍にはそれ程い〻のはないが、辞典はきっとお役に立つこと〻思ふ。服部先生が鶴川の国民学校に来られたことは、村の子供達にとって誠に仕合はせなことだ。在職の永きを望んで止まない。愛子と赤ちゃんとはその後も元気なこと〻思ふ。結婚記念日に長子出生とは、註文でもした様だったね。結婚後しばらく出来なかったので、いさゝか気にしてゐたのだったが、本当によかった。少からず喜んでゐる旨を、ついでの時に伝へてもらはう。

荻窪のお母さんにお目にかゝりたい。もう丸二年お目にかゝらずにゐるのだ。御都合をつけていたゞいて十二月の面会に一緒に来ていたゞけまいか。

封緘が一枚紛れたらしく、之でおしまひになるから今月中に十枚ほど差入れてもらひたい。なほ、面会が十五日頃の予定とあるが、十五日は日曜だから、来週になるものと思ってゐる。

ではまた来月。みんなによろしく。元気で！

十一月八日　大詔奉戴日*の午前　虔

＊大詔奉戴日　一九四二（昭和十七）年一月二日閣議決定された「大詔奉戴日設定ニ関スル件」によって制定された。一九四一（昭和十六）年十二月八日の宣戦の詔勅に因んで、一九四二（昭和十七）年一月八日より毎月八日とされた。戦時下における国民運動として推奨され、国旗掲揚、君が代吹奏、宮城遥拝、詔勅・勅語の奉読などの他、学校では天皇の御真影の奉拝が行われた。

〔虔の兄・板谷敬から八重子へ、封緘葉書十二月五日付、消印十七年十二月八日〕

久しく御無沙汰しましたね。去年の八月からだから一年半に近い。成長盛りの坊や達はどんなに大きくなったらう。浩志ちゃんももうすぐ六つ、陽子ちゃんも五つになるんでしたね。二人とも丈夫で賢くてすくすく生ひ立ってゐるでせう。八重ちゃん、苦難の歳月ももうぢき終るね。よくやってくれました。僕の頑固極まる言行が、君達一家に及ぼした大きな災ひを、出来る限り小ならしめ、その老人達や幼き者への被害、悪結果を未然にくひとめてくれたのは、八重ちゃんの健気な働きが一番力あったと思ふ。真面目に元気に朗かに生きぬく者は必ず勝利を占めるものだ。

助産婦としても今では立派に成功された由、本当におめでたう。銃後の万事が殆んど婦人の手でなされなくてはならなくなった今日、そして将来の大日本を背負ふべき日本の赤ん坊が、一人でも多く生れて、よく育てられなくてはならない今日、助産婦の任務は真に重要である。

豊多摩の虔君から、思ひもかけず、懐しい便りをもらって泣いた。その手紙には虔君の心の深い成長がはっきりと見られた。しみじみと兄弟の情が、喚起された。僕は早速返事をかゝしていたゞいた。虔君が帰ったら、是非面会に来て下さい。今は僕も二級になって、面会は一週間一回、手紙も一月四回書く事を許されてゐる。

荻窪の母が近頃めざましく時局の認識を高めて来てくれた。母の最近の俳句にはそれがよく表現されてゐる。自然に対する深い愛、人間に対する謙虚な慈愛が明瞭に看取される。

荻窪の父の壮健さも有難い極みだ。父は国家に対する我家の重大な責任感から老いの身に鞭打って働き、その気力によって一頃よりもずっと健康を増されたのであった。園子もお庇〔陰〕様で病気にもならず、元気にやってゐる様だ。園子の国家意識も、色々の御奉仕の生活を通じて相当に高まって来た様に思ふ。

自己中心でなく、国を第一と思ふ心、この心こそ、結局すべての不幸、すべての悪を改善して、輝かしい将来を約束してくれるものだね。僕はさう確信してゐる。おばあちゃん、桐生のご一家にどうぞどうぞよろしく。

〔虔から八重子へ、封緘葉書、消印十七年十二月十七日〕

お父さんからのありがたいお手紙と、敞君の絵葉書、そなたの十八、十九信を受取った。何よりも先づお父さんの壮者をしのぐお元気に深い喜びを感じ、又、自分の如き不孝者を思って下さる無限の御恩愛に言語に尽せぬありがたさを感得した。最近二十日の間に精神的に大きな収穫があった。あみだ仏に帰依するに至ったのである。その発端は奇しくもお父さんがあのお手紙を書いて下さった十一月二十三日であった。忽然として自分が凡夫愚夫以下の人間であることに気がついたのである。否、気附かせていたゞいたのである。凡夫愚夫以下、誠にさうではないか。日本人として最悪の罪たる治安維持法違反の罪を犯し、親には無限の心配をかけ妻子を悲苦せしめる。しかも、農民の指導者を以て自任してゐたのだ。検挙以来、共産主義の非を知って、皇室中心主義に転向したけれど、それだけでは未だ魂が本当に家郷に帰ったのではなかった。自分は非凡な人間だといふ自惚は相変らずこびりついて居り、己が皇運扶翼*を実践するのだといふ我執が去らなかった。果しない自惚の心、これが曾てそなたを泣かせたことがあった。今にして思へばあの涙は尊い涙であった。愚夫以下とさとらせていたゞいて初めて謙虚な心になることが出来、信への道をふみ出すことになった。己れが生きるのではない。あみだ様の御慈悲によって人間として生かしていたゞくのだ。己が臣道を実践するのではない。畏多くも陛下の大御心によって、臣民としての道をふませていたゞくのだ。親に孝をつくすのは御恩に対する報でなくて、孝行させていたゞくことそれ自体が御恩なのだ。妻子に対しても同様、夫として、父としてのありがたく嬉しい務を果させていたゞくのだ。かくて帰依も皇運扶翼も、孝行も愛も純一無雑な無我の精神の中に全く一つのものとなる。唯物史観に基く人生観を棄てゝ、以来二年半、わが魂はこゝにやうやく安住の地を見出すことが出来たのである。今こそ僕の精神生活は確乎不抜の磐石の上に立つことになった。こゝに至るには竹中先生のお教が絶大な力になってゐる。どうか、厚くお礼を申上げてもらひたい。本では金子大栄先生の仏教概論と、目下読みつゝある加藤完治先生の「日本農村教育」とが主である（国体講話も与ってゐるが）この「日本農村教育」は是非とも買って反復熟読し、自分の修養と子供の教育の典範としてもらひたい。西洋流の教育学は育児について有益な多くのものを持って居り、大いに尊重すべきで、決して排すべきではないが、根本はあくまで日本精神に生きる母親の薫陶、しつけでなければならないとしみじみ感ずる。この本を読んでくれたら、以上のことがよくわかる。（昭和九年、東洋図書会社刊行、忽ち十数版を重ねた本だから古本やにあると思ふ。四六版、紺クロース、金文字、二円五〇銭）

今月は宣戦の大詔をいたゞいて一年の記念すべき月だから、修養実践事項として「大御心に応へまつる」を選んだ。あの御詔を拝誦して「爾有衆の忠誠勇武に信倚し」のお言葉に来る度に、心臓に五寸釘を打たれる様に感ずる。一生をかけてこの御信倚にこたへまつらねばならぬ。今の身としてせめてものこと、思って、今までいたゞいた作業賞与金全部を国防献金しようとお願ひしたが、種々の事情あって残念乍ら許可にならなかった。お父さんのお手紙は実に感激措く能はざるものであった。僕が浩志や陽子を思ふ心が、お父さんの僕を思って下さるお心（お母さんだって勿論同様）に遠く及ばないことを痛感させられた。この親の子たる僕が、どうして真人間にならずに居られよう。

竹中先生のお許しがあったから次回面会の時「新修百科事典」を差入れてもらひたい。一寸重くて気の毒だが、辞典がないと心細くて。なほ、竹中先生御指定の差入本にブルノータウト著「日本」を加へてもらふ。ドイツの建築家の日本観で、非常にいゝ本とのこと。但し決して急ぐには及ばない。

先日一寸風邪をひきかけたが、物にならずに防ぎとめた。たゞ、その翌日、入浴して十二分にあたゝまり、上って極めて軽い脳貧血を起した。倒れてすぐ気がついたし、その後いさゝかも変調はないが、気は張ってゐても身体の力の衰へてゐることは争へない事実らしい。しかし、出所すればすぐなほること確実。決して心配しないでくれ。作業は前月も辛うじて外六出した。今月は外二か外三位のつもり。

いよいよ今年も暮れようとしてゐる。表向は淋しく悲しい年であったけれど、内面的に見れば僕達にとって最も稔多き年ではなかったらうか。禍を転じて福となすことが出来はしなかったか。いかなることにもめげずに進む心をみがけたではないか。来るべき年も内容豊なものにしようね。寒さは日に日に増してくる。お母さん、そなた、浩志、陽子、四人共丈夫で！

荻窪、桐生、大森の皆さんによろしく。兄さんにも僕の心境をつたへてもらひたい。ではまた来月。

十二月十三日　虔

＊皇運扶翼　「皇運扶翼の道」は教育勅語に示された「一旦緩急アレハ義勇公ニ奉シ以テ天壌無窮ノ皇運ヲ扶翼スヘシ」ということ。戦争になれば身をもって国のため、天皇のため尽くせということである。

二十一信

〈八重子から虔へ、封書十二月二十一日付、消印十七年十二月二十一日〉

皇国非常の秋に際し死処を得たる小官の栄誉之に過ぐるものなし

謹んで
天皇陛下の万歳を奉唱し奉る。

二十有三年の間、亡父上、母上様始め家族御一同様の御恩、小学校、中学校の諸先生、並に海軍に於て御指導を賜りたる教官、上官先輩の御高恩に対し衷心より御礼申上候。

同乗の下畑兵曹の遺族に対しては気の毒に堪へず最後に皇恩の万分の一にも酬ゆる事なく死する身を愧づるものに有之候。――

これは十二月八日ハワイ真珠湾特別攻撃隊に参加、今は九軍神の一人として祀られてゐる横山少佐の遺書です。

貴方の今の心境で充分味って下さい。

十七日に母が桐生へ行きました。二十四日に帰ってくる予定です。子供達は割合よくき、わけて私一人で困るといふことはありません。陽子のはな水も止りました。残るは私一人。

作業は大切ですけれど罪はこれからの生涯をかけてつぐのはねばならぬもの故、基本のとなる身体に無理せぬよう気を付けて下さい。成績を落さぬ為、無理しないよう願ひます。

お知らせはしなかったけれど陽子も入浴して充分に温り上ってすぐ倒れたことがありました。風邪気ではなかったけれど便秘してゐる時でした。身体の工合が悪い時温り過ぎることはよくないやうですね。

「みのり多く、みのり多く」これは来年度のモットーにしませうね。第二年目も勝って勝って勝ち抜く意気込で!

ご機嫌よう　御越年下さい。

十二月二十日夜

八重子

虔　様

〔母・板谷つまから虔へ、封書十二月二十五日付、消印十七年十二月二十六日〕

この間ハ暗い後と味の残らぬ楽しい面会であったことを喜んでゐます。鶴川へ来た手紙を先日見せてもらひました。何からそれへ、それからどれへとよく心持が変化して、そしてそれにひたむきになる性質を知ってゐますから今は阿弥陀仏に帰依したときいてもたゞその師導者があったが故と思ふ位のものです。

然しこゝに本当の変化を来たした争はれぬ事実があります、即ち親になったといふその一事です。之れが何よりも真人間になったことを証拠立てると思ひます。子供は親が育つべきものですものね。お父ちゃんと常に呼ばれてあるべき筈の、お父ちゃんがそんな処にゐるなんてとんでも無い事です。この前の手紙で坊や達を思ふ真情を知り、今こそ私ハ本当にお父ちゃんを信じます。同時に己が良い子息としても信じます。出所の春の幸福を待ちませう。

昨日久しぶりでかよさんから来書、

「善彦の口を利けぬ悩みに打ちひしがれて夢中で過してしまひました。余りに重なる不幸を皆様にお告げするにも忍びずついどなたにもそ縁になってしまひました。漸くこのごろはあきらめてたゞなるがまゝに云々」、なんてお気の毒なことでせう。之を読んで背筋に何か冷たいもの、走るを覚えました。

この月初めに熱を出して痩せ細ってしまひとも書いてありました。何といっても健康ほど望ましいものハありませんね。その点うちでハ恵まれてゐるといへませう。兄さんも元気だったさうですしお父様の調子もすこぶるよろしく鶴川の皆も丈夫です。あと一年どうぞ丈夫でくらして下さい。これから二ヶ月間ハ辛いでせう。暖い冬であってほしいものです。しかし、何だかこの冬は寒さがきびしいやうな気がします。

十二月二十五日　　　　　母

虔　様

〔虔から八重子へ、封緘葉書、消印十八年一月十八日〕

お母さんのと愛子のと、二十一信と、手紙三通受取った。丈夫でゐる。

別れ別れのお正月も、もう之で三度、そしてなほ一度残ってゐる。だが悲しむまい、身は離れてても心は結び合って、しかも一同元気でゐるのだ。感謝してい丶。それに、か丶る境遇でなければ摑み得ない一生の宝物をしっかりと身につけることに、今年の一年を活かさうではないか。さうすればこの正月は記念すべきものとなり得よう。

今まで概して暖だった様で、まだ寒さに苦しまされずにゐる。勿論本当の冬は今後の二ヶ月だから、あまく見ることは出来ないが、着物も予期したよりは多くいたゞけたし、しもやけは面会の頃より少しも進んでゐないし、あかぎれも前兆程度だし、人間の身体は案外適応能力がある様だから、おどかされてゐた程のことはないかと思ってゐる。従って僕のことはあまり心配せずにゐてもらひたい。だが何と言っても服役生活の山は冬だから、この月の修養項目は「寒さに勝て」とする。

浩志が五つ、陽子が四つ、何と早いことだらう。自分の五つの頃のことがしきりに思ひ出される。浩志は誰よりも僕に似てゐる筈だから僕の子供時代のことをなるべくお母さんから聞き出して、教育の参考としてもらひたい。どんな遊びをしてゐたか、など、お母さんは何かと覚えて居られるだらう。浩志も陽子も満更馬鹿ではないらしいだけに、これからの教育には細心の注意が必要になって来ること丶思ふ。友交関係にも十分気をつけてほしい。勿論「温室育て」を望むのではない。

春になったら耕耘夫として野良仕事をやらしてもらへさうな様子なので（確かではない）二月の面会の折、下川の蔬菜園芸と農芸宝典との二冊を差入れ願ふ。幸にして百姓をやらしてもらへたら、皇国農民魂の錬成を念頭に置いて大いに奮斗努力するつもり。種々の制約があって思ふ様にはゆくまいけれど、心がけ次第では随分やれると期待してゐる。なほ一月には忘れず百科辞典を。それから「人」といふ本は竹中先生が早く読ませたく考へて居られる様だけれど、未だだらうか。近頃は本を買ふのがなかなか困難な様だね。

産婆の登録はどうなった？　去年中にやる筈だったが。

お父さんが、教育勅語を謹書されて、許可あらば差入れて下さるとのことだが、若し許可になっても実はこ丶には適当な場所がないので、むしろ鶴川の家にいたゞいて、然るべき所に奉揚するに如かぬ様に思ふ。お父さんによろしく。

山室さんの家は何と不幸なのだらう。それに比べればわが家の不幸など物の数ではない。さうかと言って、この不幸を招いたわが身の不心得をたなに上げるのではないが。わが家の不幸は「雨降って地固まる」底の、前途に光明ある不幸だが、山室さんの不幸はたゞ随順の徳によってのみ精神的に勝ち得るところのもの。何とも同情の言葉もない。善彦ちゃんを浩志の将来のよき友と思ってゐるたのに、あまりにちがひすぎたその発育ぶりではこちらの様子をお知らせするさへ遠慮せねばならないわけだ。

愛子からの手紙、大さう嬉しかった。次の様なことをつたへてもらひたい。愛子がよき母たり得る素質を十分に持ってゐることを確信する。たゞ勉強不足についていさゝか気がゝりである。十全の育児は母の愛と真心とのみでは期し難い。やはり勉強、つまり多くの人の経験したことの粋を摂取することが必要だ。大いに勉強してもらひたい。「学ぶに暇あらずといふ者は暇ありといへども学ぶこと能はず」。僕が今まで愛子にとって何者であったかを思ふと誠にすまない気がするが、凡夫愚夫以下と自覚した今日の僕には、人様のすぐれた所、よい所、人様のやり方の尤もなことが認識出来る様になったから、今までの様な自己中心的な気儘な振舞はしない。そして将来は愛子にとってよき兄たり得ると秘かに信じてゐる。

この点について、どうか過去のことを赦し、将来についてゝは心配しない様に。

近頃、よく自分の名を実にいゝ名だと感ずる。この名をつけて下さった両親のお心を無にしてはならぬと思ふ。虔しむといふことは僕にとって最大の教訓でなければならぬ。お父さんもお母さんも、僕の性格を予想して名付けられたのではあるまいけれど。実にいゝ名をつけて下さったとしみじみ感ずる。

愛国百人一首について、こゝの新聞「人」に解説つきで紹介されるらしいので、全部覚えようと思ってゐる。かるたは好きだし、この百人一首なら自づと心もみがゝれるし、子供達にゆくゆく覚えさせるにも、今までの百人一首の様に困ることに出会はずにすむ。今の生活は歌を覚えるためにはもってこいのものだ。

荻窪でも桐生でも大森でも横浜でも皆元気で新しい年を迎へたこと、思ふ。これらの人たち、近所の人たちにどうかよろしく。

浩志も陽子も風邪をひくなよ。お母さんお元気で。

二六〇三年一月二日　　虔

〔八重子から虔へ、封書一月十日付、消印十八年一月十一日〕

二十二信

新春のお便りがおくれました。浩志が中耳炎になりました。でも御安心下さい。今度のは軽くてお薬と湿布で治る見込です。四日の東京行の際子供達と私が風邪気でしたが帰りを早くすればよかったのにつひ長びいて十五時が十五時半になり、それに乗れゝばよかったのですが荻窪の時計が二十分遅れてゐた為、新宿発が十六時になり鶴川駅から家までの間が寒過ぎました。三人とも本もの、風邪引になりましたが、浩志が六日から耳が痛いと云ひ出しました。左耳です。併し夜もよく眠りますし昼間も元気です。夜は目ざましで起きて二時間おきに湿布を取換へてゐます。お医者さんでは最初の日はあばれて泣きましたが、翌日よく云ひきかせたら泣かなくなりました。あと数日で治るでせう。

次に報告二つ。

年末に敞氏から貴方に拾円、子供達に拾円いたゞきました。

去る七日産婆名簿登録願を役場に呈出しました。

秋生ちゃんは愛子さんにも少し似てきました。とてもよく太って可愛い、です。

此の間母の帰桐中、子供達に始めてお留守居ばんをさせました。袋橋まで配給の糯米を受けに自転車で行きましたが二人で仲よくお八つを食べて遊んで待ってゐました。浩志はこの頃お使もするのですよ。お手紙のポストはもうずっと以前からですが、製材へ回状をとゞけたり桶屋さんへお使ひしたりします。

貴方のお帰りも来年といふことになりましたね。子供たちの口からも時々「お父さん」といふ言葉が出るやうになりました。「坊やがこれだけになると（指を六本出して）お父さんが帰るの」とか、「陽子お父ちゃん好き」とか。

桐生のうちが手不足で浩志の中耳炎がよくなり次第又母が手伝ひに行きます。

来月は荻窪の姉さんも一緒に面会に行くさうです。書き忘れてゐましたが戸塚氏は昨年十一月に出征しました。

三日づけの手紙未だ着きません。明日こそはと楽しみにしてゐます。

「寒」を元気で過しませうね。

十日夜記　八重子

虔　様

〔母・板谷つまから虔へ、葉書一月十三日付、消印十八年一月十三日〕

かぜをひきませんか、霜やけハどうなりました。

今朝の寒気ハ此冬の第一位-6でした。今月に入ってからの最低温度を次に

日　1　2　3　4　5　6　7　8　9　10　11　12　13

最低　0　-3　-2　-3　-3　-4　-4　-3　0　-3.5　1.5雨　-1　-6

寒暖計ハ朝明っぱなしの縁の柱にかけて置いて検べます。
もう一と月の辛抱です、どうぞ丈夫で
昨日からの寒さ、幼い者達の上を気づかって居ります。

〔八重子から虔へ、封書、消印十八年一月二十四日〕

二十四信

二日付のお便り二十日に入手しました。丁度この日から浩志のお医者さん通ひが一日おきになりました。初めの見立は湿布とお薬だけで治るわけでしたが経過が思はしくないので十一日に切開しました。その後は順調でした。切開の時は痛かったとみへ泣きその後は一週間ばかり毎日泣いて暴れてどんなに言ひきかせても駄目でしたが母が連れて行くやうになってからピタと黙っておとなしくお薬をつけさせるやうになりました。今度の場合は母の方が子供の取扱ひ方が上手でした。一寸した呼吸、一寸した「かんどころ」のつかみ方、それで子供の心理状態が一転するものだといふ実例を知って子供の育て方、しつけ方について得るところがありました。

町田通ひが一日おきになったので二十一日に山室さんのお宅へ伺ひました。考へ抜いたあげくの訪問でした。五つになっても未だ言葉の云へぬ我が子を同年輩の子を持つ母親に見られる辛さをお察しすればなかなかに進みかねる足でしたが誠心誠意おなぐさめし且、はげましてあげたい思ひにせかれてぶしつけとは思ひましたが行きました。昌子さんもかよさんもとても喜んでくれました。昌子さんはもっとお話したいと云って神田までついてきて一緒に本をさがしてくれた程です。善彦ちゃんについてはかうして書いてゆくのに気が重くなるやうです。単に発育がおくれてゐると云ふだけではなく、何だか脳のはたらきに少し狂ひがあるのではないかと思はれるやうな様子でした。食慾があまりないらしく未だに食べさせてもらって、それも三さじやるのにさへじっとしてゐないとの事、私がお邪魔してゐる間も一寸も落着が無く、病的に動き廻ってゐました。併し低能ではないらしく、こちらで云ふ絵本の絵を正確に指示します。自分の年も手で答へます。かうした子を持つかよさん昌子さんの御生活はいたましい限りです。私としては善彦ちゃんの欠かんについては何もなす術がありませんからせめては栄養方面の供給に関してお役に立ちたいと思ってゐます。

竹中先生御指定の本は「ニッポン」があっただけです。私の読む「日本農村教育」もありませんでした。古本と新本を探したのですが。

浩志全快直ちに母が帰桐して来月二十日頃こちらに帰ってくる予定なので面会がおくれますから、農学書二冊とニッポンを近日中に郵送します。

二、三日前荻窪のお母様からの便りにお父様お風邪で御静養中とのことですが大したことはないさうです。

今日は暖かい春のやうな一日でした。今陽子のスカートを編んでゐます。

ではますますお元気で！

さよなら

一月二十三日夜　　八重子

虔　様

〈母・板谷つまから虔へ、葉書、消印十八年二月（日付不明）〉

一月の手紙ハ先日見せてもらひました、とてもい丶手紙でした。
朝の温度を記した私のはがきはついたでせうね。その後、十八日が-4.5で他ハマイナス三を出ません。
こんな事で寒が明けるでせう。次に近作を書てみます。

霜の屋根三日の鴉来鳴きけり
しらじらと一つの玉子寒に入る
寒の空戸を繰る朝な朝なの晴
明けきらぬ凍道をどたどた靴音
　女優の舞台
耳寒し耳からはひる現代語

鶴川でも今はみんな丈夫です。来る日曜に山室さん方をお尋ねします。

一月二十九日　　母

〈八重子から虔へ、封書二月九日付、消印十八年二月十日〉

二十五信
御無音に打過ぎておりましたがその後お変り御座いませんか。
二十四日に浩志全快、二十八日に母帰桐、その前日井の花に住んでゐる顔見知の家のお産に行ってあげました。三十日は製材の移転祝ひで子供二人連れて手伝ひに行きました。この日、井の花の赤ちゃんが産湯のあと一度もお風呂へ入らないことを知り、翌日子供二人連れて行ってお風呂へ入れてあげました。二月一日は風の吹く寒い日でしたので浩志を服部先生の奥さんにあづけ陽子だけ連れて行きました。服部先生のお隣の山崎先生の奥さんが下の子供さんを医者へ連れて行くので上のお子さんを服部さんに預けたさうで私が帰ったら浩志はノリオちゃんと一室に居りました。同室二十分位だったでせう、お医者へ連れて行った下の子供さん明子ちゃんがヂフテリアと判明、即日隔離舎へ入りました。二日午前に浩志の左耳に膿様の附着物を発見、午后陽子も連れて町田の稲村医院へ、今度は中耳炎ではないらしく、外聴道へ何か出来たらしい、たちの悪いものではない、はっきりしたことは明日分る、との事、咽喉は異状なし、ホッとしました。

三日は雪、でバス不通、四日は雨が降ったり小止みしたり、矢張りバス不通、二人の幼児をか、へて困りました。昼食後荻窪の姉に「アスアメナラキテクレ」と打電。夕方頃から浩志がはな水を出し始めました。ノリオちゃんこの日ヂフテリアの診断で避病院へ。翌朝浩志機嫌悪く、(四日夜は平常のやうに熟睡しませんでした)十時の検温七度二分、お天気でしたが姉が来てくれたので陽子はおいて午后から医者へ。思はぬ事件が突発しました。浩志が稲村医師に打たれたのです。けれどこの事件は私も後に気持ちよく、医者を許し落着しましたが恐らく生涯忘れずに記憶に止まりませう。次便で詳しく申上げます。夕方母に打電、翌六日ひる近く母が来てくれました。七日は風強く雨、バスが来ぬので浩志を負うて電車で町田へ、六日からは渡辺医師へ行ってゐます。

午后から雨止み姉に帰ってもらひました。書き落してゐましたが浩志の耳は外聴道へおできが沢山出来それが化膿してゐるのです。中耳炎もおこしてゐますがこの方は軽いやうです。日数から判断して、先の中耳炎の化膿菌が外聴道の損傷部へでも入ったのではないかと推察してゐます。

四日に、「ニッポン」「農芸宝典」「実験蔬菜園芸」の三冊を発送しました。面会は、近いうちに行きます。姉さんも一緒です。

こちらはこのやうに多事でしたが、あなたの方は無事であるやうにと願ってゐます。

先日お父様、又お風邪引だったさうですが、吸入器をかけてのお手当はいゝがあの雪の日謡ひにお出かけといふお元気ださうですから御心配なく。

陽子は毎日機嫌よく遊んでゐます。時々お兄ちゃんの持物を手にして浩志から頭を打たれます。姉さんが陽子のうたの断片をきいて、福冨の邦子ちゃん（浩志と同年輩）より上手と感心してゐました。

さよなら

二月九日夜　八重子

虔　様

〔虔から八重子へ、封緘葉書、消印十八年二月十七日〕

二月七日、お母さんの葉書、姉さんの葉書、二十二信（十日付）は十八日に、二十四信（二十三日）は昨日入手、二十三信不着。或は番号の誤か。浩志の中耳炎は全快したことと思ふが、新年早々残念なことだったね。僕は至って元気、風邪のケもない。ヒゞ、しもやけも極めて軽い。今冬が例外的に暖いためもあるが、寒さには完勝だ。まだ、随分寒い日もあらうが、とに角春が迫って来てゐる。案ずるより易い夏と冬、第一年をこうして過せれば、あとは毛頭心配あるまい。喜ばしい知らせを一つ。僕等の様な国賊思想犯は当初累進処遇令*を適用していたゞけない。（ここで不適用と称してゐる）。それが一月半に解けて、適用を受けることになり、四級に編入された。四級は最下級だから、未だ待遇が上ったわけではないが、三ヶ月位で三級になり得ると思ふ。すると、面会も手紙も二度出来る様になる。五月にはきっと二度書けるだらう。さうなれば一度は荻窪に書かうか。そして順次桐生や大森にも。オット、とらぬ狸になってはいかん。

桐生の土地のことについての詳報をくびを長くして待ってゐる。先日の話だけをたよりに考へに考へた結果、大体の腹はきまった。固より詳しい事情が分らぬので確定的ではないが。それはかうだ。僕の将来の方針、「農学の普及と皇国農民達の鼓吹とによって農業生産力の増強のために御奉公する」は不変だから、一農業経営者として終る気はないが、激しく変った世の中を先づ知らねば具体的方法は立ち得ないし、何よりも先づ自ら皇国農民道を体得せねばならないから、この土地で数年間所謂晴耕雨読の生活をミッチリやることは願ってもない好条件の様に思はれるので、兄さんの御説をありがたく受けたいと思ふ。願はくは詳しい事情、兄さんの意向等早く知らせてほしい。（鶴川は、東京で活動する必要が生じた場合再び戻れる様にしておくつもり）兄さんから直接書いて下されば一層ありがたい。こゝで百姓をやらしていたゞく件は未だ実現しないけれどほゞ期待出来るもの、様で、楽しみにしてゐる。之が実現すればこゝでも極力農魂の錬磨をやる考でゐる。

玄米食奨励が漸く本格的になって来た様子だね。大いに我が意を得たりといふもの、うちでもぜひ玄米食にせよ。せんゐ素がやゝ多く、従って不消化分も多いが、せんゐ素の不消化は決して心配するに及ばない。むしろ便通をよくする等の効もある（之に反し蛋白質の不消化や過剰は有毒分の発生となり恐るべきものである。）但し、よくかまないといけない。二人ともよい子だから訓練出来るだらう。玄米食になったら、牛乳は不要になりはせんか。問題は炊き方だが、葛飾の農村に居た頃、或る産婆さんが薪で炊いてちゃんと玄米の腹を切らせてゐた。たしか、炊き上り間際にさっと冷い水をふりかけてゐた様に思ふ。色々と研究も発表されてゐるだらうし、工夫もして見るとい丶。図書館に「生活」といふ雑誌があるが、あの発行所佐藤新興生活館の食堂は玄米であった。あの雑誌にも参考になることがあるかも知れぬ。

山室さんを訪ねて、よいことをしたね。要は誠意にある。今後も何かと力になってあげる様に。敞君には厚くお礼を言ってくれ。僕への十円は本代として、残ったら子供達のために使ってもらひたい。なほ人といふ本はこ丶の売店にあるさうだから二月の面会の時買って入れてほしい。

毎日曜の朝の天気が一番気にか丶る。お父さんは今朝はおぬれになったらう。申訳ない。でも、暖か（今としては）でせめても。

不適用がとけてからは、休の日は教講堂でお話やニュースをきかせていた丶けるし、その他、毎週火金に重要ニュースをきくことが出来る。春場所大相撲の四横綱の活躍ぶりなども知った。不適用中に比して日が短く感ぜられる。刑期も残りが一年以下となったし、暖くなって来るし、何となく朗だ。

では面会日まで。皆元気で残りの寒さに勝つ様に。

虔

＊累進処遇令　行刑累進処遇令（昭和八年十月二十五日司法省令第三十五号）のこと。その第一条に「受刑者ノ改悛ヲ促シ其ノ発奮努力ノ程度ニ従ヒテ処遇ヲ緩和シ受刑者ヲシテ漸次社会生活ニ適応セシムルヲ以テ其ノ目的トス」とある。受刑者の自発的な改善努力に応じて、最下級から漸次階級を上昇させる（累進）に従い、処遇を緩和し、責任観念を養成しようとするものである。

〈八重子から虔へ、葉書十七日付、消印十八年二月十八日〉

二十六信、郵送の本三冊着いてゐるさうですから請求すれば入手出来るでせう。帰宅後陽子が小布類の中から白い布を取り出して「お父ちゃまみたいに繃帯して丁戴」と持って来ました。貴方の手が印象に残ったとみへますね。

鶴川では今はしかが大分流行で、うちの近所でもあちこちでしてゐます。母の留守に子供達が罹かると困りますので陽子を桐生へ連れて行ってもらふことになりました。浩志の方は「行かぬ」と云ひますので。今服部先生から「児童文化」を借りて読んでゐます。これには菅さんも執筆してゐます。

〈八重子から虔へ、封書二月二十一日付、消印十八年二月二十一日〉

二十七信

兄が計画してゐる仮称「阿左美農園」についてお知らせします。場所は、桐生郊外阿左美で県道に面し交通もよいところ、面積は二千七〇〇坪、昨年十一月常庸の人、一人が開墾を始め今年の五月頃までに仕上る予定ださうです。農園について具体的のことはこれだけで、あとは兄の頭の中での計画です。例へば牛三頭、兎一〇〇匹其の他率の合ふ然も飼料の入手出来るやうな動物を飼ひそのフンを肥料としての作物、果実、草花等を作り一部でそれ等の食料加工、又は飼料の製造（例へば粉砕機による粉の製造）等を次第にやると云ったやうなわけです。粉砕機は兄の工場で製作してゐます。以上のことは昨年十一月二十九日付の手紙に書いてあったものです。その後の進展状況を少しも知りませんからこの農園計画についての詳報をあなたへ直接知らせてくれと頼んでおきましたから、そのうち書くでせう。

昨日きた兄からの葉書によると、兄は胃アトニーと十二〔指〕腸潰瘍ださうです。六ヶ月間に一貫匁体重低下したので帝大で診察してもらひX光線の透視と写真により思ひがけなくも十二〔指〕腸に小さな潰瘍があるのを発見、命びろひしたのださうです。

陽子は桐生でとても朗らかで歌ったりおいたしたりごはんもよく食べるさうです。

浩志は、又新しくおできが増へ未だ通ってゐます。陽子が居ないので甘へてゐます。

服部先生は転任希望を出すさうです。校長と合わぬらしいです。

昨年三月植えた沈丁花が一時は枯れかゝりましたが、復活してつぼみが日々にふくらんで来ました。

春も間近ですね。

それでは元気で。

さよなら

二月二十日夜　八重子

虔　様

〔弟・板谷敞から虔へ、封書二月二十二日付、消印十八年二月二十三日〕

丁度三ヶ月ブリの手紙です。この前は、之からどんどん寒くなると書きましたっけ。今度はどんどん暖くなるだらうと書くべき時となってゐます。思へば随分永く御無沙汰したわけで、それには幾らでも云ひわけの道は有りますが（泥棒にも三分の理有りださうですから）みっともないからやめて、アッサリあやまっておきませう。

この冬は、無外套は勿論で、とうとう素足に下駄と云ふいでたちで通しました。一回だけ風邪をひきましたが例によって夢みたいな物で、別に変った事もせずに何となく治っちゃいました。温度はかなり低いでしたが、大した風が吹かなかったんで、この前の冬よりずっと楽でした。足袋無しの足は、十二月の初めには、かなり冷たさを感じ、又、ヒゞも切れましたが、その後殆んど辛いと思ひませんでした。ズボン下や襟巻をしない事は昔通りで、帽子も手袋も勿論用ひません。さて、自分の事ばかり長々と書きましたが、人間抵抗力を養ふべきだと云ふ分り切った事を云ひたかったんです。学齢前の子供に、若干常人離れした様な事をさせるべきでないに違ひ有りませんが、浩志君は、どうもいさゝか厚着の習慣を附けられてゐる様な気がして小生は、行けばいつでも一枚脱がせます。彼、風邪をよく引くらしいですね。

春場所大相撲は、双葉山の全勝（千秋楽の対安芸海戦は、安芸が十四日目、前田山に敗れた時負傷した為、不戦勝）に終りました。之で十一回目の優勝で、先人太刀山とタイ記録となりました。（太刀山は、額は九枚ですが、掲額制の出来る前にも二回優勝してゐます。）新横綱照国は双葉に一敗したゞけ、羽黒は、安芸、照国に二敗、安芸は双葉、前田の外、新進柏戸（昔の藤ノ川の弟子）に敗れました。

二月二十二日夜　第十八信　　敞

〔八重子から虔へ、封書二月二十七日付、消印十八年二月二十八日〕

二十八信

その後もお変りありませんか。

荻窪から泊りに来るように葉書が来ましたし目下東京に見たいと思ふ展覧会が二つ開催されてゐますので二十三日上京しました。一つは波多野、青木等の心理学者達の指導下に、「戦時下玩具のあたへ方」展覧会、一つは発明協会募集の科学玩具の当せん作品の展覧会です。服部氏夫人も一緒に行きました。前者は常識を大して出てはおりませんでしたが、参考になることもありました。特に感じたことは子供への玩具は買ってやるばかりでなく、親が工夫して有合せの材料で作ってやりたいと云ふことでした。それから、かつてあなたが云ったやうに、完成したものより素材的なものを、人工物よりも自然物を、と云ふことを再認識しました。

二十四日は風の吹く寒い日でしたので浩志を残して菅氏を訪問しました。脚気が慢性になったとかで青い顔をしてゐました。国民工業学院で発行する本の原稿の清書といふ仕事を世話していたゞきました。勤労青少年向の読物ださうです。岩波の仕事に比べれば報酬は安いですが引受けました。今日はゆっくりして二時間近くいろいろお話しました。知能検査については前に服部先生に伺ったこともありますが、菅さんはこれをあまりあてになさらない由、京子さんもむしろ母親の直感の方が的確だと云っておりました。現今多く用ひられてゐるのはビネ式智能検査ださうです。愛育会へ行けば検査してくれるさうです。これについての私の考は菅氏夫妻と大体同意見ですが、私は京子さんのやうに沢山の幼児に接したことがなく、従って浩志位の年齢の子供はどれ位な智能の働きを持つのが普通であるか知りません。勿論浩志の智能を劣等とは思ひませんが、検査の結果標準以下なら、それだけ智能の発育に力を注がねばなりません。ですから、機会があったら一度検査してもらよいと思ひます。但し浩志の性格から推して見馴れぬ場所へ連れて行って見知らぬ人に行ってもらふのは不適当と思はれます。生憎菅さんの手許にこの本が有りませんでしたが、戻ってきたら借りて、材料は工夫して不完全ながらでもしてみませう。

原稿清書の仕事は姉さんに半分分けてあげるつもりです。

二十五日荻窪をさよならし帰途町田の医者へ行きました。今日で全快、明日から来なくてよいさうです。

約二ヶ月間の病気で子供が、我まゝになり甘へ易くなりました。

昨年末頃から浩志の感情、意志が複雑になってきました。三才の時は所謂やんちゃで育児が難しかったのですが四才の時は「ものが分り」楽でした。五才ともなれば智、情、意、共に発達してきて導き方がむつかしい時なのでせう。将来を形成するいろいろな芽生の出るのもこの時代と思はれますから、それ等の芽生に必要ないろいろな材料を子供の生活にとり入れるつもりです。それにしてもあなたの帰りが待たれます。

明日はおひな様をかざりませう。陽子の顔が見たくなりました。

二月二十七日夜　　　　さよなら

八重子

虔　様

三月の面会は十一日頃お父様も御一緒の予定です。

〔虔から八重子へ、封緘葉書、消印十八年三月十五日〕

お母さんの俳句の葉書、敞君の手紙、二十七信まで入手。

数日前極く軽いのど風邪と下痢とを同時にやったがすぐ全快して、元気でゐる。日に日に暖くなっては来るし、殊に夕方日がうんとのびて、仕事もずっとやりよくなった。

今年になってから、ひきも切らずお医者通ひで大変だね。ヂフテリーもはしかもよく感染せずにすんだ。ありがたい幸であった。

おできの経過はどうだらう。悪性のものではあるまいね。

冬をこゝで一つ越して、色々と学ぶ所があった。その中、育児上にも参考にならうと思ふことを二つ。第一に、人間は思ひの外、薄着に堪え得られるものだといふこと。恐らく今までの冬の半分位の着物と夜具とで、火の気のない室でチャント冬を越したのだ。寒くないことはないが、決して堪え難いものではない。次に、寒い思をしたり、湯ざめをしたりしても、それ丈では風邪をひくものではないといふこと。敞君の手紙によると、敞君の体験も亦全く同じことを物語ってゐる。そして、浩志が厚着にすぎる様だと言ってゐる。勿論敞君のやり方をそのまま手本にして薄着をさせよとは僕も要求せぬが、厚着にすぎるのはどうしてもよくないと思ふ。風邪をひいてしまったら厚着は止むを得ないが（なほるまで）浩志も陽子も風邪を引き易いのは、むしろ厚着のせゐではあるまいか。

今度の秋から冬にかけて、どうかいささか鍛錬的にしてもらひたいと思ふ。

去る二十八日には「ハワイ・マレー沖海戦」の映画を見せていたゞいた。何とも云ひ様のない感激であった。日本人はかく生き、かく死すべきものであるといふことをヒシヒシと身にしみて感じた。それと共に、前半に於ける少年航空兵の猛訓練から、育児の根本精神について前に書送ったことを一層強く考へる様になった。日本的なしつけ、どうかこの根本を見失はないで育てゝくれ、くり返して言ふが、英米流の教育学の中から学ぶ所は学んでも、ひさしを貸して主屋をとられる様なことがあっては断じて不可だ。

大東亜戦争はすでにいくつかの不滅の名映画を生んだ様だ。子供二人をか、へて映画どころではあるまいが、若し機会に恵まれたら見落さない様に。得る所は必ず少くないと思ふ。

「人」と「ニッポン」とを今読んでゐる。どちらも名著だと思ふ。未だ全部読んだわけでないから断言は出来ないが、「人」は仏教的な考へ方といふものを実によく教へてくれる本の様だ。ニッポンの著者のニッポンを理解することの深いのには驚く外はない。たゞ残念なことには、僕はあきめくらと言ってよい程、審美眼がない、この本は建築のみを論じたのではないが、何といっても建築専門家の書いたものだからその価値を十分にくみとることが僕には出来兼ねる。どうして僕にはかくも審美眼が欠けてゐるんだらう。せめては子供達に、もっとよい眼を持たせたいものだ。

兄さんの健康はその後どうだらう、十二指腸の潰瘍を早期に発見出来たのは本当によかった。胃アトニーといひ之といひ、活力を殺ぐこと少くない病気らしいから徹底的な治療を講ぜられるは勿論だが将来絶対に再発しない様な十二分の対策を、特に食養法を実行されんことを切に切に望む。過食、美食でなく、粗食（味の点での、又は値段の点での粗食で、栄養の点での貧弱を意味するのではない）をよくかんで食べること、分り切ったことだが実行の六ヶ〔難〕しいこの方法をぜひす、めてもらひたい。

土地のことについて、具体的なことはいづれ出所後、皆でヒタヒを合せてよくよく相談せねばきまるまいが、はでな計画は必ず失敗に終ること、過ぎる程地味に、そして徐々にやってゆかねばならぬといふこと、これは予め兄さんに申上げておきたい。いきなり乳牛を牧ふことなどはまづ無理なことだと思ってもらひたい。

今朝は陸軍記念日に因む講演として平井陸軍大佐から現戦局、及び見透を伺ふことが出来た。そして猛省と奮起とを促された。誠に日本は絶大な使命を遂行せんとして起った。「あらゆる困苦に堪える」といふ言葉を、本当に文字通り身に体してゆかねばならぬ。「うちてし止まん」の標語を全生活領域に浸透せしめねばならぬ。

お母さんは桐生と鶴川とかけ持ちで大変ですね、陽子が桐生までお伴してお世話になって恐縮です。どうぞお元気で。

三月七日　　　　　　虔

〔虔から八重子へ、封緘葉書、消印十八年四月十五日〕

四月十一日、お母さんからの手紙入手。眼鏡ありがたう。明日あたり手にすることが出来ると思ふが、そしたら今のを宅下するから、暑くなるまでに縁を代へて差入してもらはう。赤銅は汗で銹を生ずるので。なほ、出所後、正しく検眼してもらふつもりだから今度の縁は安物でよい。今のものに似たので、出来れば瞳孔間距離を二ミリ位広く、又、左右で少し度が違ってゐるから左右のレンズを入れちがへぬ様に。

お母さんの手紙の中に、体を使う様になってはお腹がすいて困りはせぬかとあったが、風船工時代の倍に近い大飯をいたゞいてゐるので決して空腹に悩む様なことはないから、御安心下さる様、序の時にお伝へ願ふ。重い物は相変らずかつぐことが出来ず、この仕事では未だに半人足だけれど、無理強ひもされず、従って当初肋膜をやられはせぬかと心配したことも杞憂に止まって、近頃は、ごく少しづゝではあるが身体が力附いて来る様に感ぜられる。先づ恵まれた条件にあると言っていゝだらう。

特に精神修養の点では独居とは比較にならぬ。何しろ力仕事や掃除を主とする所だけに、どちらかと言へば気の荒い人や、言葉に角のある人が多い。その人達の間に入って絶対服従主義を堅持し、力仕事の出来ぬ代りに出来る丈下座を勤めて汚い仕事を引き受ける様に努めるのは、僕の精神的痼疾たる傲慢を除去するにどれ程役立つかわからない。この点を考へると、今の仕事を与へられたことが、絶大なお恵だと思はれる。

他の人々の筋骨の逞しさを見、力強い仕事のし振りを見る度に、自分が、十六、七才の大筋発達時代に筋骨を鍛へなかったことを痛切に悔いる。そして浩志の青年時代には必ず万全の方策を以て、逞しい筋骨を錬成させねばならぬと考へる。そして又、浩志にはぜひとも軍隊生活をさせたいとも思ふ。軍隊生活は、或る者にとっては、却って悪くなる契機ともなるが（少くとも過去の軍隊生活では）、併し、又、絶好の修養場でもあり得るのだ。如何なる困苦にも敢然と立ち向へる雄々しい心と身体とは、やはり軍隊生活の様なものによってゞなければ得られない様に思ふのだ。

浩志も陽子も、又後に生れ出づるであらう子供たちも、弱々しい「青白きインテリ」には断じてしたくない。女の子も女ながらに大和魂を持ち、強壮な肉体を持った女丈夫にしたい。そして、そのためには何よりも先づ健康。それから慈愛にみちた訓練だ。どうか、未だ幼い今から、鍛へ上げる心を以て育児に当る様に切に切に望む。温室育ちは絶対にいけない。

「人」といふ本は仏教的な考へ方、心の持ち方を教へられる点で実に申分ないいゝ本と思はれる。とかく世間智を以て考へたがる僕の傾向が、仏教の正しい理解を如何に妨げてゐるかをこの本でよく教へられた。暇を作って、何とかして読んでもらひたいと思ふ。

構内の草とりをしてゐると、なづなの根の下などにもう大きな夜盗虫を見出す。この冬は寒さが酷しくなかったから今年の農作物は虫害が激しいと覚悟してかゝらねばならぬ。すべて病虫害は、こちらが後手にまはっては努力しても殆んど甲斐がない。虫は小さい中に、出来れば卵の中にとり、病気は発生しかけたら惜まずに犯された作物を焼き棄てる様にすれば、手に入り難い薬剤など使はずとも大抵は防ぐことが出来る。雑草なども、決して花を咲かせぬ様に、ごく小さな中にとってしまふことが大切だ。

多忙なことは十分察するが、子供達の近頃の成育ぶりを少し詳しく知りたくてたまらない。折を見て書送ってほしい。

敞君の痔はどうなったらう。秋生ちゃんは相変らず丈夫なこと、思ふ。面会が待たれる。

桐生からはまだたよりがない。今月の第二信は兄さんにあて、書かうと思ってゐる。では、お母さんも、そなたも、浩志も陽子も丈夫で、元気に。

虔

〔虔から義兄・瀬崎重吉へ、封緘葉書、消印十八年四月二十二日〕

永いこと御無沙汰いたしました。その後、お身体はどうですか。

十二指腸の潰瘍は完全に治りましたか。姉上、坊やたち、お元気でせうね。八重子からお聞きのこと、思ひますが、一月前から構内掃除夫となって、十人ばかりの人達と構内の掃除や諸種の荷物の運搬とをやってゐます。狭い一室にとぢこもって風船を貼ってゐた時に比して、身体の為にはどれ程かありがたいことでせう。日にも焼け、力も極く少しづゝですが附いて来、気分も朗かです。そして、十人ばかりの人々と共に仕事をし、力仕事の一人前に出来ない埋合せとして、出来る丈汚い仕事など引受ける様に心懸け、又「和を以て貴しとなす」との聖徳太子のお訓へを実践しようと努力することは、一室で読書や思索することによっては到底得られない精神修養上の効果があります。本当にありがたい廻り合はせだと感謝してゐます。

阿佐美の土地のことについて、二月の八重子宛の手紙に大体書いておきましたから、既に私の意向を御存知と思ひますが、誠に願ってもない有難い条件の様に思はれます。「農学の普及と、農民道の鼓吹とによって農業生産力の発展拡充に資する」といふ根本方針は相変らずですけれど、出所後すぐこの方針を実行するに絶好な職場に就職し得るとも思へませんし、又、過ぐる三年間と今後十ヶ月との間に社会はどれ程か変りもしたでせうし更に変りつゞけてゆくことでせうし、又、自ら鍬をとって農魂を磨くことは、将来の活動のために必須のことですし、従って出所後当分の間晴耕雨読の生活をして、将来に備へられゝば、それに越したことはないと思はれます。(この国をあげての多忙な時に、何といふのんきな考だとお思ひかも知れませんが、一度つまづいた者は、正しい姿勢をとり戻してからでなければ歩みを始めることは出来ません)

こんなわけで、八分通りまでは、出所後の数年を阿佐美に於ける農業経営に充てる考へでゐます。(勿論確定出来るのは来春、一同の顔が揃ひ、一切の条件が十分に考慮された時になりますが)

そこで、阿佐美の土地の条件を知りたい欲望に駆られてゐます。桐生市との地理的関係はどうなのだらうか。地質、土性はどんなものであらうか。開墾前の植物はどんなものが主であったらうか。地形はどう、水利はどう、更に近くの農家の状況はどう、農具などは果して必要なだけ手に入るだらうか。開墾の進捗状況はどうであらうか、等々色々と想像をめぐらして、空想に近い様な計画をも立てゝゐます。近頃特にお忙しい様子、決して詳しいことをすぐに知らせて下さいとは申しませんけれど、若し御都合がつきましたら断片的にでも右の様な事、及びその他お気付になったことをお知らせ下さる様、お願ひいたします。

又、開墾をしてゐる人が、その後もひきつゞき備っておけるならば、今明年は生産に重きを置かず、土地を肥やすことを第一として、出来る丈多くの有機質肥料を地中にすき込ませて下さい。藁稈類、落葉、各種の刈草、獣糞、ゴミ、作物の茎葉等、何でも、動植物質のものを大量に入れてもらひたいのです。それから、この冬作物として、麦と緑肥作物とをなるべく多く作ってもらひたいのです。緑肥は「リートウィッケン」か「げんげ」がいゝと思ひますが、試験場か農会かに照会するのが上策でせう。そして、試験場から根瘤バクテリアの培養を取って接種すれば、絶大の効果があります。何としても、土地を深く耕し、且つ肥やすことが先決問題です。

幸男君はもう五年生になりましたね、トシチャンも二年生ですね。二月二十八日にこゝで「ハワイ・マレー沖海戦」の映画を見せていたゞきましたが、子供の教育は日本的な鍛錬主義を中心にしなければならぬことをつくづくと考へさせられました。二人の坊やを、如何なる困難にも敢然として立ち向へる「ますらをのこ」に育て上げて下さい。

今日、憎き敵米国のわが本土空襲一周年の記念日に教誨師さんから最近の敵空軍の情勢についてお話をきゝました。私もこゝで、極めて僅ながら、軍需品の生産に関係することが出来て、いささか心を慰めてゐます。（材料や製品を運ぶだけですけれど）、大切な軍需品の生産に直接携はって居られる兄さん、どうか元気一杯に活動して下さい。

皆さんによろしく
四月十八日　虔

〔母・板谷つまから虔へ、封書四月二十四日付、消印十八年四月二十五日〕

二十二日ハあの四人がうちへ寄りました。貌〔顔〕色が悪かったと八重ちゃんがいってましたが過労のせゐでせうね、肋膜になるのでは無いでせうか。それからこんな事も気にかゝります。汚い仕事をするさうですが皮膚に傷があって細菌がは入ったらそれこそ大変、命にもかゝはることになりますよ、気を付けて下さい。仲間の人達にすまなくても体が成ってゐないのですから免される限り無理をしないやうに頼みます。ちん銭のことなど考へてハいけません。御飯が充分なさうでその点ハ安心しました。眼鏡ハ今日出来ました、安いのをとのことでしたがさう安くはならず四円九十四銭でした。之れハお見舞として受けて下さい。明日お父様がツル川へ行かれる筈になってゐますからあちらへ届けて置きます。

先日当所の掲示板に区民葬のことが出でゐて小住軍一さんの名もありました、お気の毒ですね。ねぇ、ちいちゃん〔虔のこと〕、私より先きに決して死なないで下さいよ。

この週間ハ月曜から今日まで大掃除でくらしました。体が疲れると今頃ハ虔もさぞと思ひやってばかりゐました。敞君ハ昨夜から丹沢山姫次岳方面へお友達四人位で出かけてゐます。今晩もう帰へる筈です。今二十時半、暑い位の日があるやうになりましたネ。もうすぐ夏です、それから秋、それから冬。この冬がくればもうい丶んですね、どうぞ丈夫でネ。

母

四月二十四日

虔　様

〔八重子から虔へ、封書四月二十六日付、消印十八年四月二十七日〕

三十一信

眼鏡受取りました。お母様が今日眼鏡屋さんへ頼んで下さった筈です。

秋生ちゃんは可愛いくなりましたね。逞しい発育ぶりなので傍に居る陽子がよけいかぼそく見えました。陽子をもっと太らせたいと思ひました。

母から聞いた桐生での陽子の生活ぶりを報告しませう。

出発前から桐生へ行ったらお祖母ちゃまと寝るとちゃんと承知して行ったので最初の夜からおとなしく寝たさうです。

「桐生のお家は長いお家、鶴川のおうちは小ちゃいおうち」と云ってゐたのがそのうち桐生のお家がだんだん陽子のおうちになり、小さい王様になって威張ってゐたさうです。浩志は桐生でお祖母ちゃんの腰巾着で御不浄へもゆっくり行ってゐられない位でしたが陽子は少しもまつわらず、「和ちゃん、和ちゃん」と女中の後を追ひ、叔父ちゃん叔母ちゃんと工場へ行き、一人で又は近所の友達とよく遊び、おかげで母はたっぷり仕事が出来たそうです。

陽子はとても素直なところのある子です。浩志と違って気むづかしいところは少しもありません。まめに動き廻ることは相も変らずです。よくお兄ちゃんの口真似をします。桐生から帰ってからは私の後ばかり追ってゐます。兄妹二人が、けんくわしながらも仲よく遊ぶので淋しくないとみえ、近所の友達の仲間入することは殆んどありません。

昨日お父様がお出下さいました。教育勅語は差入出来なかったさうです。五月一日には愛子さんが泊りがけで、翌日兼雄さんと兼雄さんのお義兄さんが見えられるさうです。

一週間ばかり下痢がつゞいて未だなほりません。この手紙はもっと早く出すつもりでしたが遅れました。近く服部先生が初だよりを書くさうです。

四月二十六日夜

八重子

虔　様

〔母・板谷つまから虔へ、葉書五月五日付、消印十八年五月五日〕

どんなに疲れるでせう、この二、三日ハ全く夏の暑さですもの。病気でゐるのでは無いでせうか。壮年だから大丈夫よとお父さんハいはれるけれど、

四月の句のうちから

桜ちるもんぺ乙女ハものいひたげ

花降らす夕風雨をふくむなり

解き難き謎ハえとかじ桜ちる　この一句ハ昌子さんが御自分の不幸からひいて死といふ問題につき考へてゐられる由のお手紙に対する返事の中に書いたもの（善彦ちゃんハまだ口がきけません）。

八日にハツル川から来ますから次にハ可愛い、者達の便りをかく事が出来ませう。今日ハ秋生坊やの初節句、午後からゆきます。

〔母・板谷つまから虔へ、葉書五月十日付、消印十八年五月十日〕

八日、坊やハなかなか頭が働く。つみ木のいくつかゞ足らなくなったと思はれる時「箱に入れて見ればわかるよ」といってつみ木をその箱に収めて足らないことを見とゞけるなどはその一例。風呂が出来た、僕おばあちゃまと入るといへば「陽子もおばあちゃまと」、も一つの可あい、声、二人を入れてやっておばアちゃまは汗だくだく。

九日八時おぢいちゃまに連れられて三人は出かける、目的ハ靴を買ふ、九段に参る、新宿でおひる。一時半、おばアちゃま只今！と元気でかへる、陽子ハ直ぐにおひるね、電車がこんだでせうと坊やにきけば一寸考へた貌〔顔〕をして、こんでゐないのもありましたとのにゝ殊更力を入れるなどハッキリしたものです。十五時四十何分の荻窪発でかへる。貌色がよかったときいていさゝか安心しました。今年は暑さが早く来ましたね、からだを大せつに。

十日　さよなら

〔虔から八重子へ、封緘葉書、消印十八年五月十三日〕

お母さんから手紙を一通、葉書を二通いたゞいた。

昨日話したことだが、念のため、差入希望の本を書いておく。大型の植物図鑑（綜合新植物図説？）と国民百科の別巻の二冊。

あれからもう三年の月日が流れる。あの朝、トマトを柱立終って浩志にミルクをのませたことなど思ひ出す。その浩志があんなに大きくなってしまった。思へば永い月日であった。その間に仙ちゃんも、炫ちゃんも昌三さんも大森さんも死んだ。そして、十指に余る子供たちが父親を失ったことになる。小住君も結婚して三年以上になるから二人位は子供があるかも知れぬ。それに善彦ちゃん、考へてみると不幸な人々があまりにも多い。浩志も陽子も今の所「お父さん」といふ言葉の本当の意味を理解し得ない不幸な子だが、もう遠からずそれの分る時が来るだらう。

子供の教育についての註文を二つ。一つは、夏は虫たちの世界だ。その虫たちの生活をなるべく多く観察させたい。大きな虫篭を作って（一輪ざしに木の枝をさしたのが入る位の）種々の虫を入れるとい丶。ほたる、こがね虫、ばった、とんぼ、くも、何でも手当り次第だ。それと、池を早く作って水中の小動物の観察もぜひやらせたい。かに、たにし、どぜう。その他昆虫類種々。

もう一つは、歩き得るだけ歩かせるといふことを、月に一度か、せめて二月に一度位はやらせたい。之は浩志だけでもいい。もうどうしても足が動かないといふ所まで徹底的に歩かせてみたい。男の子が五つにもなれば相当の無理はさせた方がい丶だらうと思ふ。若しこのことを畝君が今年中に二度位引き受けてくれたら大さうありがたい。話してみてくれないか。僕が迷児になって渋谷から青山まで歩いたのも五つの時だった。四キロ余ありさうに思ふが記憶では、決してつかれ切ってはゐなかった。浩志がどの位歩けるか、一寸想像がつかないが、一回毎に強くなって年末には十キロ位は大丈夫歩ける様になりはしないだらうか。ぜひ何とかして実行してもらひたい。

つかれすぎはせぬかとのお母さんの御心配は、どうか解消して下さる様伝へてほしい。先日も管区長さんがわざわざ呼び出して、過労なら軽い仕事にかへてやるからとおっしゃって下さったが、どうか今のま丶にしておいて下さいとお答へした次第。若し堪へ難ければ何時でもかへていたゞけるのだが、その気は少しもない。近頃は身体の調子もますますよく、愉快に働いてゐる。

浩志が桐生でわがま丶にならぬ様、兄さんや姉さんによくお願ひしてもらひたい。「きびしいしつけ」の主義はどこにあっても放棄したくないものだ。面会の時だけの観察で、不確ではあるが、浩志にどこか女々しい所がある様に思はれてならない。

服部先生にお礼を。こちらからはお返事出来ないが、先生の方からはなほ時々書いて下さるとありがたい。

みんなによろしく　　九日

〔八重子から虔へ、封書五月十三日付、消印十八年五月十三日〕

三十二信
子供達二人を連れて面会に行けるようになることが昨年下半期の楽しみに待ってゐたことでしたが、それが実現出来る時期に達したことを嬉しく思ひます。

九日の日曜はお父様のお供をして宮城奉拝、靖国神社参拝を致しました。お父様は今日で五十一回だそうです。浩志、陽子にも頭を下げさせ、私も深く貴方のことをお詫申上げ、今後は皇国日本の一人として恥づかしからぬ生活をきづく決意を固めました。貴方も残余の刑期をどうぞ今後とも真面目につとめて生れ更った気持でお帰り下さい。

今日、新植物図説、国民百科の別巻を発送しました。

眼鏡は今月末受取りに行きますから宅下手続をしておいて下さい。

昨年は胡瓜、トマト、なすの苗が高かったので今年は母が床をつくって育苗しました。なすは一つも発芽しませんでしたが、トマト、胡瓜は沢山出ました。昨日苗を植えました。トマトは家中で大好きなので四十本以上も作ります。

一箱養蚕は止めにします。手が廻りさうもありませんから。他の仕事に興味が移ってゐると云った方が適当かもしれません。

先日京子さんからお葉書があって菅さんは近頃脚気の方は大分よいらしく相変らず人形に飛び歩いてゐるさうです。

この夏あたり服部御夫妻と恩方めぐりをしてみたいと思ってゐますが、どうなりますか。

いつも面会の時云ひ忘れてゐましたが、貴方の自転車一台才助さんの息子さんに貸してありましたが、三月上旬に盗まれてしまったさうです。

お帰りまでの月数が二けたでなくなったこの頃はしきりと貴方の健康が気づかはれてなりません。

私の周囲に未亡人がふえるせいでかもしれません。

五月十二日夜、

八重子

虔　様　み許に

〔八重子から虔へ、封書五月二十日付、消印十八年五月二十一日〕

三十三信

九日付のお便り受取りました。

待望の雨で農家は喜んでゐるでせう。思ひ出の五月も今年は先が近いので暗い思ひもなく迎へました。

浩志に女々しいところのあるのは確かです。時々歯がゆく思ふことがあります。男気のない家庭に育ったせいといふよりも先天的な性格と考へられます。これを直すのは一朝のことではないが不可能なことではありませんからそのつもりで練成してゆきませう。長じて本人自身の意志がこれに加ったなら、矯正も早いでせう。

今日ヂフテリア予防注射が済みましたので近く桐生へ行くことになります。私は桐生へ行ってまで「厳しいしつけ」を問題にしてゐません。恐らく浩志は大事なお客様として扱はれるでせう。たとへきびしくしつけてくれと頼んだところで。私が浩志を桐生へやりたい理由は浩志に男の人の居る中で生活させたいからです。

「強行軍」は私がやります。秋に二回は必ずやります。一つのコースは柿生の駅から約三十分位のところにある友達の家です。

虫をかごに入れることはそれ程気が進みませんが子供に虫を親しませるにはそんな方法も必要でせう。どうも私自身が虫を手にすることを好みませんので臆くうです。

おたまじゃくしは六匹つかまへてきました。私が先にかんの中に手を入れて(いやな感触をがまんして)捕へてみせたら浩志も陽子も真似て捕へました。浩志は上手に手にとらへます。少しも恐らずしたので一寸意外でした。水と泥だけでは不足とみへ、今日みたら、みんな死んでるやうでした。今度は何か食物を入れてやりませう。

では又、御身体を大切に、お仕事におはげみ下さい。

五月二十日夜

八重子

虔　様

二伸、池には着手しました。

〔虔から八重子へ、封緘葉書、消印十八年六月九日〕

三十三信、服部先生の葉書入手。元気で愉快に日を送ってゐる。

今日は不本意ながら若干苦言を書き送る。それは、面会の時にも言った手紙のことだ。多忙、それは分ってゐる。だから大して意味もない手紙を長々と度々書いてくれと要求するのでは決してない。又、手紙が来なくて淋しいから、物足りないから、もっと書けといふのでもない。何よりも手紙が待たれるのは、子供達の生活に、現在の僕が関与し得るたった一つの道が、そこにあるからなのだ。二人の幼い児の父親でありながら、この様な隔離された生活をしなければならぬ本意なさが、いかばかりのものであるかは想像してもらへるだらう。そして、せめて、子供の教育についてのプランや意見をそなたに書き送ることによって、いくらかでも父としてのつとめを果したいと念願してゐることも分ってもらへるだらう。それを書き送るのは、子供達の生活が、詳しく知らしてもらへれば、それ丈容易になるのだ。いつかの面会の時、育児日記に話がふれた際、「手紙に詳しく書くので二重になるから」と言ったそなたの言葉をはっきり憶えてゐるよ。言質をとって、いぢめるのではない。いかに忙しくても、毎日育児日記をつけるつもりで、一日に数行の記録をレターペーパーに記し、一週間か十日たったらそれを送ってくれるといふことが出来ないことはあるまいと思ふ。そなたにとっては、毎日見てゐて何も変ったことのない子供達の日々の一挙手一投足も、今の僕にとっては、いかに知りたくてたまらぬことであらうか。いかに珍らしいことであらうか。この欲求を「忙がしい」の一言で斥けられてはどうしても我慢が出来ぬ。それに、その「忙がしい」そなたの日常生活も、少しは知らせてもらひたいのだ。何しろ別れてから三年余りになる。あのなつかしい鶴川の家庭の今の情況は、や丶詳しい報告を得なくては想像も困難な次第だ。手紙が間遠になり、内容が簡単になって来ると（これは事実だらう？）自分と妻子との間が遠くなって行く様な気がする。今の僕等の交はりの大切な大切な血管とも言ふべきもの、それが手紙ではないか。どうか、この心を真に理解してくれ。そして、もっと度々、もっと読み甲斐のある手紙を、後までとっておいて日記の代りになる様な手紙を書き送ってくれ。その代り、面会は月に一度にするがよい。たった十分位のあわたゞしい面会のために一日つぶすよりも、そのひまと労力とで書いてくれる方がずっとありがたいのだ。わかってくれるだらうね。

何かと思出の種の多い五月もすぎ去った。昨日は山本元帥についての含蓄の深い講演を毎日新聞情報部長田村氏から伺った。元帥の死は大きな損失にはちがひないけれど、しかも又それは大きな賦活素とも言ふべきであらうか。元帥の死を真に意義あらしめるのは我々一人一人の心がけであらう。伊福部といふ人の解説した「老子」（書名は「老子精髄」）を最近読んだ。非常に有益な本であった。古聖賢の教の帰する所は終局に於てたゞ一つ、「無我」だと思ふ。なほノモンハンで右手を失ひ左手に画筆を持って更生した小川眞吉画伯の「隻手に生きる」、丹羽文雄の「海戦」も面白く読んだ。植物図説は殆んど毎日の様に活用してゐる。草の名も十数種憶えた。名を憶えることそれ自体は大したことではないけれども、図鑑で調べるためには詳細に観察せねばならず、又、科の特性といふものも理解せねばならず、そこに価値があるのだ。曾て読んだ短編小説「次代の完成」といふのに、鼻の低い夫婦が、子供には高い鼻を持たせたいと念じてゐた所、倖ひそれが事実となったといふ内容のものがあったのを思ひ出す。主題の選択は当を得てゐないが、次代の完成を念ずる親心をうがってゐると思ふ。われわれの「次代の完成」として念願するもの、鋭い観察力、逞しい体力。服部先生に、もっと詳しい手紙を書いて下さっても許可になるでせうと伝へてほしい。梅雨時の様な天気がつゞく。やがて暑い夏が来る。お忙しいお母さんがつゆにも暑さにもまけずお達者でお暮しなさるやう、みんな元気で。

六月六日朝　　　　　　　　　　　　　　　虔

〔八重子から虔へ、封書六月八日付、消印十八年六月九日〕

三十四信

その後はお変りなくお過しですか　こちら皆元気です。

この夏は子供達も大分手が離れるやうになったので私も畑仕事を手伝ったり染物をしたり幸男や登志彰のパンツを縫ってやったり、磯さんや炫ちゃんの家へ行ってもゆっくり腰を落着けて話こむことが出来るやうになりました。私もいつの間にやら、五つと四つの子の母になりました。此の頃の生活は楽しいですよ。貴方のお帰りは間近になってきたし、子供達は何かと笑ひの種をつくってくれるし、土地には馴れるし一日一日が楽しく暮れてゆきます。実に子供ってい丶ものですね。

貴方が見逃がす程簡単ではなかった筈ですがそれでは陽子の生活情況の断片を記しませう。朝は五時頃私が起き出ると間もなく、たいていお兄ちゃんより先に目を覚まします。洋服を着るのにふざけてハダカのま丶あちこちチョコチョコ行ってしまったり手を通し足を通すのにも何かと手間どらせます。七時近く朝食、陽子はわさび漬が好きで沢山食べます。お母様の二代目になるのでせう。貴方に似て二人共おこげが大好きです。が四、五日前からごはんを薪で炊くやうになってから少しもおこげが出来ません。陽子は浩志のやうによく嚙みません。そのくせ食事が長びき勝ちです。オガ屑と少しの水、それに草や花、葉、などでお兄ちゃんと一緒に遊びます。大人がくわなど持って畑へ出れば子供達も移植ごてなど持出してついてきます。陽子はハダシが好きです。「お八つにしませう」と声をかけると二人とも歓声をあげ浩志はさっさと手を洗ひますが妹の方は臆くうらしく「こう　きれい！」と手を拡げてみせて洗はずに済ませようとします。二人の玩具は四畳半に置いてこの部屋でちらかして遊びます。陽子は玩具箱をひっくり返して中に入ってるものを全部バラまくやうに散らかします。お人形さんとは仲よしで、よくおん負をしてますが、又、おざぶとんやら小布など持出し寝かせたりしてゐます。おひるごはんがすむと一時間半位上の建物〈図書館〉でおひるねします。下がないせいか四つになってもなかなか甘へます。「オッパイ」などと口に一寸入れたりします。

泣虫で蜂がゐたと云っては泣き、お兄ちゃんが打ったとか、近所の子が怖い目をしたとか犬が来たとか一日に何回も泣きます。

夕方四畳半に散らかってゐる玩具を片づけさせるのですが浩志はよくしまひますが陽子は駄目です。「捨て、もい、よ」と平気です。夜は八時半頃眠ります。

先日愛子さんから貝拾ひの案内がありました。成るべく行きたいと思ひましたが今月は都合悪くて出かけられません。

明日はお天気ならば多摩川へ行きます。登戸まで用事があるのでつひでに川原で少し子供達を遊ばせることになったのです。

東京府から産婆登録謄本が下附され次第開業届を出し看板をかけるつもりです。

健康を祈ります。

六月八日夜　　八重子

虔　様

〔母・板谷つまから虔へ、葉書六月九日付、消印十八年六月九日〕

元気ですか。六月も三分一を消しましたね。この頃ハ日のたつのが遅いやうに思はれます。ツル川から今日あたり出て来さうなものと待ってゐます。

うまい句が出来たら出来たらと思ってゐて音信が遠のきました。うまい句ハ出来ません。でもまあ記してみませう。

苗買へりセルの人らに立ち交り
このセルも昔のセルとなりにけり
セルに更へさらに浴衣になりし日ぞ
よき麻地ひとに分つを惜まず
青笹やとびの片身を四つに切る

皆丈夫でそれぞれの仕事にせいをだしてゐます。秋生だけが発疹してますがハシカでは無いとき、ました。

〔八重子から虔へ、封書六月十五日付、消印十八年六月十六日〕

三十五信

六月のお便り受取りました。離れてゐても父親としての切々たる情愛を持てばこその言葉と思へば私にとって苦言ではなくむしろ、嬉しい言葉です。三月下旬から四月上旬にかけてお産が五つほどつゞいた時こそ忙しかったけれどその後はお産もなく多忙ではありませんでした。手紙が間遠になった理由はもう遠からず帰ってくるといふ思ひに満ち足りてゐたこと、母の居るうちに縫ひ直す着物を沢山しておくこと、夜になると眠くて仕事が出来なかったこと、などがあげられます。先日の面会の時、お父様が「忙しいんだよ」とおっしゃって下さったでせう。帰途お父様に云ひました。

「忙しくはないんだけれど眠くて、きっと気がゆるんでゐるのでせう」

これからは原則として週に一回書きませう。そして夏は月一回の面会にします。

先日の面会の日は浩志が生れて一番長距離徒歩をした日でした。自宅から鶴川駅までの往復、中野駅から新井町三三六まで往復、荻窪駅から荻窪の家まで往復、秋の強行軍の下準備に全部歩かせました。格別疲れた様子もなくよく歩きました。うちから駅までは四十分強かゝりました。これは往きに計った時間です。

貴方からの手紙を手にしてゐると浩志が「それ往復はがき?」ときゝました。この言葉はずっと以前使ったきりその後は一度も使ひませんでしたが、忘れず覚えてゐたものとみえます。「いゝえ、封緘はがきよ」と答へたら「ナーンだ」ですって。

封緘を送るのをすっかり失念してゐました。郵便局で買ってゐたら浩志が大きな声で「それお父さんのはがき?」と云ったので一寸顔が赤くなりました。

母は近頃若干のひまを得て大佛〔次郎〕の「赤穂浪士」を少しづつ読んでゐます。

畑はさやえんどうの収穫が終って今度はじゃがいもの番です。トマト、茄子、きうり、南瓜、いんげん、小豆、大豆、里芋、八つ頭等が成育してゐます。大根、小かぶなど漬物材料も細々ながらあります。さつま芋も二十本余り植えました。三寸人じんも便利に使ってゐます。しそも一杯出ました。とうもろこしはあまり成績がよくありません。その他葱、茗荷、芽を出したばかりのほうれん草、西瓜も一、二本米さんが植えてくれました。糸瓜も二、三本あります。今年初めて蒔いてみたちさは大きくなっておつけの実によく使ひます。メロン、しろうりはみんな虫に喰はれてしまひました。昨年二、三本だった苺が今年は一箱半位はとれたでせうか。子供達の五月の味覚を楽しませることが出来ました。生姜も植えました。トマトは買った苗からよりもずっとガッチリして発育がよさそうです。今年は自給肥料として堆肥を作ってみようと思ひます。

来年は貴方が指導してくれるでせう。

ではお元気で　又、来週

六月十五日　　八重子

虔　様

〈八重子から虔へ、封書六月二十二日付、消印十八年六月二十三日〉

三十六信

昨日は元気な姿に接して嬉しく思ひました。その折の話に一寸云った近所に越してきた産婆さんといふのは前は世田ヶ谷に住んでゐた人で鶴川での住居は局のすじ向ふに雑貨店がありますね。あそこの下手隣の、道路から少し引込んだ新しい家です。同職が近くにあれば私の都合の悪い時は出向いてもらったり、又何かと相談相手にも話相手にもなること故親しくするつもりでゐたところ、近所の評判ではその産婆さんが預ってゐる義兄の子をひどく虐待するさうで、私はその様子を聞いて身ぶるひする程いやになりました。野津田でも一人開業したとか、矢張り若手でせう。競争相手が多いといふことははげみがついてよいものです。それにしても一人から急に四人に増えるわけですね。産婆の方はそんな工合ですが医者の新顔は真光寺の伊藤さんの御養子が昼間は東京へ通ひ、帰宅後診療してゐます。尚下大蔵に産科をやる軍医が下宿して通勤してゐるさうです。

多摩川原の一時は子供達も喜んで水と遊びました。浩志はもゝの辺までも水に浸り、陽子は膝位でした。川底は小石で私は足が痛くてなかなか歩けませんでしたが浩志は案外平気で早く歩いてゐました。砂地も少しありましたが、浩志は水の方に魅力を感じて川底の石を拾ってボチャンと投げる遊びを飽きずにして居りました。メダカが沢山ゐましたが動きが早くてとても捕まりませんでした。いつもと異った自然のなかで遊ぶ子供の姿はほゝえましく今夏は都合をつけて海で遊ばせてやりたいと思ひました。

帰ってから母がお父さんは何と云ったかといふ問に対しての陽子の返事

「陽子ちゃんて云った。眼鏡かけてた。おばあちゃんみたいに」

母は明日桐生へ立つことになりました。先日の大雨でたんぼは田植に必要な水に恵まれました。今年は油虫が多くて麦についたところもあるさうです。

ではお元気で。今二十一時、二人の子は八畳で安らかに眠り、母は六畳で赤穂浪士を読んでゐます。

八重子

六月二十二日

虔　様

〈母・板谷つまから虔へ、葉書、消印十八年六月二十六日〉

先日の陽子ハおかあちゃん以外の人にハどうしてもだっこをゆるしませんでした。この三十日にハ出かけて行って存分だっこしてやるつもりです、うらやましいでせう。

駄句五つ

梅雨に入る家のまはりを掃き清め
さみだれて着る、縫糸ぷつと切る
鶏鳴いて雀が鳴いて閑古鳥　――朝が次第に進んでゆく心を現はすつもりです
笹笛を吹けばあてどもなきひゞき
新ギャガを送られて心孤ならず

六月二十六日　　母

〈八重子から虔へ、封書七月一日付、消印十八年七月一日〉

三十七信

今年も半分過ぎ去りました。その後もお元気のこと、思ひます。先日お見せした看板ではどうも感じが悪くて表へ出す気がしませんので、今度は板の寸法を変へたり字の配置を変へたりしてもう一度お父様に書き直していたゞきました。それを今日お母様が持ってきて下さいましたところ丁度よく、東京府から登録謄本も参りましたので明朝看板をかけて開業することにしました。警察への届は十日以内にすればよいことになってゐます。

子供達の電車遊びを記しませう。これは成長と共に遊び方こそ変はれ浩志にはつきもの、遊びです。極く初期は八畳の縁側のガラス戸を動かして電車のつもりでした。この時代はよく戸と戸の間に指をはさんで泣いたものでした。その後積木を組立てこしらへ、畳のへりをレールにして遊びました。此の頃はしぶ紙張の玩具箱を座敷中ひき廻してゐます。「お乗り下さい」「発車願ひます」「降りて下さい」「新宿行は故障です」「これは江の島行です」 電車の中には陽子が乗ってゐます。八畳から六畳へ、六畳から八畳へ、この電車は一日に何回となく往復します。畳が切れようが電車が唐紙に打《ぶ》つかって穴があかうがお構ひなしです。何処へ行くのときかれてお客さんはよく「新宿山」と答へます。

浩志はきうりや南瓜の害虫を捕るのが上手です。浩志の蒔いた南瓜が四つ芽を出しました。これは浩志御自慢のものです。「お母さん僕の南瓜はいゝねえ、虫に喰はれなくって」とよく云ひます。びんの中にお玉じゃくしが六匹居ます。あとあしの方が先に出来るのだと云ふことを知りました。時々、子供達にかつをぶしをやらせます。

一生お泊りになることはあるまいと思ってゐたお母様が今夜はお泊りで嬉しう御座いました。

六月三十日夜　　八重子

虔　様

〈母・板谷つまから虔へ、封書七月一日付、消印不明〉

昨朝十時四十分頃ツル川へつきました。駅は改築中でした。田畑を埋めてずっと前新道が出来（旧道とほゞ並行して）新らしい家もあちこちに建ってこの村も見違へるやうになりました。桐生からおばアちゃんが昨日帰られてお元気。

荻窪のおばアちゃまで二人ハ大さはぎ、坊やハ八畳から六畳へおもちゃ行李の電車を飛ばす。それをやたらに脱線させる、私ハ陽子をか〻へて逃げまはらなければなりません。

「故障しました、今なほします」と海苔の空缶で行李をどやしつけて「なほりました」とまた飛び出す。

それから二人に連れられて橋（をがはばしと書いてあったと思ひます）の方へ行く。軟い手をひいてやる時、とっとと先き立ち行く二人の後姿を見る時たゞたゞいぢらしく、どんな要求もきいてやらずにハゐられぬ心もちになりました。草の茂みに来れば「こゝに蛇ゐる？」と陽子がきゝます。ゐるかも知れませんネと答へておくと、次の茂みでこゝに蛇ゐるかも知れませんネと陽子はいひます。木の枝が道にあれば、あ、蛇の乾いたのとわざと大げさな貌〔顔〕をすれば浩志ハ兄さんらしく笑ひます。夜ハ二人をお風呂に入れてやる。

七月一日十時頃おぢいちゃまが来られる（休電日）。また橋の方に行く。乾いた蛇のゐることゐること。お庭の蟻が蠅をひくのに大きな興味を持ったらしい。二人共お利口なり、こちらの仕向け一つでよくいふことをきく。

先づざっとこんな報告、今二十一時半　　母

虔　様

〔虔から八重子へ、封緘葉書、消印十八年七月七日〕

三六信とお母さんの葉書と入手。「初夏」が永引いて過し易い日が続く。身体の調子はますますよく、近頃では殆んど疲れたといふ感を持たない。外役になった当時はかなり疲れを感じ、夕方、部屋に帰ってからの夜業が骨の折れた事さへあったのに、この頃ではその時分よりもより多く働いてさへ、殆んど疲れないのだ。馴れたものだ。力もついたものだ。若しこれで、蛋白質を十分に摂取し得るなら体重もずっと増すのだらうが、それだけは望外の事である。

子供等の生活がやゝ詳しく報ぜられて非常に嬉しい。

二人の成長の（身も心も）早いのには全く驚かされてしまふ。浩志を男性的に育てようとしてゐるそなたの努力に多大の感謝を捧げる。引きつゞいて大いに努めてほしい。なほ、同年輩の、或はや、年長の男の子達と密に接する機会をなるべく作ってやる様にするとい、と思ふ。夏休には従兄たちを鶴川の家に幾日か迎へるがい、だらう。海の遊びはぜひ実行すべきだ。男性的に遊ばせるために、敞君が暇をさいてくれゝば有難いと思って敞君にも頼んでおいた。

虫篭はやって見たらうか。虫達の生活力の盛な夏の中にやらないといけない。今はほたるもゐるだらうし。……

浩志は未だ字を読まうとする欲求を示さないだらうか。早くから強ひて教へ込むことは勿論よくないことだけれど、若し絵本などひろげつゝ、いくらかでも字を読まうとする気が見えたなら、躊躇せず教へるべきだと思ふ。子供等の成長に立遅れないで、常に十全の用意をとゝのへつゝ、教育の機会を逃さない様に母親としての細心の観察と注意とを望む。

食物の好悪についてあまり聞かされないが、どんなものだらう。偏食の傾はないだらうか。あるとすればどんな風か、矯正にどんな方法を講じてゐるか。

子供たちを音楽家にしようとか、音楽の早教育を施さうとかいふ気はないけれど幼少の頃から正確で鋭い音感だけはつけてやりたいと思ふ。子供等の歌が、音程が不正確でないだらうかといふことは気が、りの一つになってゐる。何しろ音程不正確な子守歌をきかされた二人だからね。この点では愛子の批判を乞ひたい、愛子の耳は鋭いから。そして、子供達が喜んで聴かうがきくまいが、ラヂオとレコードとで健全な正確な音楽を成るべく多くきかせてやってもらひたい。さうすれば自然に敏感な耳とよい音楽趣味とを養ってやることが出来るだらう。

産婆さんが急に増えたものだね。い、刺戟になるだらう。言ふに及ばぬことだらうが、低い競争心によってではなく、自己の使命に対する熱誠と、産婦及び新生児に対する親愛の心とでやって行ってほしい。それではやらなければ少しも悔むこともなく怒ることもない。育て児を虐待する様な人は恐らく眼中に置くに及ぶまい。だが、勉強はいつも忘れぬ様に。

最近坂本直行著「開墾の記」を読んだ。南十勝の開墾地で恵まれざる自然条件と闘ひつ、進む著者の逞しい意力、如何なる不幸にもくぢけない雄々しさには全く頭が下った。今は「教育者」といふ伝記小説を読んでゐる。主人公は西多摩郡の人、面白い。七月八月には読書に精出さうと思ってゐる。今年も半分はすぎ去ったね。徐々に晴の日が近づいて来る。だが、まだ一夏と半冬とは残ってゐるのだ。しっかりした気持を崩さずに、一日一日を完全に過すべく努力しよう。では みんな元気で。　　七月四日午后、音楽放送を耳にしつ、。

〔八重子から虔へ、封書七月九日付、消印十八年七月（日付不明）〕

三十八信

映画を初めてみた時の子供達の驚いた顔、併しおとなしく見てゐたのは十分間位でした。すぐあきました。浩志は「おうちへ帰りたい」と云ひました。それで途中で出ました。映画といふ文化財はもっと年齢が進んでからがよいのですね。少くとも向ふ一ヶ年は見せなくてもよいと思ひました。一年後でも今位の程度のマンガ映画だったら見せる必要はないと思ひます。むしろ、生物の生活を科学的に取扱った天然色映画のやうなものが子供本位に製作されたらよいのにと希みました。

近頃の浩志は「すき」と「きらひ」がはっきりしてきました。食物に於ても或ひは生活対象に於てもこの区別を明示します。陽子の方は未だ「口に入るものなら何でも」であり「外へ出かけるなら何処へでも」です。

子供達にレコードをきく楽しみが復活しました。先日母が桐生からのお土産にポータブルを持ってきてくれました。勿論電蓄に比べれば音は雲泥の差がありますが節電にもなりますし、毎日かけてやるのに惜しげがなくて結構です。国民学校芸能科教材用レコードも添へて持ってきてくれました。ヴァイオリン小曲、トイ　シンフォニーなどもかけてやります。

面会中陽子は「おむすびのにほひがする」と云ひましたが此の子は嗅覚が鋭いやうです。よく「何々のにほいがする」と云ひそれがちゃんと当ります。いつか陽子が桐生へ行った留守私が畳へクレゾールを少しこぼしてそれから二、三日たって陽子が帰ってきたのですが、部屋へ入るといきなり「お薬のにほひがする」と云ひました。

ポストへ手がとゞくやうになって、この手紙も明日陽子が入れることでせう。帽子が好きで雨の日でも曇ってゐてもよく帽子をちょっとあみだに、そして大方は前後反対にかぶり、毎日のやうにお人形をおんぶしてゐます。

では夏を健やかに。又。

七月七日夜

八重子

虔　様

三十九信

〔八重子から虔へ、封書七月十六日付、消印十八年七月十六日〕

十一日から急にお暑くなりましたが、お変りありませんか。私は風邪を引いてゐるところへ十二日に開業最初のお産があって相当疲れてしまひました。前のお店のお嫁さんで二度目のお産なのですが少し異常産だったので骨が折れました。十二日の十二時頃行って帰ってきたのは十三日の一時頃でした。今月は月末予定の人をもう一人受持ってゐますがこの人は軽くすみそうです。

お手紙は入手しました。子供等の音程は愛子さんの批判を待つまでもなく間違っています。併し一体四、五才の子供はどの程度正確にうたふものなのでせうね。

今日は戸外での遊びをお知らせしませう。夏になってからブランコが愛用され奪ひ合ひの時もあります。一人がブランコに乗り一人は三輪車で家の廻りを一、二回廻って替代えすることもあります。自転車のペダルに当るところが故障で三輪車の後に立って二輪に渡した軸に片足をかけ進ませてゐます。又三輪車を使ってこんなふうに遊んでゐる時もあります。一人が停留所で待ってゐる、一人が三輪車で来る。お客さんを乗せて後から押して目的地へ連れて行く。時には製材のオガ屑の山も子供の遊び場です。こゝへは二人きりで出かけたことはなく、近所の子供たちと一緒です。おたまじゃくしの飼育はなかなか難かしく、六匹のうち半分は行衛〔方〕不明、二匹は四肢が揃ひ、尾がなくなれば蛙になるといふところで死んでしまひました。その代り浩志がうちのお池から四肢が出て尾のあるのを捕へびんの中に入れましたが翌朝みたら土の色をしてゐたのが緑っぽくなってピョンピョン飛べるようになってゐたので草の中へ放ちました。びんの中へはメダカが二、三匹入りました。池にはどじょうが二匹入りました。浩志の南瓜は一ヶ所にかたまってゐるから植えかへなければと一寸云ったのを私が朝食の後かたづけをしてゐるうちに独りでさっさと実行し、みんなしほれてしまひましたが、そのうち一本蘇生しました。この頃は友達遊びが面白く、昨日などは一日外へ行ってゐました。大方は大工さんのよし子ちゃん（六才）竹子ちゃん（二年生）です。どうも浩志は女護島に住んでゐるようですが又そのうち男友達が出来るでせう。

陽子はお兄ちゃんと一緒に大工さんの家で遊ぶといふことは少く、うちでお兄ちゃんの玩具で今こそとばかりに妨害されず遊び興じてゐます。

今日は身体の痛みもなほり、たまってゐた使ひなどして過しました。トマトは病気と云ふより、自然的現象らしく割合元気で沢山青い実をつけてゐます。よく、お百姓さんからほめられます。茄子も成績がいゝです。

暑いと云ってもあと二ヶ月、お互ひに元気よく過しませう。

七月十六日

八重子

虔　様

〔母・板谷つまから虔へ、葉書、消印十八年七月二十一日〕

暑いですね、丈夫ですか。

十七日夜から畝君登山の旅、燕岳や槍ヶ岳にそれぞれ一泊。今朝折からの雨にぬれて帰宅。元気なことに朝はんもそこそこ直に出勤。

それも丈夫故とうれしく思ひました。兄さんもとうとう病気をせず無事に居ります。

二十日　母

〔八重子から虔へ、封書七月二十二日付、消印十八年七月二十四日〕

四十信

お元気ですか。当方一同無事消光、二、三日母が胃を悪くしてゐましたが床に着く程のこともなく、子供たちは夏に入ってから未だ一回もお腹をこわしません。

今日お父様からお便りがありまして荻窪では皆様御元気の由、横浜もお変りなく、大森では秋生ちゃんが汗もで難儀してゐるとの事です。来月四日はお父様六十五才のお誕生日で浦和で御馳走して下さるそうで、お産の差障りなければ行く積りですから面会もその頃にします。

四、五日前浩志は始めて前の川に入りました。「水が早く流れる」とか「小さなどじょうがゐる」とか喜んでゐました。他の子はみなはだしですが浩志は未だ小さいから下駄ばきにさせました。

昨夕はたけ子ちゃんと牛車に乗せてもらって得意でした。友達と遊ぶやうになって新しい変ったことを経験するのがさぞ嬉しいでせう。「浩志は男だから男の子の後をついて歩きなさい」とは折にふれて云ってゐますが近所で遊んでゐる男の子はみな年が違ひ過ぎます。時たま大工さんのたゞしさん（四年生）が遊ばせてくれます。前便で書き忘れてゐましたが字を読もうとする慾求は一度も示したことはありません。勿論慾求がみえれば直ぐ教へますが子供の慾がなければこちらから教へることなく放ってあります。此の頃は絵本をあまり見ません。明けて暮れるまで陽子か友達と遊んでゐます。夜はぐっすり寝ます。転がって夜中にかやの中を探すやうです。明日の夕方昌三さんの遺骨が帰って来ます。惜しい人でした。初ちゃんは夏やせもありますが、やせました。橋本定子夫人は離婚されたそうです。なんでも大分前らしいです。鋼ちゃんを置いて。そして橋本氏は新しく夫人を迎へたそうです。事情は知りませんがよく子供と別れることが出来ますね。これから本格的な暑熱が来るでせう。お大切に。

七月二十二日夜　八重子

虔　様

〔虔から八重子へ、封緘葉書、消印十八年八月五日〕

三九信まで受取った。子供等の生き生きした姿が見える様な手紙を読む時の嬉しさは格別だ。浩志を今後半年見ることの出来ぬ淋しさも、面会に連れて来られぬ程に成長したのだと思ふとき、そして又、手紙によって、その生活を想像するとき、殆んど問題とするに足りない。夏の自然は日々に成長しゆく子供等の身体にも、日ましにつく知慧にも望ましい環境を提供してゐること、思ふが、常にそれを十分に役立てる様努めてほしい。お池にも、種子の発芽の観察や虫篭等にも一層工夫をこらしてもらひたい。

海水浴は既に実行したらうか、時期が遅れると海の荒れる危険性も増すから、未だなら成るべく早く。浩志はもう簡単なお話を理解する力がついて来はしないだらうか。若しさうならば、適当なお話を児童文庫等から見出してやること。たった一本になってしまった浩志のかぼちゃに、何とかして実をつけてやりたいものだね。自ら播き、自ら植替へたその一本から自ら収穫出来たらどんなに嬉しいだらう。今後、浩志にも陽子にも、もっとやさしいもので（秋の菜類や、来春のいんげんや）自ら作る楽しみを味はさせてやりたい。今年と去年とでは同じ服役生活でも条件が異るために暑さの比較も出来難いけれど、今まで暑さが少しも苦にもならないから、暑さに負ける様なことはあるまいと思ふ。

身体の調子はますますよく、前信（桐生の姉さん宛の）にも書いた様に、力仕事でも、どうにか一人前に出来る様になったし、僕の身体のことについては皆に絶対安心してもらってよい。今日から大豆混入食（大豆四、米三、麦三位の重量比）になった。大豆は丸のまゝではなく、二つ三つにこわしてあるし、大豆の栄養価は極めて高く、特にこゝで欠乏し勝ちな蛋白の含有量が多いのだから、誠に、有り難いこと、感謝してゐる。まづいとか、量が減ったとか（事実は減ってもゐないらしいのだが）不平を言っている連中も居るけれど、以ての外のことだ。二、三ヶ月後にはきっと健康上によい結果が現れて来るだらう。

「教育者」といふ伝記小説を第二部まで読んだ。明治の日本教育史上に特色ある一頁を身を以て誌した坂本龍之輔といふ人の伝記。出身は西多摩郡東秋留村。活躍した所は、師範学生として横浜、小学校長として西多摩の古里《こり》村、神奈川の渋谷村（町田と江の島の中間）南多摩郡南村等（第三部は東京市内の貧民居住地が舞台になるらしい）、人物も皆本名が用ひられてゐる様だし、土地の状況も正確に書かれてゐるし、人情などもありのまゝに写されてゐる様に思はれ、限りなく懐かしいものであった。と同時に主人公の真摯で不撓不屈な生き方に励まされること少からぬものがある。若し買へるなら買って読んでもらひたいが、大阪で刊行されたものだし、近頃では本の入手が恐ろしく困難になってゐるさうだから、どうだか。

いよいよあと半年になった。お母さんも安心と希望とで心が明るくなられたこと、思ふ。お互に心身をいよいよみがいて、最後のコースを立派に駆け抜かうではないか。

八月一日　午前　　　　　　　　　　虔

〔八重子から虔へ、封書八月七日付、消印十八年八月八日〕

四十二信

幸男、登志彰を迎へて賑やかに忙しくなりました。

昨日は近所の子も連れて一行十人で多摩川で遊びました。浩志は浅いところで石をつみ重ね水をせく様にし石がくずれると又積んで一人興じてゐました。放っておいても独りで遊んでゐました。お臍近い深さまで水にひたりました。

陽子は行って泳いでゐる人をみるや「陽子もおよぐ」と自分ではだかになり勇しかったがさて水に入るとやさしくなってしまって深いところは「お母さんだっこ」でした。

この日は鶴川駅までの往復は幸男の自転車の後へブランコの籠を取はづしてつけこれに浩志を乗せ私は陽子をおんぶして自転車、登志彰は子供用の自転車、母と近所の子四人が徒歩でした。楽しい一日でした。

十日には敞氏引率の下に鵠沼に行きます。

明日は江の島へ行く予定で今夜は皆早く床に就きました。先日生れた赤ちゃんは今日臍脱し、お母さんも順調でお乳もたっぷりあり、安心して今日で切上げて来ました。

浩志は幸男達の勉強をよく見てゐます。「勉強って字を書くこと?」ときいてゐました。

桐生では兄と姉が揃ってお腹を悪くし枕を並べて病人でした。兄の方が早くよくなり、姉は静脈注射の副作用で四十度以上の発熱がありましたが追々快い方ださうです。

今年はトマトに油かすを少しやりましたら昨年よりは実が大きく今盛りです。茄子三十本も三、四日おきに三〇―四〇個位とれて食べきれません。きうりはもう駄目になってしまひました。

一箱養蚕の晩秋蚕をするつもりで知り合ひの青年に頼みました。

では次信では海で遊ぶ子たちの様子をお知らせしませう。

さよなら

八月七日夜

八重子

虔　様

み許に

〔母・板谷つまから虔へ、葉書、消印十八年八月九日〕

八月一日出の手紙ハ今日ツル川から廻送されました。相変らずの元気を何よりうれしく思ひます。今年のいままでの最高温度ハ三十二度五分より上にハなりませんでした。今日ハ随分暑いと思って柱を見たら矢張三十二半です（最高）。昨年ハ七月半から三十二、三、といふ日がざらにあって、二十日と二十四日が三十五度でした。八月に入ってからハ三十二が最高でした。立秋も過ぎたことですし無事にこの夏を送ったといっていゝでせう。

もうあと五ヶ月そこそこですね。

昨日敞君ハ海に、私達ハ浅草に淡路人形（人形浄るり）を見ました。鶴川の皆も丈夫なやうです。

此頃俳句ハちっとも出来ません、残念でたまりませんが。

八月九日　　母

〔八重子から虔へ、封書、消印十八年八月十六日〕

四十四信

四月に桐生の子供たちが来た時は浩志はお兄ちゃん達の後をついて遊ばせてもらって上機嫌でしたが、今度はさうでなく幸男さんの悪口を云ふ登志彰をかまふ、打つ、なかなかの悪童ぶり、たゞお兄さん達が勉強の時は邪魔もせず感心したやうにみてゐます。気むづかしく文句を云って泣声を出すことが近頃目立ってこれは何とか直したいものと考へてゐます。

八日は陽子と私はお留守居してゐました。朝、陽子が八度ばかりの熱でした。夕方海から帰って来た浩志は機嫌よくはしゃいで居りました。多摩川より面白かったと云ひました。「波、波、波」と云ひながら、だんだん深い方へ進んで行ったさうです。波に消される砂はまの遊びにも打興じてゐたさうです。九日のひるまは陽子大したことなく、夕方から又熱が高くなり、十日の朝は八度七分故、私は鵠沼へ行かぬつもりでしたが母が残ると云ひますので出かけました。八日は学校があった為か電車が割合すいてゐましたが、十日は非常にこんで幸男が一寸気持悪くなりました。尤も幸男さんは九日にのど風邪で八度近く熱があったからだったのでせう。書き落してゐました、陽子も扁桃腺炎でした。鵠沼は波が荒く片瀬より遠浅でないので浩志は恐がって、多くは波打ぎわで遊んでゐました。私が三回位抱いて胸のあたりまで水に入れ波を越しましたが水をかぶるといやがりました。十日、十一日に陽子は四十度近く発熱、のどへ薬をつけること、しっぷ、氷でひやすことなどの手当をつゞけましたが、なかなか下熱しないので十二日も高熱だったら医者にみせようと思ってゐましたが、幸ひ下りはじめ十三、十四は平熱となりました。この両日は私が子供三人引率して午後から多摩川で遊ばせました。浩志は帰るのをいやがる程でした。海はいゝけれど乗物がこむので考へものです。十六日には又片瀬へ行く予定ですが、さて、どうなりますか。

貴方からのお便り入手しました。雑記帳等は八日発送しました。

八月十四日夜

虔　様

〔弟・板谷敞から虔へ、葉書八月十六日夜付、消印十八年八月十七日〕

七月に貰った二日の休暇に日曜を引かけて三日、日本アルプス征服第一課で有る、燕岳—槍ヶ岳縦走をやりました。金曜日、普通に勤めを済せてから出掛け、火曜日の朝帰って、直ぐ遅刻もせずに出勤してケロリとしてゐたのは、同行四人の中で小生だけでした。体力、脚力に対する自信は益々大きくなります。八月の二日の休暇は専ら海でした。即ち、九日に、福冨義雄氏の三人の子供達を逗子へ、十日に浩志君と、桐生の二人の子供達を連れて鵠沼へと云ふわけでした。（陽子嬢は発熱して、オバーチャンとお留守居）。実は浩志君がもっと海をこわがるかと思ってゐましたが、さうでも有りませんでした。尤も波を真向からかぶるのは余り有難くない様でしたが。「大自然科学史」はその后第五巻が出ただけです。「改版日本案内記」は、「近畿下」・「中国、四国」の二冊が最近手に入った以外トント見当りません。（第二十信）

四十五信

〔八重子から虔へ、封書、消印十八年八月二十三日〕

今年ほど秋風を嬉しく迎へたことはありません。

十五日に突然兄夫婦が来て、翌日は幸男だけ遅れて鎌倉横須賀へ行き十七日に皆引上げました。この日は終日秋の風が吹いて家内は静かになるし、夏の終った感が一しほでした。これからは日が短くなるし、貴方の帰る日が間近になりました。陽子は病気のためとうとう海へは一回も行けませんでしたので学校が始ってから一度江の島へ連れて行ってやりたいと思ってゐます。幼い子を連れては夏の休暇前後の方が電車が混まないでよいでせう。浩志は畳の上で泳ぐ真似をして、「陽子ちゃん深い方へ連れて行ってやる」など自分が海で云われたことを畳の海では兄貴ぶって妹に云ひ、龍宮に浦島を案内するやうに陽子を背に乗せ運びます。一つちがひ故この亀はなかなか敢闘しなければなりません。

桐生の工場の会社組織化も着々と進んでゐます。資本金二十万円の株式会社になります。出資者は二人で瀬崎では僅かの額で大部分は他の一人らしいです。同業の中小鉄工業者も五、六人づつ結合してゐるやうです。平和産業から軍需産業への転職、企業結合、これは単に桐生地方に止らず全国的な現象です。

子供達にしてやる「おはなし」についていつも書くのを忘れてゐました。浩志は昼間は活動的な遊びに興じてゐますし、夜は話すひまもなく眠りついてしまひますのであまりおはなしとは縁がないのですが、陽子は毎晩「桃太郎」のおはなしをねだります。他のおはなしでは気に入らず毎晩これを繰返します。

寺崎さんは名機製作所の東京営業所の庶務課長になったとの挨拶状をよこしました。

八重子

八月二十二日夜

虔　様

〔八重子から虔へ、封書八月二十九日付、消印十八年八月三十日〕

四十六信

今年の夏は家内一同お腹をこわすことなくてすみました。中でも浩志が一番丈夫でした。暑気あたりで半日工合悪かっただけです。来るべき冬に対応してこんな皮膚鍛錬を実行してみようと思ひます。それは冷水摩擦なのですが起床直後でなく、朝食後のお掃除がすんでから子供達にしてやらうと思ひます。浩志は寝おきの悪い子ですし、私も子供らの起る時刻は丁度朝はんの仕度の最中ですから都合悪いこともあります。厳寒期は正午前後にしませう。効果の点では劣るかも知れませんがこれなら長つゞきが出来そうです。子供もいやがらずにさせるでせう。涼しくなって一枚一枚と重ねる時期に近づきましたが厚着にならぬよう気をつけてゐます。

先日近所の女の子が遊びに来て、「これを貯金して来ませう」と玩具の中から何やら持出してゐるのを耳にしましたがきっとこれが動機なのでせう。例によって浩志の興味が「お金」といふものに引つけられたらしく、この三、四日は「お金」に執着です。絵はがき、古はがきが十円さつで、かるた型の紙が五十銭さつで、それを大事にもって、「これで何が買へる?」とか家の内の道具類の値だんをきいて、「それではこのお金で買へる?」とか云ってゐます。例によって、くどくて、あきる程です。一昨夜などは袋に入れて「お金」を抱きかゝへて寝つきました。

私が他の部屋でひっそりとして用をしてゐる時など浩志は「お母さん」と呼んでは在否を確かめます。陽子は、よく遊んでゐるからと、私一人で服部先生のお宅などに一寸行くと泣顔で追って来ます。可愛いゝものですね。

海へ陽子をと思ってゐましたが予算の都合で止めになりました。

では又、次信で。　さよなら

八月二十九日　八重子

虔　様

〈虔から八重子へ、封緘葉書、消印十八年九月七日〉

四六信は未だ着かない。この夏は浩志にとっては実り多い夏だった様に思はれ、嬉しい。可哀想に陽子は病気に障られて、面白い目もあまり見なかった様だが。敞君の絵葉書には「実は浩志君がもっと海をこわがるかと思ってゐましたが、さうでもありませんでした」とある。敞君の予想が甚しすぎたのでなければ、誠に結構な次第だ。桐生の従兄たちの影響も多少はあったらうか。なほ従兄たちとの共同生活が浩志や陽子に与へた諸々の影響を成るべく注意深く見てほしいと思ふ。今後のためにも必要なことだから。

先日面会の折、帰る着物の相談を持ちかけられたのには少々驚いた。満期が近づいたとはいふものの、五ヶ月も残ってゐるのだから、その様に性急に待ちかまへては心が落着くまい。待つ心をけなすのではないが、一日一日を完全に送らんと努力することの方にもっと心を注いでもらひたいと思ふ。つい今しがた読んでゐた「般若心経講義」（高神覚昇著）の中に白隠の師正受老人の言葉がひいてある。「一大事と申すは今日只今の心なり。それをおろそかにして翌日あることなし。凡ての人に遠きことを思へば謀ることあれど、『的面の今』を失ふに心つかず」、釈放の日の近づくにつれて、そなたの心に「的面の今」をおろそかにする傾向が湧いて来はしないか。何事も僕が出てからといふ気が起きて来はしないか。とすれば、それは正しいことではあるまい。相逢ふ日が近くなればなる程、一日一日を一層大切にする心にお互にならうではないか。この不幸を、単なる不幸に終らせず、波瀾なき生活では獲られない貴重な収穫を得んために努力しようと約束したことを忘れはしないだらうね。もうあと五ヶ月足らずになってゐる。再び共に生活するの日、そなたが僕の中に、僕がそなたの中に見出し得る新しいものが、期待に反して貧弱であったならば、昭和十五年五月以来の淋しく悲しい生活は遂にとりかへしのつかぬ損失として二人の一生から取り去られねばならないのではないか。転禍為福たり得るか否かを決すべき最後のコースに我々はさしかゝったのだ。精進、さうだ、一日々々の精進だ。それによってのみ、再会の喜びを一時的な感情的なものから、永続的な人格的なものに高めることが出来るのだ。服部先生の御好意で「日本農村教育」入手せる由、須らく再読三読して加藤先生から叱られるがよい。吾々凡夫凡婦は常に偉い人のお叱りを受けつゝ、生きてゆかねば、「たが」がゆるんで人生の一大事たる的面の今を失ひ易いものだ。修養せよ。精進せよ。

先日も話したとほり、今の仕事は非常にありがたいものだ。前の内掃の仕事と異った意味で。内掃の仕事は苦手であった。強い人よりもより以上骨を折りつゝ、猶一人前に働けぬ時が多かった。そこにこの仕事のありがたさがあった。苦しいありがたさであった。今のは楽しいありがたさだ。事務はいさゝか得意とする所、之の処理には些少の努力で十分だ。余力をあげて養鶏に傾注する。受刑者は単独行動がとれないので、朝早く鶏の目覚めるに先立って鶏舎を見、眠りついて後帰るといふわけにはゆかず、遺憾の点も少くはないのだが、それでも僕が世話する様になってからは、多少の無理を願って朝は二十分位は早く、夕方も一時間程おそく出し入れをする様になった。卵は予想より早くこの一日に一つ、二日に一つ、今日又一つ生まれた。十月には毎日十以上生れる様になるだらう。ここで、養鶏の経験をさせてもらへようとは思はなかった。実際嬉しく思ってゐる。飼料用の畑にも時折手を入れてゐる。龍舌菜も追肥をしたらめっきり育って来たし、大阪白菜も勢よく発芽した。鶏の世話は力を入れれば入れる程多忙になって来る。時間のたつのが早すぎて困る程だ。あわたゞしい一日を送る。一日一日が矢の様にすぎてゆく。満期近い焦燥など少しもない。この調子で、最後の日まで与へられた持場に忠実な生活をしてゆかねばならぬと思ってゐる。

欧州の戦局は楽観を許さぬものがあり、太平洋の波も亦高い。世紀の偉業には又世紀の艱苦が前提条件となってゐる。僕等はこの艱難の時に子供等を育て上げる縁を持った。苦しみから子をかばふのは親の情だが、それがすぎてはいけないと思ふ。「可愛い子に旅をさせる」には誠に機会の多い時なのだ。今の子供達は戦前の子達の様に美味しいお菓子の味を知らないだらう。だが、さつまいものうまさを本当に知ることが出来る。曾ては文明と頽廃とが結びついてゐた。今は野性的な逞ましさが文明と結合せんとしてゐる。それが未来を持つものの様だ。現情勢に随順し、子供等を嵐の中に鍛え上げてゆく様、常に意を用ひてほしい。今度の面会には陽子を見たい。

九月五日午后

〔八重子から虔へ、封書九月五日付、消印十八年九月六日〕

四十七信

三十日から日中の冷水摩擦を始めました。終るとキャラメルを一つ口に入れてやるものですから二人共喜んでさせます。ひる中は浩志は上半身はだか、陽子ははらがけ様のものとパンツでおります。ある夕食後のことでした。浩志が自分のものは勿論、他のもの、食器を台所に運んでくれて、洗ひものをしてゐる私の傍へ、自分の渋うちわを持ってきてあをいでくれました。「お母さん蚊が来る?」来ないと返事すると、満足そうでした。浩志から親切にされた話です。嬉しく思ひました。荻窪へ行くまでは、「荻窪、荻窪」と楽しみに口ぐせのやうに云ってゐたのに、さて行けば「今日は」を云ったきりしばらくの間は口が重くて一言も発しません。私が中野から帰ってくると、「どうしていつまでも帰って来なかったの」と云って待ってゐたやうでした。荻窪駅まで、お母様が送って下さり、鶴川へ帰ってくると、何故か浩志の機嫌が悪く、お留守居番の母や陽子に意地悪な口をき、ました。夏、江の島から帰って来た時もはしゃいだり、意地悪かったりしましたが、どういふ気持からか解せません。

今、浩志が妹にしてやってゐる世話は、自分の洗面後、陽子にコップと洗面器に水をくんでやることです。大ていはしてゐますが時々機嫌悪くしないこともあります。

ミクニノコドモ九月号はタネカラミマデといふ表題で今月は浩志の所有する番ですが、私が読んでやってゐる時、陽子がのぞき込むと浩志はいやがります。
母性読本中の「子供の性格教育」を読み終り、今度は「幼児の心理と教育」に移りました。

九月五日夜

八重子

虔様

〔母・板谷つまから虔へ、葉書、消印十八年九月九日〕

暑いですけれど、でも九月も九日となりましたね。
これから三つきほどハ凌ぎよいですから日のたつのが割合に早く感ぜられるかと思ひます。朝貌〔顔〕のこぼれ種子があちこちに育って今花盛りです。

すりガラスに
影いろいろ朝貌はあさがほの
くりや女に露のあさがほ見るいとま
朝がほをまとひて杭のはなやげる
夕べともなれば
虫しげし五日の月のかゞやきに

どうぞ丈夫で。うちの方もツル川も皆元気です。一昨日ソノ〔園子〕が鶴川に行き皆の健康ぶりをよく見て来ました。

九月九日

〔八重子から虔へ、封書五（九）月十二日付、消印十八年九月十四日〕

四十八信

お手紙受取りました。最近の私の心の持ち方について貴方の想像は大分的を外れたところもあります。性急に待ちかまへて心が落着かぬなどとは飛んでもないこと、そんな気は微塵もありません。五ヶ月は五ヶ月の長さで受取ってゐます。そしてその長さを生活してゆくことが、今までの年月と同様矢の様に早く流れるであらうことも分ってゐます。それ故にこそ又逢ふ日までの生活を貴重なものとして費そうと思ふ心も湧きます。帰ってくるまでにあれもしておきたい、これもしておきたい、さう考へると五ヶ月は短か過ぎる位です。ほんとに五ヶ月なんて直ぐたってしまふ。時たま喜びの日を想像することがあります。中野まで、子供を連れて行こうか？　用意の衣類は何にしようか？　或る日こんな事まで考へた時もあります。どっちかに決めておきたい、それで面会の時の話に出ました。併し、今度の貴方の手紙はよい手紙でした。再三読返しました。よい手紙だと思ふ反面、ちょっぴりひなんしたくもなりました。相変らず一から十まで理論的だな――、相手の気持に喰入って考へればこんな書きぶりはしないだらうと思はれる点もありました。

八日夜、三眠直前の蚕二十四持ってきてくれました。その夜、三眠に入り翌九日夜起きました。未だ眠ってゐる時子供たちに「蚕が眠ってゐるかどうか見ておいで」と云ったら浩志が見に行って「ぐっすりねてゐる」ですって。明日あたり四眠に入りさうです。

近所の風邪気の子と遊んだせいか陽子がはな風邪を引きました。浩志は至って健康、暑い日などは多摩川へ行きたがります。

九月十二日夜

八重子

虔　様

〔八重子から虔へ、封書九月十九日付、消印十八年九月二十日〕

四十九信

面会の時、四十九信まで出したと云ったのは四十八信までの間違ひでした。

桐生の子供たちが「成績表」と云って勉強、ラジオ体操、起床、就寝の時間、返事等々について、守れたか否かで○や△のしるしをつける表を持ってきたので私がつけてやりましたが、それを真似て浩志にも成績表をつくりました。朝起きる時泣いたりぐづったりしなかった時は○と決めて九月十日からつけ始めました。今日までの成績は10日○、11日◎、12日○、13日○、14日○、15日○、16日◗、17日○、18日○、19日○、なかなかよい成績でせう。十一日は五時少し過ぎに起きたので未だ陽子は寝てゐるし朝食には未だ未だ時間があるしするから、もう一度床に入るやうに云ったらよく云ふことを聞いて再び蚊帳の中に入ったので二重まる。十六日はぐずりかけたけれど成績表のことを云ったら直ぐだまったので半まる。此の頃は私が日付を入れると浩志がしるしを記します。

今朝は鉛筆でなくクレオンで書いてゐました。

蚕は十三日夕方四眠に入り十四日夜起き始め十五日には全部起きました。蚕をつまむのは陽子の方が上手です。

今日は苺の植え替へをしました。子供たちも少し植えました。

今月はお産はありませんが、今日までに初診を二人、それに乳児用砂糖配給願ひの為の産婆の証明書を二枚書きました。これは今後も書くことがあるでせうから服部先生にガリ印刷してもらひました。

日本農村教育は著者の生活からにじみ出た言葉故、味ひ深く読んでゐます。

横浜では貴方からの便り受取り、そのうち返事を出すと書いてありました。明後日はお母様お越しのはずです。

九月十九日

八重子

虔　様

〔八重子から虔へ、封書九月二十六日付、消印十八年九月二十七日〕

五十信、
爽涼の秋となりました。
昨二十五日第一回の「徒歩鍛錬」を試みました。
目的地、川崎市片平（柿生駅から約一・五キロ）
距離、　約五・七キロ、
所要時間　約二時間、

朝九時出発しました。私は自転車を引張って浩志を伴ひました。母と陽子はおくれて出発し鶴川、柿生間を電車にし柿生駅で待合せて一緒になる予定でした。小リュックサックにおむすび二つとお菓子少々入れたのを浩志に負はせました。けれど今日はあくまで足の鍛錬に重点をおくことにし、何時でもお母さんが荷物は持ってやると云っておいたら、鶴川駅近くに来たら私に渡しました。駅まで四十分かゝりました。この秋は柿のなり年なのですが今年は気候が余程不適当だったとみえ、駅までの柿の木に実はほんの僅かでした。

駅から柿生までの間はそれでもいくらか実をつけたのが見られました。陽は多くは雲にかくれ風少し強く、澄んだ青空はみられなくても歩くのには暑くなくよい日でした。途中四、五回、浩志の靴の中に小石が入りそれを除くため立止ったり、或ひは畑の野菜の名をきいて返事をするまで立止ったりして少しも急がせず子供の歩むまゝゆっくりでした。柿生駅まで何の苦もなく着きました。思ひがけず母たちの外に桐生の兄が居て、鶴川の駅で会ったとの事、しばらく立話して兄たちは引返し、私たち二人は目的地に向ひました。柿生駅を出て十五分位歩いた頃から歩調がのろのろとなり、浩志の様子に疲労の色が少し表れました。もう直ぐよと元気づけて目的地まで完全に歩きました。寺尾さんといふお家が訪ねたおうちです。兄は夕方の汽車で立つと云って居りましたから、帰路も歩かせたら少しは歩いたでせうが浩志の徒歩鍛錬はこれで打切り帰途は自転車に乗せました。兄はやせましたが元気でした。子供たちを可愛がってくれます。

夜はねてから浩志は動いてばかりゐました。足がつかれたのでせう。私は少しも疲れず身体中に秋の気を吸ひ込んだやうなよい気持でした。第二回はナ、クニ山（忠生村との境）が候補地です。距離を延長するより、短距離で回数を多くした方が錬成になるそうです。第三回目は「強行軍」にしてもよいと思ってゐます。一泊にして、荻窪まで徒歩自転車で行くのは如何でせう。私には無理かしら？

ニュースでおきゝでせうが十七業種にわたる十四才から四十才までの男子の就業禁止が決定しました。下大蔵の野崎といふ床屋さんは昨年中村に新築して商売してゐましたが、この人などは適用を受けるわけです。榎本蔵男さん（ペンキ屋さん）は今町田の役場の小使をしてゐますが矢張り同様です。私も内心、若いのに小使などしなくもよいのにと思ってゐました。去る二十一日にはお父様もお見えになりました。お砂糖を奮発しておはぎを作ってあげたら、お喜びでした。

九月二十六日

八重子

虔　様

〔母・板谷つまから虔へ、封書九月二十六日付、消印十八年九月二十八日〕

お手紙有りがたう。

割合に楽しさうな日々であることを喜び合ひました。また月四回も手紙が書けるといふ事ハ本当に有りがたい事ですね。

去る二十一日に両人でツル川へ出かけました。この前行った時、改築中であった駅ハ広さこそ元のまゝでせうが、新らしくなったのと一寸した模様がへも甚だ気持がよく感ぜられました。

浩志も陽子も大元気、やがて輪投げがはじまる。

「おじいちゃまは簞笥のところから投げて入るんだよ」と坊やは感心する。

畑のもの、御馳走にあづかって二時過ぎサヨナラをしました、今晩ハお能があるので。私がこん度行く時にハ多分この家のお父ちゃんがゐませう。

町行く人の浴衣の袖ハ八分通り元ろく形になりました。もんぺ姿もかなり多くなりました。私も着古しのものを出してハ上半下半のちがった冬着をせっせと縫ってゐます（愛子の為めにも）。不断着にするやうなものハ買へないのですから、すたれた品を更生させるの外ハありません。昔の編物をほどいて坊や達のくつ下を編むのはあひ間仕事です。お父ちゃんの仕事着も心がけて置きませう。待つといってもㇺ論四ヶ月をのみこんでの事です、誤解の無いやうに。八重ちゃんが少しフンガイしてましたよ。

お父様、一昨夜から風邪で昨日ハ七度代の熱でした。今日ハもうよいやうです。早朝のお参りハやめて八時すぎからそれに出かけられました。今、十時十五分、もう二十分もしたらお帰りでせう。

敞君一昨日お山登り、今まだねてゐますが、今日ハツル川へ行くことになってゐます。

どうぞ丈夫で。

九月二十六日　　母

虔　様

秋晴れといふといへども蝶あつし

〔虔から八重子へ、封緘葉書、消印十八年十月七日〕

四十九信まで入手。心なき嵐は朝の定例参拝をされるお父さんの衣を遠慮もなくぬらして過ぎた。そしてやうやく秋らしい高い空をのぞかせてゐる。去年の秋、思ひの外に沢山聞いた百舌のおしゃべりはまだ耳にしないけれど、栗が実り、柿が赤らむ秋がもう来てゐる。晩稲が主な鶴川の田では稲刈にはまだ間があらうが、稲穂は次第に傾いてゆきつゝあるだらう。暴風雨らしいものもまづ無かったといってよささうだから増産に必死の努力を捧げ来った土の戦士たちの心は希望に燃えてゐることと思ふ。

もうすぐ今年一年の決算の時も来るし、続いて、別離生活四年の決算期も来る。四十八信はよい手紙だ。さうだ。残る期間は短すぎる。僕にとっても、そなたにとっても、残る四ヶ月は一日も忽に出来ない貴重な月日だ。文句を言った自分が、「五ヶ月は短かすぎる」といふそなたの言葉に、叱られた気持であった。仕事に馴れ、生活に馴れるとつい心にゆるみを生ずる。世相の転変から比較的に隔離され、激しい戦闘の報道にも日々には接しないこゝの生活は、やゝもすると惰眠を誘ふ。自ら省みて、近頃の精神生活が必ずしも充実したものでなかったことを恥ぢねばならない。満期が近くなると気がゆるむのは一般受刑者の共通の心理らしいが、自分はそれに陥ってこの貴重な残期を逸してはならない。

「我が闘争」の再読は将に終らんとしてゐるが、実に教訓に富んだ書であった。理論的の根拠も確乎たるものであるし、人心の本質を摑むことの深さも驚嘆に値する。それればかりではない。主唱する「指導者原理」を身に体して、自らその最良の範を示しつゝある世紀の偉人彼ヒットラーの、比類なき責任感には、無条件に頭が下る。この責任感こそは、全ドイツ人の心をつかんだ力なのだ。自己の行動の一切に亘って全責任を負ふことは、併しすべての者の学び且つ実践すべきことではあるまいか。

子供達の生活のその後の発展についての報告、ありがたう。浩志の成績表は形式的に流れてしまはない様に注意してほしい。適当の機会を見て打切る方がいゝかも知れない。浩志の「執着」の話をきいて、ふと自分の幼時を思ってみた。自分にもたしかにそれがあった様に思ふ。軍歌、数等に対する偏執は今でも自分の記憶に残ってゐる。この性質はうまく導いてゆけば、きっといゝものにちがひない。無関心こそは無知に至る最も確実な道であり、好奇心、一定の興味、執着は物事を把握するための前提条件だからだ。数に対する偏執は、学齢前に兆位まで数へることを可能にした。軍歌への執着は、いくらか、音楽感覚の基礎をなしてゐるかも知れない。どうか、浩志の執着を、細心の注意を以て見守り、必要とあればその舵をとって最良の効果をあげてもらひたいものだ。もう間もなく、この罰あたりの父親も、子供の側にゐて、子等の成長に直接の関与をなし得る時が来る。それまで、多忙でも、骨が折れても、二人分の働きを続けて行ってくれ。

子供達は、日本のために害毒を流すやうな者には勿論のこと、あってもなくても大して関係のない様な者にもしたくない。たとひどの方面に進むにしても、又陽子が性の制約から、単なる妻又母として生きるとしても、必ずやその能力に応じた最大限の奉仕を、わが日本のために為し得る様に、今から心して育て上げねばならぬ。子供等は、その親達が犯した罪の返済に高い利子をつけてあげることが出来るだらう。「だらう」ではない、「ねばならぬ」だ。親子心を合はせてさうせねばならぬのだ。そして、光輝ある民族の光輝ある一員になって、その責任を果すのだ。

厚着にならぬ様留意するとあったが、是非ともさうありたいものだ。前にも書いたが、薄着は断じて風邪の原因ではない。幼い子だから極端なことは出来まいが、去年より一枚だけは薄くと希望しておく。

産婆の勉強は怠りなくしてゐるだらうか。馴れて、漫然と事に処することなき様、切望する。助産の度に、何かと記録などとっておくべきだらうと思ふが、どうか。単に技術上の問題のみでなく、非常時日本の農村産婆として、次代の国民の生れ育ちゆく環境の現実に対し、鋭い批判と、改善すべき事柄、その方法の工夫等にまで努力を払ってもらひたい。
約束の「お父さんの年譜」は、こ、二、三ヶ月中に必ず作ってくれよ。陽子の満三年の身体検査、出来れば精神能力検定も希望する。浩志の強行軍の報告も待ってゐる。
次第に冷気が来る。お母さんが特にお大事になさるやう。

十月三日午后

〔八重子から虔へ、封書十月四日付、消印十八年十月五日〕

五十一信

その後お変りありませんか。当方一同健康です。よい気候になって皆食欲増進でお米が不足勝ですが、幸ひ子供たちも私たちも代用食が好きで毎日のやうに、うどん、じゃがいも、南瓜と繰返してゐます。うどん息子に南瓜むすめだと母と笑ひ合ひました。第二回の徒歩鍛錬はもう少しお米が足りるやうになってからにします。まさかうどん持参といふわけにもゆきませんから。

農林省で設定した三百三箇町村の標準農村に鶴川村が入りました。都下では他に東秋留村、七生村があります。それで大蔵耕地（三十町歩）に暗渠排水をし、二毛作田に耕地改良をする計画があるようです。現在村内の家畜数は馬二十九頭、牛三一九頭、山羊二三頭、豚一一五頭、鶏四二六一羽だそうです。

今度、農会と産業組合と一緒になって農業会となるそうです。山崎先生（服部先生の隣家）の奥さんが一日から二日にかけて流産し（妊娠六ヶ月）、産褥中発熱し二日夕方八度八分あったので、私は泊り込みで冷してあげました。幸ひ夜半から下熱し始め、四日の今日は全く平熱となりました。実家のお母さんがいらっしゃるまで産婆の仕事以外に隣人としてのお手伝ひも服部先生の奥さんと一緒になってしてあげましたので、昨夜は疲れてしまひ、貴方へのお便りが一日延びました。

蚕は二十日から二十一日にかけて上蔟し十九匹はまゆを作りましたが、一匹だけ作りませんでした。まゆは二つ残して他は返しました。陽子は此の頃たいていおひる寝しないで夜ねつく時一人で眠りつくやうになりました。お兄ちゃんと一緒に大工さんへ遊びにゆくようになりました。

日本農村教育読了し、今度は「母と子の自然科学」に移ります。これは会話体にかゝれたやさしいものです。

十月四日

八重子

虔　様

〔八重子から虔へ、封書十月十一日付、消印十八年十月十二日〕

五十二信

九日十日とよく降りつゞいた雨も今日は晴れて外は明い十三夜の月夜です。去年までは月見だんごが作れましたが今年はお米が不足勝でおだんごは作れませんでした。それでも田舎住ひなればこそ柿、栗、お芋など、すゝきの傍へ飾れました。

浩志に昨日、始めて、貴方の名を教へました。私の名はずっと以前から知ってゐて時々口にしてゐました。「お父さんの名前は?」といふ質問がそのうち出ること、久しく待ってゐましたが昨日人の名前に会話が移り、浩志が例の追求ぐせでいろいろ人の名を知りたがりましたが待ってゐた質問がなかなか出ないのでこちらから教へました。「ナミエ・ケンなんておかしいなー」と云ってゐました。「僕が六つになるとお父さんが帰ってくるのね」とはたまに云ひます。

成績表をつけるのを止めにしたことをお知らせしたかどうか忘れましたが止めてからも成績がよく、たいてい機嫌よく起きます。

助産の記録は公式的には妊産婦名簿があって、それにいろいろ書込んでゐます。備考欄が二つありますから便利です。研究的に記録をとってゆくつもりです。

今日は小野路のバス終点近くまで診察に行き、そこで頼まれて更に平久保まで行きました。随分山の中で驚きました。妊婦は三十八で八人目の人ですが産婆に診察してもらふのは生れて始めてださうで「診察してもらったらよい気色になった」と云ったのでおかしくなりました。

助産といふ仕事は責任が重く、神経を使ひますが異常産を無事にやり終った時などはほんとに嬉しく、「生きもの」を対象とする仕事の喜びの大きいのを感じます。

昨夜停電だったので今週も一日おそくなりました。

お風邪を召さぬよう御用心下さいませ。

十月十一日夜

八重子

虔 様

〔母・板谷つまから虔へ、葉書、消印不明〕

かぜをひきませんか、昔ハよく寒くなりがけに風邪にかゝり、大熱を出したものでしたね。どうか気をつけて下さい。私ハ一週間前かぜで八度の熱を出しましたけれど二日でよくなりました。もうツル川から来さうなものと待って居ります。十月も半分すぎましたね。

台風一過虫の庭なる月と星

つる草は老いそめにけり秋すだれ

十月十三日　母

〔虔から八重子へ、封緘葉書、消印十八年十月二十一日〕

五二信とお母さんの十三日付葉書とは早くも十五日に入手。昨日は二万の英霊に感謝を捧げつゝ免業の一日を過し、今日も亦神嘗祭*で免業、但し僕には鶏の世話といふ仕事がある。産卵の頂点に達したかの様な鶏共は食欲も実に旺盛で、やはり毎日世話してゐる者が面倒をみてやらねば何かと不都合だからだ。いつもの給餌時間より少し遅れて行くと、空腹をかゝへた七十余の鶏は目の色を変へ、ときの声をあげて迫って来る。世話人の足をふむ奴もあり、逆に世話人に足をふまれて叫ぶ奴もある。それこそ騒擾罪にとひたい程のものだ。併し、足を泥だらけにされても憎めない。若し之が自分のものとして最初から育て上げて来たものなら尚一層かはいゝことだらう。僕は子供の頃から生物を飼って愛育した経験をあまり持たなかった。性格的にさういふことに向かなかったからではない。都会育ちの偶然が、そして又、お母さんが忙しすぎて、そんなことにかまってゐられなかった事情が然らしめたのだ。然し懐しい思出が一つ二つはある。金魚屋から買った金魚の中に一匹の緋鯉があった。金魚共が死に絶えても之丈は丈夫で生き残った。それは僕のペットになった。八月の或る日、遂にそれは死んでしまった。僕は涙を落した。そして、北海道に出張中のお父さんに悲しい報告をした。返事の絵葉書の冒頭の一句は今も歴然と記憶に残ってゐる。「トウトウコヒガシニマシタカ。カワイサウデスネ云々」子供の情操教育のために、植物を培ひ動物を養ふことは実に大きな意味がある様に思ふ。然も夫が、食膳をにぎはすものであり、衣料を恵むものであり、蜜や卵で吾々を力づけるものである時、一入の深い意味があるわけだ。田舎に育つ浩志と陽子とは実に恵まれてゐる。僕は九つになっても未だ麦を稲と思ったりしてゐた（前にも書いた様な気がする）。蚕は理科で習って始めて知った。渋谷の家の庭に種がこぼれて自然に生じた枇杷の木はやはり僕のペットであって、隣家の屋根の雪がすべり落ちて之を埋めた時、か弱い手で雪をかき除けたりしたものだが、それは、引越の時には後に残しておかねばならぬものだったし、たとひずっとそこに住んで、それが実る時が来たとしても、食べられる実など出来る筈のものでもなかったのだ。浩志や陽子は南瓜を植え替へたり、いんげんを播いたり、なすの虫をとったりしてゐる。蚕も手がけてゐる。稲の一生は毎年見てゐる。食べられる柿の木、栗の木が庭にある。おたまじゃくしの変態も見てゐる。（この現象は悠久の過去に於て、脊椎動物が水中生活から陸上生活に進化した過程の縮刷版として貴重なものだ）この恵まれた環境を更に適当に調整し組織立て、又好奇心を導いて観察を深めてやったなら、子供等から小ダーウィンの出現を期待することも必ずしも不当ではないだらう。」（今、呼び出されて餌をやって来たところだ。）出たら、十羽位でいいから鶏をかひたいなと思ふ。今日このごろは飼料入手難がひどいから、或は十羽も無理かとも思ふが。子供の教育のためだけにでもいゝ。蜂も一箱か二箱、兎も……等と空想する。併し、出てから先づ為さねばならぬことが余りにも多い。それに情勢が変りすぎてゐる。恐らく思ふことの十分の一も手がまはるまい。生物を養ふことは、少からず手がかゝる事だから、結局は一時見合はせになるだらう。それでも何年か先になれば子供等が自発的にやる様になるかも知れぬ。

浩志の徒歩鍛錬、第一回はいい結果を見たと思ふ。ひき続き実行してもらひたい。十二月半位まではいゝだらう。厳寒期には又別の方法で鍛錬するがいゝ。来春ともなれば、高尾山位連れてゆけるかも知れない。

陽子が太ってきた様で嬉しい。満三年の体重報告に期待をかける。歯の健康状態がいさゝか気になるが、いづれ、須田さんにでも丁寧に見ていただくこと、しよう。食物が昔の様でなく、種々の混食を実行せねばならぬ事情にあるのだから、歯の健康は一層留意すべきだ。

鶴川村が指定村になった由、村民一同の為、賀すべきことだ。耕地の改良はその必要が分ってゐても、一寸は実行出来難い事だから、助成は誠に有難いこと、言はねばならぬ。夫に伴って農業の機械化も実践の緒につくだらう。過去の農業は、一定面積から如何に多くとるかに拘はれすぎてゐた。日労力の欠乏甚しくなった今日、一人の労働の生産性を高めることは決定的重要性を持って来る。日本の農業の生産性は今までは低くても何とかなってゐた。米英と生死を賭して戦ふ今日にあっては、農業労働の生産性を高めることは飛行機を作り船を作ると等しい重大な急務となってゐる。アメリカで一人の農民の労働が、二千人分の小麦を作ってゐるのに、日本では、七千万の口を糊するために一千万もの人が働いてゐたのでは駄目なのだ。個々の日本農民の優秀なことはブルーノタウトが正しく認めてゐる。自然と歴史との制約は一朝にしては克服出来るものではないが、勝ち抜くためには、どうしても農業労働の生産性を飛躍的に高めなくてはならないのだ。わが鶴川村が、この大切な問題解決のための試験場となったことは、実に嬉しいことだ。来年からは村民の一人として出来るだけのことをこのために捧げよう。七生村などに比しこの点で甚しく立遅れてゐる村だけに、努力のし甲斐も亦あるのだ。柿の不作は痛ましいことだが、稲が二年続けてよく出来れば、有りがたいと思はねばなるまい。みんな風邪をひかない様に。

十月十七日

*神嘗祭《かんなめさい》　天皇がその年に収穫した新穀を伊勢神宮すなわち天照大神に奉る祭儀。

〔八重子から虔へ、封書十月十九日付、消印十八年十月二十二日〕

五十三信

秋も深くなりました。今日此の頃子供たちは柿の落葉でまゝごと遊びに余念ありません。浩志と、陽子のよくしゃべること、他の子は居ないやうです。浩志が「お米ーー、お米ーー」としきりに云ひます。先頃うちでお米が足りなくてよく話題に出た反映かと母と顔を見合せました。その後は電車遊びです。輪にしたなわの電車に浩志が先頭で運転手と車掌を兼ねてゐる様子です。真中に和子ちゃん（三才）しんがりが武子ちゃん（九才）で、よし子ちゃん（六才）と陽子は物置の前で電車の来るのを待ってゐます。赤羽とか、わらびとか武子ちゃんも知らない駅名が云はれます。車掌役は断然浩志が他を圧してゐます。

先日は相変らず健やかな身心に接して安心致しました。この門の出入もあと三、四回かと思へば心は軽くなります。どうぞ残る期間も丈夫で元気に過して下さい。云ふまでもないことでせうが、時局柄、何時でも召に応じ得る心構へをつくっておいて下さい。

先日昌子さんからお便りありまして、善彦ちゃんは相変らずの様子、ほんとにお気の毒です。

炫ちゃんのところのお柳さんが風邪で床に着いてゐたので、此の間お風呂の水くみをしてあげたら、「一生に一度」のお風呂だとお年寄が喜んでくれました。貴方が留守になる一寸前に竹をもらった家の老人夫妻は今度娘のところへ引越すそうです。

中瀬戸の農ちゃんは富田屋のイエちゃんの姉さんと結婚して、もう一子をあげてゐます。鉄ちゃんは村の人と結婚して東京に住み男の子がゐます。下堤では知合ひが多く亡くなりましたが、それでも生れた数の方が多いそうです。

浩志の洟風邪はなほりました。

では又、お元気で。

十月十九日夜

八重子

虔　様

〔母・板谷つまから虔へ、封書十月二十三日付、消印十八年十月二十三日〕

昨日ソノ〔園子〕に鶴川を訪問させました。幼い二人がキャッキャッと大喜びだったさうです。丁度十七日出の手紙がついたというて借りて帰りました。細かくき麗に書てますね。鶏の世話面白いでせう、けれど蛋白質を要求する状態の折からとてさぞたべたい事だらうとさっせずにハゐられません。でもね、普通人だってこの頃ハ否今年ハ玉子なんてとても手に入らないのです。私ハ玉子をたべられぬ素質ですから何でも無いですけれどほしくて得られぬ人、殊に病人のある家などでは大困りなのです。こんなふうですから毎日毎日玉子を手にしても平気でこらへて下さい。昔の一夏野尻湖でとうとう氷水を呑まなかったやうに。

緋鯉の死、ほんとにそんな事がありましたね、夢のやうに思ひ出されつゞいて中渋谷時代の子供等の姿が悦子を交へてちらちらします。あゝ、あの頃ハ幸福であった、未来への希望ハ実に明るかったのですもの。しかし私自身ハもうどうでもいゝ、子供四人が幸福な道を歩むやうにと願うの外ハありません、孫達の為めにも。

一昨々日愛子達三人が来ました。秋生ハ三、四歩あるきます。ツル川の坊やのそのころよりずっと荒っぽい子です。みんな揃った写真をとりたくてもフヰルムハ無し、よしあったとしても焼付ハ断られる、といってしゃ真屋に行くハ贅沢ごとまあまあ止める事なり。

タドン作ることにも慣れて決戦下先きに十六作ってまた二十作りました。乾いた方を使ってみましたがなかなか上等です。何でもやってみれば面白いものですね。愛子のところに炭の粉が一箱たまってゐるさうですから貰らって来てまた作るつもりです。自分のうちのコナで作ったのでは大した助けになりませんからね。

前の土曜日ハいゝ、天気でしたね。あの日お父様と敞君と私とで歩いて練馬のうちまで行きました。あちらも皆元気でした。圭子ハ昨春卒業してそのまゝ、そこの先生（和裁）をしてゐます。母孝行ない、娘です。

帰りも徒行、之れで十一キロ余歩いたことになります。何にも疲れません、えらいものですね。ツル川まで歩いてごらんなさいと敞君がいって笑ひました。

あとたったの百日ですね。来月半頃会ひに行きます。

ふいに寒い日がくることがありますよ、かぜをひかぬやうに願ひます。こちらはみなみな元気。
犬つれて霧の中行く朝の人　　淇久
十月二十三日
虔さん

〔八重子から虔へ、封書十月二十九日付、消印十八年十月三十日〕
五十四信
十月も終らうとしてゐます。今度の面会も身心共に元気と荻窪に報ずることが出来たことを喜びます。あれから神田に行きヒットラーの「我が闘争」上巻と「実際的洋裁の知識」と絵本二冊を求めました。額縁も買へましたから二、三日中に八畳の南側に子供たちの亡き祖父の写真がかゝげられるわけです。
今日子供たちの体重を計りました。
浩志、　一五・七五〇キロ
一四・九九〇キロ（四・五ヶ年の標準）
一五・六五〇キロ（五ヶ年の標準）
身長、　九八・六センチ
九七・五センチ（四・五ヶ年の標準）
一〇〇・三センチ（五ヶ年の標準）
陽子、　一二・七五〇キロ

一二・一六〇キロ（三ヶ年の標準）

身長、　八八・六センチ

八七・二センチ（三ヶ年の標準）

こんなわけで陽子は貴方の眼に間違ひなくよく発育しました。浩志は標準に比べれば上々ですが、去る六月測定の体重が一五・七〇〇キロでしたから四ヶ月間に五〇グラムの増加では成績がよくありません。但し身長の方は同期間に二・一センチのびてゐますから太る方より背丈ののびる方が主だったのでせうか。

朝の冷気に子供達は洋服を着てから又寝床へもぐりこんだりします。私が家の廻りを二、三回かけて廻ることを奨励してゐるので毎朝ではないけれどよくやります。陽子はい丶かげんですが浩志はやる時は熱心です。

お柳さんは一時肺炎になって重かったそうですが今日行ったら、起き出て食事する位によくなりました。

たんぼは稲刈で忙しそうです。雨が多かった為、水たまりになって仕事しにくそうな場所もあります。今年は陸稲が非常によいようです。

この村へも毎日買出し部隊が多く入ります。下堤では順ちゃんのところへ一番多く来ます。じゃがいもは随分沢山作って千貫供出し、三千貫位残ってゐましたが一時は物置に山となってゐたのが此の頃はめっきり減ってしまひました。

鶏は是非飼ひませうね。飼料の関係もありますから五、六羽でよいと思ひます。服部先生のところには東天紅が三羽ゐます。うちではハクレンがよいですね。卵の配給は一ヶ月に一回あるかないかで一回の配給量五十匁です。五人以上は百匁になります。配給所は駅の傍の下野さんです。食糧問題はお産があると三つ目にお赤飯をもらったり、私が産家で食べることもあって大分緩和されます。目下お醤油が足りなくて料理に工夫してゐます。

来月は十五日過ぎに行きます。

この秋はうちにも木せいが香ひコスモスが咲きみだれてきれいでした。

喜びの日を用意した冬がもうそのあたりまで来てゐます。

十月二十九日夜

八重子

虔様　みもとに

〔虔から八重子へ、封緘葉書、消印十八年十一月十一日〕

五三、四信入手、子供等の発育のよいのに驚き且つ悦んでゐる。陽子がよくそこまで行ったものだね。お母さんとそなたとの心尽しに深く感謝する。「まづ健康」といふや、古い標語は、今日一層その意味を深くしてゐるわけだが、まして子供等にとっては健康こそは無二の宝だ。健康に育った子供にこそ、たくましさも、ねばり強さも期待することが出来るのだ。この報告に接して、浩志に対して抱いてゐた懸念の薄らぐを覚える。自分に似て過度に早熟ではないかといふ懸念の。いくらか楽観的にすぎるかも知れないけれど、肥った大きな子は、精神的には却って晩熟ではあるまいかと思ふのだ。翻って思ふ僕の身体の発育は浩志に比して劣ってゐた。小学校入学後、初の身体検査の時（恐らく四月末頃、もうすぐ満七才といふ時）体重はやうやく五貫丁度であった。而も、他の子供等は裸にされたのに、僕はシャツもズボンもそのま、であった（洋服を着てゐた為の例外か、先生のエコひいきか知らぬが）だから正味一八キロ位だったらう。浩志がこの体重に達するのは恐らくもう一年半で十分だらう。その後も僕の体重の増加は思はしいものではなかった。二年、五・四貫、三年六・〇、四年六・五、五年、七・二、六年七・八。しかも、六年の時は夏に軽い肋膜をやったりして、武蔵の入学試験の時（二月末）七・八五〇しかなかった。僕の子供時代の身体は病弱でこそなかったが、何としても頑健ではなかった。かうした身体が、武道を習ふことを嫌ったり、又兵営生活を望まなかったりする有力な原因をなしてゐたと思ふ。少年期から青年期へかけて、みっちりと浩志を鍛へようと思ふが、それには平均以上に発育した肉体が先決条件だと思ふ。精神が肉体の弱さを可成の程度に補ひ得ることは、自らも少しは経験したが、之が労多くして効少きは云ふまでもない。胸囲の測定のなかったのは遺憾だが、身長体重を照合して、浩志に於ては身長と胸囲との比が標準より良好のことは確実の様だ。陽子はこの点、未だしの感がする。次の一ヶ年に期待をかけよう。

「お米お米」と浩志が言ってゐた由、之には一寸不快な聯想が生じた。あの米騒動のあった年、お父さんと同じ会社にゐて、家も近かった田村さんの長男勝彦《マサヒコ》君（敞君と同年だったから、当時丁度五つ）が、うちへ来て、玄関でおじぎしながら「どうもお米が高うて――」と言ったものだ。コマシャクレた子であった。それにしても余りにひどい。その時のいやな印象。その、いやみたっぷりな物の言ひ方、それは今もはっきり記憶に残ってゐる。（それを憶えてゐる当時九つの我も亦、あまり無邪気ではなかったが）五十三信を読んで、これを思ひ出してしまったのだ。あんな子には断じてさせたくない。（尤も勝彦君は父母を亡って、逆境の中に成人し、立派な青年になった様に記憶してゐるが）精神的早熟を防止するためにくれぐれも遺漏のない処置を講じてほしいと思ふ。浩志の年令が、すでに記憶時代（一寸変な言葉だが）に入ってゐるので、僕の記憶にある自分自身と何かと比較してみたい気になる。毎日、起居を共にしたら、いかばかり興味ふかい（到底こんな言葉で表はせぬ切実な気持だが）ことだらう。あゝ、僕の関心は、どうしても浩志に強く陽子に弱い。年令・性・そのちがひもあらう。だが、何と言っても、十一ヶ月手がけた浩志と、留守中に生れた陽子と、その相異だ。陽子よ、恨んでくれるなよ。今までは、何もかもなほざりにして来た父親だが来年からはそんなことはないぞ。

ここの週刊紙「人」に連載の短篇小説（田宮虎彦作）の中にこんな言葉があった。（佐江子とは、戦死した勇士の未亡人で、一人の遺児を育てつゝ或る重要な調査機関に働いてゐる人として書かれてゐる）「併しその幸福を追ひ求めながら歳月の数を重ねてゆくうち、佐江子は幸福といふものが、実は不幸をのり越えてゆく自分の力をいふのだといふことを、心のどこかに感じ始めたのだった」そなたにもきっと似た思ひがあらうと思って書き送る。

「わが闘争」上巻入手の由、下巻の方がいっそう重要ではあるが、上巻だけでも教へられる所はもとより少くない。若し読むなら、あれがヒトラーの政権獲得に先立つこと七、八年、運動がまだ受難時代にあった時だといふことを忘れずに読むことだ。さうすれば、ヒトラーの偉大さが一層はっきりする。

おぢいちゃんの額がやうやく出来たさうだね。子供等はどんな心でそれに対するだらう。子供等の理解力に応じて、次第におぢいちゃんのお話をきかせてやってほしいものだ。

鶏の世話をやってゐるために、もう手が少しばかりあれ始めたが、身体に寒さを感ずる点では去年よりもずっと好い。去年は室にとぢこもって風船貼だったから、寒さがそのまゝ身にしみて来た。今年は、寒ければ跳びまはって仕事をすればよい。今月から昼間の作業時間が一時間短くなったから、忙しいこと目のまはる程で、いきほひ駆け廻らざるを得ない。それがいゝ防寒となる。有難いことだ。

兄さんはこの前、釈放近くなって日のたつのの遅いことをかこってゐたが、僕にはそれが少しもなくてすみさうだ。

二十三日付のお母さんの手紙、二十九日付の俊子姉さんの手紙いたゞいた。いづれもお礼を言伝けてくれ。日まして寒くなる。みんな風邪をひかないやうに。

十一月七日夕

〔八重子から虔へ、封書十一月十五日付、消印十八年十一月十六日〕
五十七信
お便りいたゞきました。こちらも皆元気で過してゐます。
たんぼは殆んど稲刈がすみました。初めの頃は昨年以上の収穫が予想されてゐましたが今になってみればそれ程ではないやうです。けれど陸稲が非常によいので田畑合して昨年より少し上に出ると云ってゐます。大工の留さんも今年は牛を飼ひ、お米をつくり食料生産に大童で大工仕事はそっちのけです。
おぢいちゃんの額は八畳のらんまのところへ飾りました。浩志は八畳の南側を指して「あっちにもかければいゝのに」とか、「荻窪にあるのは誰?」ときいたりしました。最初の夜寝床へ入って眺めながら「夜みると綺麗だなー」と云ひました。陽子の方は額についいて何の感想も口にしませんでした。お兄ちゃんだけに食膳で交す大人同士の会話にも時々口をはさみます。そんな時、陽子も仲間入して何か言ひますが多くはトンチンカンなことです。一寸貴方が気になったらしい「お米」についてはそれを耳にした時、私は何のいやな感じも持ちませんでしたから子供らしくないませたことを云ったのではありません。多分、「今日はお米の配給です」とか「おうちにはお米が沢山あるの」とかいふやうなことでした。

七日にお産がありました。今月は三つで開業以来一番多いわけです。金井だったので、先日産家から歩いて玉川学園前の駅へ出てそこから電車で町田へ行きました。歩いた山道が気持よかったので、何時か子供達を連れて来たいと思ひました。

野津田へ開業した産婆さんは東京へ越したそうです。

お産がつゞいて、それに診察、買物、組合内の御祝儀、などで出歩くことが多くて家事がたまりました。今日は久しぶりで一日中家に居て働きました。私も日が短くなって用事に追はれてゐます。

便せんを売ってゐないのでこれはタイプライター用箋です。

荻窪、桐生、大森、みな無事のやうです。

くれぐれもお大切に。

さよなら

十一月十五日

八重子

虔様

〈虔から八重子へ、封緘葉書、消印十八年十一月二十七日〉

五六、七信ありがたう。子供等の生活の断片はいつ聞いても楽しい。浩志の心身が、次第に頼もしさを増して来たこと、誠にありがたいことだ。「ありがたい」といふ言葉、日本人の心の持ち様の表れの一つとして貴重なこの言葉、二人の子を授けられたことに対して今敢てこの言葉を用ひたい。そしてその心持を少し話してみたい。「人」新聞の記事の中に次の文がある。「豊かなる世界は物の揃ふことによって開かれるのではなくて、心に光あることによって開かれるのであります。その光は実に拝む心の前にあきらかにさして来るのであります。」拝む心は合掌の心であり、物事をありがたく思ふ心である。あたかも今日は新穀感謝祭。生命の糧に対し、又夫を作って下さる人々の辛労に対し、感謝の念を新にすべき日であるが、食物に対してのみでなく、あらゆることに感謝する心、合掌する心を失ひたくないものだと思ふ。近頃、手紙によって僕ながらに知る子供等の成長ぶりにつけても、この様な子供を与へられたことについての深い感謝の念が湧くと同時に、又一方、この子等を陛下からお預り申してゐる小さな宝物と考へ、全力を尽してこの宝を磨き上げ、有為な国民としてお返し申さねばならぬとの責任をも感ずるのだ。子を与へられるといふことだけでも、必ずしも誰にも許されることではない。現に兄さんは子宝を与へられてゐない。又、健全な子であることは大きな恵みだ。善彦ちゃんの様な気の毒な子もある。所が、二人の子の成長ぶりを見るに、身体も平均以上であるし、正確な指標はないとしても、知能も優れてゐると見るのは必ずしも親馬鹿の盲目の故ではない様だ。自分の子の知能を高く評価することが、結果として虚栄心の満足や「出世」の期待やをもたらすものならば、夫は愚にもつかぬことであるけれども、並よりは優れた宝物をお預りしてゐるのだから、並以上にそれを磨き上げてお返しせねばならぬといふ責任感をもたらすものならば、夫は正当であり、むしろ忽にすべからざることだと思ふ。この意味で、子供達の知能・体力の実際を正しく評価し、その開展発育のために努力し、教育が成長に対して後手にまはらない様に常に留意しようではないか。

冷静に考へてみて浩志も陽子も、並以上の知能を恵まれてゐるであらう。そのことは彼等の将来に、並以上の活動と御奉公とを課せられてゐることを意味する。ヒトラーは彼の言ふ「指導者原理」に於て、人間の歴史を発展させるものは、指導者の先見と被指導者多数の力との結合にあることを力説してゐるが、吾々の子供達は恐らく、単なる被指導大衆の一人としてではなく、小なりといへども或るグループの中で指導的な地位につくべき運命を持たされてゐるのだと思ふ。ヒトラーは又、指導者の被指導者に対する絶対的な責任を極力強調してゐる。被指導者に対して、自己の言動につき全責任を負へる様な人間に子供等を磨き上げることは吾々の義務でなければならぬ。してみると、子供等の体力も、平均的であっては満足が出来ない。若し、並の子が十キロ歩けるなら、二人は十五キロ歩ける様でありたい。並の子が五枚の着物で冬を越すなら、二人は四枚で凌げる様でありたい。十人の同年輩の子と角力とるなら、少くも八人には勝てる様でなければならぬ。青年になったら、溺れる者を救ひ上げ得る程度の力と自信とを持たせたい。陽子にしても、アルプスの陵を冒す様な健気な女性にしたい。恐らく幾十年の永きにわたたって続くであらうこの決戦下の厳しい生活は指導者たる者に、それが如何なる方面にかゝはる者であらうと、逞しい体力を要求するであらうからだ。体力のみではない、善を求め悪を斥ける意力に於ても、或は亦、自然の美、人生の美を感得し、天地の恵を感謝する温い心に於ても、更には万物を観察して普遍性と個別性とを認識し出す能力に於ても、又は異った環境に適応し善処する能力に於ても、並以上であらねばならぬ。子供等の中に蓄として眠ってゐるさうした力を、如何にして完全に開き伸ばさせるかは吾々の双肩にかゝってゐるのだ。子供等は確に相当によいものを潜在的に持ってゐる。だが、磨き上げねば夫は全く無価値だ。吾々は、並の親以上に育児に努力せねばならぬと思ふ。

話が少し抽象的になりすぎた。次に、冬と育児について、希望事項を、思ひついたまゝに記す。適宜選択して試みてほしい。第一は薄着でがんばり通すことだ。秋から初冬にかけては、この点に留意してゐても、厳寒期にそれを崩してしまっては何もならぬ。冷水摩擦の貫〔慣〕行も望みたい。寒い時は、暖めた室内でやってもよい。来年の畑作の楽しみを心に描かせて、肥料のために落葉をはき集め堆積させることなど、出来さうにも思ふが如何。暖い日に空閑地を掘返させて、地虫など掘り出させるのは除虫と、虫の生態観察とを兼ねる。冬はどうしても室内で遊ぶことが多くなるだらうが、稍高度の積木、組木等の遊び、虫眼鏡の使ひ方も教へていゝと思ふ。虫眼鏡の使ひ方になれゝば、黒い毛織物の上にとった雪片の美しい形を見させることも出来るだらう。絵はなるべく多く描かせたい。お手本を見て書くことも必ずしも斥けぬ。冬の行事（田舎の生活には、数々の行事があるだらう）に親しませることも考へていゝ。又、之は冬に限ったことではないが、自分の着物、玩具、日用品等を自分で処理する習慣はなるべく早くからつけた方がいゝ。そなたも忙しい身体ではあるし、人まかせといふ心構へは誠によくないことだから、少し無理かなと思ふ位早くやらせた方がいゝ。又、手足を洗ふとか、鼻をかむとか、お風呂で身体を洗ふとか、失ったものを見出すとか、こんな事も自分でやらせる様に。初は何事も、自分でやらせる方が却って手間もかゝるものだから、つい傍で世話しすぎてしまふが、依頼心を増長させる様なことは誠によくない。寒くても戸外で遊ばせる時間を多くする様に。子供は風の子だ。今どんな遊びが流行してゐるか知らぬが、甚しく悪いと思はれるものでない限りは、やはり皆の遊ぶ遊びに興じさせ、上達もさせたい。又、うちの子に率先させて、よい遊びを流行らせてもよい。玩具等を大切に扱ふ習慣もつけさせたい。尤も之は、好奇心からする破壊をも排斥するのではない。なほひきつゞき、子等の生活の報告を望む。寒くなって来たね。お母さんはじめ、皆元気で暮す様に。

次信は横浜宛に書かうと思ってゐる。皆によろしく。

十一月二十三日（近頃は封緘がこゝで買へるから差入に及ばない）

〔虔から八重子へ、封緘葉書、消印不明〕

面会ももう一度だけといふ所まで来たね。いつの面会でも笑顔で対面出来たことは、思へば不幸中の幸であった。他の人達の面会では罵ったり泣いたりすることも稀とは言へない様子だが。手紙で知る浩志の近頃の態度にはなかなか感心なものがある。大いに伸ばしてもらひたいと思ふ。そして、多少高きにすぎると思はれる程度に目標をきめて、男の子らしい健気さを養ってもらひたい。もう六つにならうといふのだ。独では近所へも遊びにゆけぬ様であってはならない。書いてゐて、急にたまらない程浩志に逢ひたくなった。半年逢はぬ浩志は今、どんなになってゐるだらう。途切れ途切れに短い時間だけ逢って来た過去三年半の、その時その時の浩志の姿は、心のスクリーンに次々と映るが、手紙にある浩志と同一人か別人かといふ様な気さへする。

顕微鏡はぜひ実現したいものだ。然し買ひ急がないで、最も適当と思はれる品を物色するがよい。尤も時節柄、物色する程品がないかも知れないね。なほ、虫めがねは一日も早く使はせてほしい。左手で持ち左の目で見る様に習慣づけること。といふのは、右手に持ったピンセットか針かで、物を動かしつゝ見るのに、この方が好都合だし、顕微鏡を見る時には、左の目で見て右の目で写生をするのが定則になってゐるからだ。虫めがねは物とレンズと目と三つのものの距離の関係が一寸面倒だから、よくよく教へ込まないといけない。なほ、虫めがねの正しい用法からは外れるが、日向で焦点を作って遊ぶことも覚えさせるといゝ。但し白いものに焦点をあてゝ直視するのは目に悪い。七国山に行く様な時には双眼鏡があるといゝね。荻窪のが借りられるかとも思ふ。又、移植ごて、剪定鋏等持ってゆけば、決して無駄でないだらう。わらび根、かたくり、くず、やまのいも等のどれかが手に入ることもあらうし、必ずしも有用植物でなくても掘っていゝものがあらう。又、木の枝を切って帰って冬芽の鱗葉をむいて見るのも面白い。葉芽は小さく、花芽は太ってゐる。この内容を虫めがねで見たら得る所があるだらう。袋にどんぐりを満して帰るのもいゝ。どんぐりは妻楊子を縦にとほしてコマにもなるし、小さな人形も出来るし、来年の発芽実験にも使へるし、あくぬきして炒れば食物にもなる。救荒食物の常食化は当分避け難いことをも考へてみなければなるまい。救荒食物と薬草とは将来、余暇を見て、研究してみたいと思ってゐる。

田舎に吾々の家を移したことは実際いゝことだった。最初の目的と現実とは全くくひちがったのだが、子供等の教育にとって、どれほど豊な環境が田舎にはあることだらう。それにつけても思ひ出すことがある。去年の秋、或る看守さんから伺ったことだが、浅草あたりに住んでゐるその人の子供さんたちは、バッタを一匹五銭で買って、おもちゃにしてゐるとのことであった。啼く虫やほたるや玉虫などならいざ知らず、たゞのバッタを買はねばならぬ都会の子の惨めさ。たとひその地の国民学校はコンクリート建の美しいものであって、腕きゝの先生が揃って居り、掛図や標本が整ってゐるとしても、さうしたもの、教育上の効果は、あの丘の上のボロ学校の生徒たちが校外の自然から毎日毎日学んでゐる活きた学問に及ぶべくもないだらう。落語ぢやないが、「かまぼこが海で泳いでゐる」といった様なとてつもない想像、それ程ではなくても、五十歩百歩といひたい様な沢山の観念を、都会の子は自然について抱かざるを得まいと思ふ。

大東亜戦争もいよいよ満二年、最近の戦況は、長期消耗戦の色彩が明瞭になって来てゐる様だ。「転進」*によって、一年前より戦線はかなり後退したが、之は、アメリカがつけ上って考へてゐる様な日本の敗退ではなくて、消耗戦を有利にするための引き締めであったのだらう。最近、ブーゲンビルやギルバートに於て敵の受けた大損害はそのことを物語ってゐる。吾々は御稜威と無敵皇軍とに全幅的に信頼しよう。併し、ヒトラーの言ふ如く、銃後国民の努力こそは、戦線の同胞の血を節約する唯一のものであることを銘記して、職域にベストを尽さねばならぬ。記念すべき日、十二月八日を中心として、種々の行事もあること、思ふが、奉公の心に徹することを何よりも重んじなければならぬ。

二十四日の夕、決戦の大空へといふ映画を見せていたゞいた。あのハワイ、マレー沖海戦の前半とよく似たもの、少年航空兵の鍛錬の有様は、いつ見ても頭が下る。

農業年鑑は買ひ損なはない様に頼むよ。

お母さんから、手紙（二十四日付）をいたゞいてゐる、よろしく。

今朝など随分厳しい寒さだった。みんな元気で。

十二月五日

＊転進　旧日本軍で使われた軍事拠点を移動することを指し示す言葉。一九四三（昭和十八）年ガダルカナル島からの部隊「転進」で初めて使われた。しかしその実態は、撤退退却であり、その事実を国民から隠蔽するためであった。

〔虔から八重子へ、封緘葉書、消印不明〕

五九信入手。昨日は姉さんが面会に来てくれた。十三日鶴川に行ってくれた由、お産があって、大部忙しかった様子だね。皆元気でゐてくれて本当にあり難い。十二日から三日間かなり寒かった。冬支度が完全にと、のはない中だったから、随分寒いとは思ったが、風邪もひかなかった。

この手紙は今年の最后のものだから、本来なら今年一年の決算をつけるべき所だが、吾々のお正月は一月でなくて二月だから、一年の決算も一月おくらせた方がい、だらう。

昨日は面会がたて込んで時間が短かったが姉さんは非常に有効にそれを利用してくれた。待ってゐるお母さんの気持、陽子までがお父ちゃんの帰る日をあてにしてゐる様など、色々ときかせてくれた。お父さんやお母さんのお心持を考へさせられて思はず目頭が熱くなった。又浩志や陽子が、何かにつけてお父ちゃんの帰りを口にすることを聞かされて、何となく面はゆいものがある。二人の心の中にあるお父ちゃんとはどんな人間であらう。どこか、変な所にゐて、ちっとも自分達の所には来てくれぬ人、お母ちゃんに時々手紙をよこす人、青い着物を着てゐる人、そのお父ちゃんが帰って来るといふのはどういふ事だらう。子供達が物心づかぬ中に帰りたいと望んだこともあったけれど、それは無理な注文だった。それにしてもどうも智慧がつきすぎて来た様な気がする。或は、お父ちゃんの帰りといふことが、余りにも多くそなたの口に上るせゐでもあらうか。

作業賞与金は多分三十円以上になると思ふが、何か、二人の子のためによい記念になる様なものを与へたい気がする。それについて、そなたも考へてみてほしい。昨年の十二月八日、賞与金の献納を申出たのであったが手続上、個々の申出は受付けられぬから、機会を待てとのことで、それなりになってしまった。出所後、献金することも、もとよりよい使用法とは思ふが、二人の子を、立派な皇国民として育てあげるために適当な用途を見出したいのが、今の僕の偽らざる心持である。

十一日から、鶏の世話は別の人がやる事になった。都合あって鶏舎が離れた所に移されたからだ。今月に入ってからは昼間作業の時間が一時間も短くなった上に、事務が増して、余りの多忙さに弱ってゐた所で、ほっと一息つけたわけだ。併し一抹の淋しさは感じた。今日は久しぶりに落着いた免業日を迎へた。今月末から来月初にかけて、六日もある免業日に、ゆっくりと四年間の拘禁生活の決算をつけることも出来る。こゝでの仕事運はたしかに恵まれてゐた。ありがたいことだ。

今日は感想を記すことを命ぜられ、朝からそれの草稿を書いてゐる。項目の主なものは、将来の方針、家庭の現況、現在の心境等だ。書くためには想を練らねばならぬ。反省、検討のよい機会が与へられたことゝ、之又感謝してゐる。

竹中先生は教育召集*の期間満了後、引きつゞき臨時召集*となって当分は軍務に服される由、御後任として、拘置所から日下先生が来られた。日下先生には拘置所で大さうお世話になった。今日先生のお姿を講壇に仰ぎ、お声に接して実に懐しかった。近々御面接を願って、最後の数旬の修養に先生のお導きを乞はうと思ふ。

浩志は未だ字を読まうとしないだらうか。若し少しでもその欲求を示したら、もう早すぎることはないと思ふから、教へてやってほしい。数に対する関心はどうだらう。おもちゃの中に、数の観念を育成するによい様なものがあるだらうか。無ければ与へるべきではないだらうか。服部先生の御意見をきいてみるといゝ。

浩志と一緒に朝の馳足をしたのはよい事だった。教育は体験に基かねばならぬ。教育は感化でなくてはならぬ。教育には便宜主義を排斥せねばならぬ。そのよい心がけを今後ともつねに生かして行ってほしい。浩志は、お母さんが一緒に走ってくれたことを、きっと嬉しく思ひ心強く思ってゐるにちがひない。あゝ、僕も、子供と一緒に走りたいなあ。

この手紙を一旦中止して、感想を書き終へたら、もう就寝時間が迫って来た。風が変って又寒くなるらしい。これから一ヶ月は、寒さが増すのだが、今年は寒さに対していさゝかの不安もない。工場の机の脇に寒暖計があるので、毎朝工場に入るとすぐ温度を見て、ノートしてゐるが、去る十二、十三日が-3°、十四日-2°、十五日-1°、その后は氷点を降ってゐなかった。明朝は又マイナスだらう。併し晴れてさへ居れば、朝日がさすので、室内はすぐに七、八度まで上る。鶏が居なくなったので手のあれる原因もなくなった。

別れ別れに迎へる最後のお正月も、もうすぐだね。一月先の悦びを胸に抱いて、朗かに正月を迎へよう。

晴の日のプランについては、こちらからは一切注文しないことにした。すべてを、迎へてくれる人の意向にまかせる。年が変ったら、何かと案でも練って幸福の予感に浸るのも敢て反対はしない。併し、人生のはかなさは、どの様な事で予期した事を中断するかも知れないよ。何事があってもそれに随順し得る心構へは忘れないで呉れ。

みんな元気で。

十二月十九日夜

＊教育召集・臨時召集　教育召集は、旧日本陸軍にて補充兵の教育訓練を行うために出された。臨時召集は、戦争などにより多くの兵士が必要になると、臨時動員令が発令され、普段は在宅している予備役や補充兵役の者が召集された。臨時召集には臨時召集令状が出されたが、赤い紙が使用されたので赤紙ともいう。

〈八重子から虔へ、封書十二月三十一日付、消印十九年一月一日〉

六十一信

昭和十八年もあと三時間余りで終ります。この暮は四年ぶりでいそいそとお正月の支度をすることが出来ました。勿論決戦下のお正月故、数年前とは大分変ってゐますから、支度も簡単です。

今日、浩志とこんな会話がありました。

「明日はお正月よ」

浩「お正月になるとお父さんが帰ってくる？」

「お正月になってすぐでなく、一月経ってから」

浩「そうすると、お母さんのところへ手紙が来なくなる？」

「え、」

陽子も今日、お父さんが帰ってきたら天井まで上げてもらふのだと云ってゐました。矢張り子供たちも貴方の帰りを待ってゐるんですね。

敞叔父ちゃんから顕微鏡をもらひました。六十倍ですがレンズはあまりよくありません。価は十一円、子供が使ふのには手頃でせう。未だ早すぎますが供へておけば子供の興味に何時でもすぐ応じることが出来ます。

二十九日の朝は随分冷たかったので、かけ足に私も一緒に行ってやると云ったのですが一人でい、と出かけましたが、やがて泣きながら帰って来ました。何で泣いたのかきいても云ひませんでしたが夜寝る前にきいてみたら冷たくて泣いたのだそうです。靴下なしのひざから下が冷たかったのです。それで今度からは靴下をはいてかけることにしました。三十日は足を痛めてゐたのでお休み、三十一日の今朝はあた丶かかったけれど久しぶりで一緒に走りました。
一年を回顧して自己の足らざる点を恥ぢます。来年こそは悔なく過したいと思ひます。
お身体を気をつけて下さい。こちらは皆元気です。
新春早々お便り書きます。

十二月末日

八重子

虔　様

〔弟・板谷敞から虔へ、封書十二月三十一日付、消印十九年一月一日〕

まだ一ヶ月も有るのに、「君からの元気な便りを心待ちに待ちつ丶、とうとう待呆けになってしまった……」と書いて来たのは、いさ丶かどうかと思はれます。「もう一度手紙を貰ひたい」との希望はきいてゐましたが、別に十二月二十五日迄にと限られた様には記憶してゐません。僕としては、元々大晦日に書くつもりでゐたのです。ですから、「もう書いてくれなくて結構」と云はれましたが、予定通り書きます。尤もさうきめた頃は、大晦日は終日手紙書きに当てるつもりでした。所が、例年ならば休めるその日も、今年は平日通り出勤と云ふ事になり、昨日迄ブッ続けた残業は流石にしませんでしたが、それでも、かうやってペンを取る事が出来たのは、七時半です。

御無沙汰を続けた事は重々悪いとは思ひますが、十分なとは云へないまでも、相当の理由は有ります。唯忙しい忙しいと云っても中々納得してくれないでせうから具体的に書きませう。

帰宅は、毎日八時半。それから、おそい食事を済ませ、夕刊を読み、往復の電車で読んだ本から、重要事項をノートし、日記を附けなどすると、もう彼是十時になってしまひます。寝る時間です。朝、目覚時計は五時半にかけておいて、この時間になれば必ず起きるのですが、成る可くそれより早く起きて五時半まで勉強する事にしてゐます。出来れば四時半頃に、と思ふのですが、疲労の為、中々目がさめません。さて五時半から体操、冷水摩擦、食事で、六時四十五分に家を出ます。相変らず素足に下駄ばき、オーバーは勿論の事、毛糸の物も着てゐません。

手をポケットに入れる事はやめまして、駅迄歩く間、ずっと摩擦を続けます。電車に乗ってゐる間（正味一時間）、専ら読書（主として自然科学に関する物）します。

十時間勤務を終へての帰りに、朝刊を読みます。大抵の人は、朝、新聞を読んでゐますが、「頭の冴えてゐる時に新聞なんか勿体ない」と云ふ主張に基いて、僕は敢て、一寸変った事をするのです。

何処にも出かけない休みの日は、先づゆっくり朝寝をし、おそい朝食を採ってから買物に行ったり、手紙を書いたりします。（近頃は、何の店も恐ろしく早くしめてしまふので、平日、帰りには何を買ふ事も出来ないのです。）この買物と云ふ奴が、中々時間を食ふ仕事なのです。去る十九日に、顕微鏡を買った時には、三越本店――高島屋――白木屋――玉屋――伊東屋と無駄足で、松屋でやっと見付けたんですが、こんな工合の事がしばしばです。い丶本なんか、たった一冊買ふ為に何日も何日もか丶る事が有ります。

さて、休日のもう一つの行事として「手紙を書いたり」と云ひました。「そんな事云ってサッパリ自分の所によこさなかったぢゃないか」と叱りを受けるかも知れませんが、率直に云って、そちらへ書く材料が余りないいんですよ。前とは違って、天下の形勢も大分知らされてゐる様ですし、それに僕は、唯手紙を書く為に書くと云ふ様な、空々しい事がどうしても出来ないんですよ。で、書く時間が出来ると先づ、前線に有る多くの友人に順に便りを認めると云ふ事になってしまひます。
彼等は、所謂「銃后」の有らゆるニュースに、文字通り餓ゑてゐます。（学校時代の、前にゐた会社の、今の研究所の、同僚が、大勢、入営又は応召中です）
去る二十五日から二十六日にかけて、鶴川のうちで見た事を一つ報告しませう。僕が着いたのは二十五日の十二時過ぎで、皆食事が終ってゐましたので、僕が一人で、あの円形の小さいちゃぶ台で御馳走になったのですが、すんでから、陽子君に片附けてくれと云ひました。彼女は直ぐ茶椀などを台所へ運びちゃぶ台も片附けやうとしましたが一寸、手におへません。で、僕が、足を畳めばい丶と教へると、彼女は直ぐちゃぶ台を裏返しにして畳みにか丶りましたが、力が足らず中々うまく行きませんでした。するとき浩志君が応援して、ちゃんと足を納めました。陽子君はそれを両手でか丶えて運ぼうとしましたが、矢張り駄目、見てゐた浩志君が、「ころがしてけばい丶、ぢゃないか。」と智恵をつけると、陽子君、「ころがしてけばい丶」と鸚鵡返しに云って奥の四畳半へころがして行きました。
もう一つは、二人の子供の口から、一度も「お父ちゃん」と云ふ言葉をき丶ませんでした。この前面会に行った御仁の例の無くもがなの尾鰭を附けた饒舌から、或種の幻を抱かせられたらしいですが、子供達は、そんなに「待焦れて」はゐません。それは当然で、むしろその方がい丶、のではないかと思はれます。（之は一寸不愉快にきこえたかも知れませんが、もしさうでないとするならば、それこそ末恐ろしい子供だと云ふ事になるでせう）
大漢和辞典の事は甚だ遺憾に思ひます。反対の理由として姉さんのあげた五ヶ条は、一々反駁するのは易々たる物ですが今更何と云ったってどうにもなりませんからやめておきます。

昭和十五年秋、電蓄を買った時からずっと借りて有った「第九」のレコードを、二十五日に返しておきました。帰ったら直ぐきける様にと。

では、

十八年十二月三十一日夜

〈八重子から虔へ、封書一月三日付、消印十九年一月四日〉

六十三信
元気でお元日をお迎へのこと、存じます。母を始め浩志、陽子、私も丈夫で晴やかに新春第一日を過しました。今はみりんはありませんから甘いみかん水を作りおとそに代用しましたら、子供達は大喜びでした。きんとんの代りにおさつで茶巾しぼり、これも歓迎されました。双六も一回四人でしました。

夕方電報があって桐生から兄、幸男、登志彰が来ましたので翌二日のお雑煮は賑やかにいたゞきました。兄は一泊で帰り子供たちは四、五日泊まることになりました。

裏山へ遊びに行ったりかくれんぼしたり、狭い座敷の内でふざけたり大さわぎです。浩志も陽子もはしゃいでゐます。陽子のは単に陽気にしゃべるのですが、浩志のは少し甘へるやうに、又、少々分らずやになるやうな気味があります。けれど昨夏の頃よりずっと目立たなくなりました。

今朝寝床の中で登志ちゃんが陽子にこんな質問をしました。

「陽子ちゃんはどこへお嫁に行くの？」　「新原町田」

「いくつになるとお嫁に行くの？」　「十三」

このやうな質問は陽子にとって始めてなので何と答へるかと耳をすましてゐましたが、的を外さず可愛い調子で返事したので思はず笑ひました。

「不断の努力」これは本年度の私の生活標語です。その気になって一生懸命やれば相当の成果は上るのですが、息抜きが多過ぎたり、むらがあったりするのが私の欠点と自ら戒めてゐます。

本格的な寒さになりました。随分とお身体に気をつけて下さい。

昭和十九年新春

八重子

虔　様

〔母・板谷つまから虔へ、封書一月六日付、消印不明〕

みんな丈夫で新年を迎へた事ハおめで度い極みです。暮れの二十八日に鈴馬さんが亡くなられました。行かねばならぬ関係の家ですが暮れから正月にかけてハ旅行者に制限があって、なかなか切符が買へないのです。鉄道の知人の骨折で漸くそれを手に入れ、三十一日の早朝にお父様が山形へ出かけられました。そして二日の夜無事帰宅。三十日にハゆきちゃん（リヨさんの姪）のお舅さんの、その一寸前にハ山辺福三郎さんの、と訃報がつゞく。昨日五日にやっとそれぞれへのお悔みを果した次第です。うちのお墓をきめて置かないといざといふ時になってまごついたりまごつかせたりするのを気にし出してほゞ一年前その建立を原田の晴《キヨシ》さんに依頼して置いたところ、出来上って立ったのは暮れの二十九日でした。お父様の字で板谷家之墓と彫ってあります。後年こゝに参ってもらへるでせう。

初雪としてハ少からぬものでした今日ハ寒の入り、いよいよ冬が本格的となります。お父様の出勤時刻ハまだ明けきらぬ六時です。余り御苦労をかけ過ぎるやうでお気の毒です。六時四十分にハ敞君が出かけます、無外套、素足。私もボンやりしてゐてハ済まぬことゝ、食物以外ハ何一つ買はぬやう心がけて古いものを引き出してハ更生に日を送ってゐます。

もうすぐですね、無事で帰て下さい。も一、二度はがきを出します。

一月六日　　　　　　　　　　母

虔　様

六十四信

〔八重子から虔へ、封書一月十一日付、消印十九年一月十二日〕

二日付のお便り受取りました。

作業賞与金を生活費の一部に投じて下さいとは希望しますが、帰宅早々、単にパンの為にのみ職業に就いて働いてくれとは云ひません。只、重大時局故、一日でも早く御奉公の道に入ることを重ねて願って止みません。即ち、貴方に働いてもらひたいと云ふのは自活のためといふよりは戦争生活を身に体すといふことの方に、重い意義を置いてゐるのです。さう解釈してゐるとは思ひますが貴方の手紙を読んでみて、二月の生活費といふことにこだわり過ぎてゐるように感じたのでこゝに一言申添へました。

併し、又、「自活」といふ問題を抽出して考へてみる時、私はこれは非常に大切なことだと思ひます。人に頼るといふことはずるい考へです。私は万止むを得ざる場合の外は自らのパンは自らの手で得るべきと思ひます。

それからもう一つ。生きた世の動きは文字よりも「生活」それ自身がよく教へてくれるのではないでせうか。その「生活」の置き方が大切なのです。

井の花に百日咳が流行しだしたので子供たちに予防注射をしました。

極寒期に入ってから浩志は泣き虫で意久地なしで分らずやになりました。

二人共、二、三日前から風邪を引いて今夜は咳をしてゐます。でも百日咳のやうではありません。

一月十一日夜

八重子

虔　様

〔父・板谷浩造から虔へ、葉書一月十四日付、消印十九年一月十四日〕

決戦必勝して新年を迎へ六十七才の老驚に鞭ち増産に微力を尽くし得らる、健康を持つ事は天佑とも神助とも感謝して居ます。旧臘二十八日に山形の鈴木鈴馬翁が七十四才を以て急逝されましたので大晦日の朝出発、二日の夜帰りました。委細ハ近くお前を迎へてから話しませう。二十九日には私共の墓標が一年余を費して出来しました。二月二日ハ私の父其方の為には祖父の祥月命日ですから立川へ墓参に回向する積りで居る。私達のは青山だから彼岸頃に読経でもして貰って皆で墓前に集り度いと考へて居る。あと二旬に足らぬ間だ。一層健康に留意して出来る限り勤めと責任を果たす様祈って居る。最も寒さの厳しい時です要慎々々。

一日にハ迎に出向きます。

〔母・板谷つまから虔へ、封書一月十八日付、消印十九年一月十八日〕

昨日ソノ〔園子〕に鶴川を見舞はせました。八重ちゃんハ相変らずお産で忙がしく、おばァちゃんも坊や達も元気でゐたさうです。二日出の手紙を持ちかへりました。一読、私達の考とハ余りにも違った場面に出っくわしてしばし呆る〻ばかりでした。出所第一の仕事、それハ心身の恢復を計ることでなければなりません。八重ちゃんハ誰、彼に気をかねてさういふ案を立てたのでせうけれど大丈夫よ、しばらく生活のことなどは忘れてゆったりとお父ちゃん気分におひたりなさい。

さて出所の時持ちかへる品ハどれほどあるでせう。敞君が一日勤を休んで自転車で運ぶというてゐます。ソノが昨日きいてきた処によれば着物が戻ってなかったかも知れないんですって。この時代何一つだって大切ですから検べられるものならしらべて置いて下さい、本も可なりあるでせう。

話がいよいよ具体化しましたね、うれしいことです。約束の足袋もとっくに出来てますよ。その日の御馳走ハ今から心がけてゐたら何か出来ませう。今朝の気温ハ-2でした。そちらはマイナス五、六度でしたらうね。あといよいよ二週間元気で帰って下さい。

体重が四十三半からよく五十キロまでに上ったものですね。その分ならきっと身体に悪いところが無いのでせう。ほんとに長い間御苦労でしたね。

こちらは一人のかぜひきもゐません、有りがたいことです。

も一度はがき位を出すかもしれません。

一月十八日朝　　　　母

虔様
春便り書くチグハグの便箋紙

〔八重子から虔へ、封書、消印十九年一月二十三日〕

六十六信
もうほんとに僅かになりましたね。この最後の手紙が貴方の手にとゞく頃は、喜びの日は三、四日後に迫ってゐることでせう。生れてゐなかった陽子が五つになって下駄箱をかきまわし、綺麗な履物を持ち出しあちこちとはきちらかすやうになったのですから、思へば長い年月でした。その長い月日の間、貴方が身心共に健やかに過して今や青天白日の身となる日を迎へることの出来るのはひとへに所長殿を始め、直接御指導にお当り下さった先生方は申すに及ばず所内の方々の、冷い規律の中にこめられた、御厚情と御親切とのおかげと深く感謝してゐます。
三年八ヶ月の別離生活から得た私の収穫は、精神的には、「明るい人生観」を持つようになったこと、具体的には「産婆の開業」とであります。苦労の中から、明朗さを獲得しました。否、最初から苦労だとか、自分は不幸だとかとは少しも思ひませんでした。生れ変った貴方を迎へてそして自分も又生れ変った気持で新しく生活を築いてゆくことが出来るといふ確信に燃えてゐたからでせうか。或ひは又、子供が居たからでせうか。或ひは又、貴方の「生き方」の影響でせうか。荻窪の父、母、桐生の人々、村の人達の温い心、意地悪くない態度なども有難いこと、思ひます。産婆の開業は生活視野を広め、実生活に真剣味を加へてくれます。
恥かしく思ふのは、相変らずのやりっぱなしで今でも家の中はゴタゴタで整理がついてゐません。

刑はすみました。併し、償ひの生活はこれからがほんものです。
しっかりと、生きませう。
一月二十二日夜
八重子
虔　様
〔虔　十九年二月一日出所〕

浪江虔・八重子の足跡

浪江（旧姓・板谷）虔は一九一〇（明治四十三）年に板谷浩造・つまの次男として札幌市に生まれる。三〇年（二十歳）、武蔵高等学校から東京大学文学部美学科に入学するが、翌年より小作争議中の鶴川村（現町田市）で農民組合運動に参加し、東京大学を退学。三二年日本共産党に入党し、三三年に検挙される。市ヶ谷刑務所で読書三昧の独房生活の間に、農村に定着する決意をかため、転向を表明、三五年に釈放。三六年（二十六歳）に浪江八重子と会い、農村定着の方針を語り、結婚を約束。

浪江八重子は一九一〇（明治四十三）年に瀬崎重吉・ちせの長女として群馬県桐生市に生まれる。小学校在学中に母の旧姓の浪江を継ぐ。三〇年（二十歳）、東京女子大学高等学部卒。婚約後、虔は東京府立園芸学校へ、八重子は水原産婆学校へ通学。一九三八年に結婚し（共に二十八歳）、農村図書館設立計画を発表、虔は浪江姓となる。三九年鶴川村に定住し南多摩農村図書館を開館。四〇年、虔が、日本共産党再建運動に加わっていた兄・板谷敬の巻き添えで検挙され、二人は三年九カ月に及ぶ別離生活を余儀なくされる。南多摩農村図書館は四一年一月に休館。四三年に八重子（三十三歳）は助産婦を開業し、生活を支える。四四年二月、虔（三十四歳）は満期釈放され、十一月に南多摩農村図書館を再び開館。四七年、虔（三十七歳）の初めての著書『農村図書館（かく生れかく育つ）』（河出書房）刊行。農山漁村文化協会の理事になる。この後数年間「農民のための農業書」の著作・刊行に主力を注ぐ。八重子は助産婦・図書館業務・育児・家事に励む。

一九五五年より虔（四十五歳）は日本青年団協議会の全国青年問題研究集会の助言者、国民文化会議の常任運営委員になる。五九年、日本図書館協会の評議員、自治労の助言者を務める。

六三年（五十三歳）、町田市立図書館と協力して地域文庫づくりを呼びかけ、この後、公共図書館を住民の手で充実させる活動に力を注ぐ。

一九六八年、南多摩農村図書館を私立鶴川図書館と改称。八一年、虔（七十一歳）の『図書館運動五十年——私立図書館に拠って』（日本図書館協会）刊行。この図書館は開館五十年をもって八九年に閉館。

一九九〇年、八重子（八十歳）の『歌集　山茶花』（私家版）を刊行。九三年、八重子没（八十三歳）。

虔は、一九九五年（八十五歳）、『本ものの地方分権・地方自治』（BOC出版部）、九六年には『図書館そして民主主義　浪江虔論文集』（ドメス出版）を刊行。また、八四年に虔の呼びかけで結成された「町田市立図書館をよりよくする会」（現「町田の図書館活動をすすめる会」、九六年に改称）の会員として、晩年まで市民活動を続けた。九九年没（八十八歳）。

あとがき

私たちがこの『浪江虔・八重子　往復書簡』に携わるようになったきっかけは、「はじめに」でも触れたように、町田市自由民権資料館で開催された「浪江虔・八重子と私立南多摩農村図書館」展（二〇〇三年十月〜十二月）でした。『浪江虔・八重子　往復書簡』刊行委員会代表の手嶋は、そこで展示されたご夫妻の書簡の一部を読み、ご夫妻の長女である野沢陽子さんにお願いしてコピーを撮らせて頂きました。そして、自由民権資料館の展示期間中の十一月に「図書館そして民主主義」という演題で講演したときに、冒頭で「『往復書簡』を世に問いたい」と発言しました。

そこで、二〇〇八年五月、『(仮称) 浪江虔・八重子　往復書簡』(以下、『往復書簡』) 刊行委員会の立ち上げを「町田の図書館活動をすすめる会」(以下、「すすめる会」) に呼び掛け、有志による『往復書簡』刊行委員会」を結成しました。以来、一八回にわたって委員会を開催し、幾多の作業を経て何とか形にするところまで漕ぎ着けました。その間、長期にわたる空白期間があったことで、協力してくださった皆様にご心配とご迷惑をお掛けしてしまったことを誠に申し訳なく思っています。

「すすめる会」が、『往復書簡』刊行に関わる理由について、簡単に触れておくことにします。「すすめる会」の前身である「町田市立図書館をよりよくする会」が一年余りの準備会を経て結成されたのは、一九八四年四月ですが、それは、市立図書館の停滞を打ち破ろうという浪江先生の呼び掛けに市民や職員が応えた結果でした。以来、「町田市立図書館をよりよくする会」と改名後の「すすめる会」は、浪江先生抜きには語れない不可分な関係となったのです。なお、「浪江先生」と表記するのは、先生がご存命中から尊敬の念を込めてそのようにお呼びするのが習わしになっているからです。

この本の刊行の目的ですが、二度目の「国営アパート内地留学」中に、浪江先生が八重子夫人や父母・弟たちと交わした膨大な数の書簡を『往復書簡』として刊行することにより、過酷な時代を生き抜いたご夫妻の軌跡を紹介したいと思いました。併せて、世界に誇るべき平和憲法が蹂躙されつつある現在、敢えてその時代の一次資料を公開することにより、平和、人権、子育て、夫婦・家族の営み等々について、特に若い世代に問題提起ができるのではないかと考えた次第です。ちなみに、「国営アパート内地留学」というのは、治安維持法違反容疑で検挙、起訴による長期勾留のことですが、本がたくさん読めたことから浪江先生は、「内地留学」と洒落のめしたのです。

書簡の内容については、治安維持法の下、隅々まで検閲を受けていることへの配慮が働いているはずなので、すべて額面どおり受け取らない方がいいと思える部分もありますが、どの部分が偽装かを読み取ることは困難ですし、そうすることに意義があるとは思えませんので、原文通りに掲載しました。

ノンフィクション作家の田中伸尚さんが、雑誌『世界』に「未完の戦時下抵抗」を連載し、「図書館に拠る　浪江虔」を三回にわたって書いていますので、一読をお薦めします（『世界』第八三八号〜第八四〇号、二〇一三年一月〜三月、岩波書店。のち単行本に所収。田中伸尚『未完の戦時下抵抗――屈せざる人びとの軌跡』岩波書店、二〇一四年）。

本書の刊行にあたっては、多くの方々にお世話になりました。野沢陽子さんは、もちろんのこと、浪江先生ご夫妻の次女である稲庭ミズホさんには、編集上のこまごましたことでいろいろアドバイスを頂き、さらに書簡のデータを統合し、原文に逐一当って校正するという作業を一手に引き受けて頂きました。特記してお礼を申し上げたいと思います。

その他、原稿の入力・確認等で浪江先生ご夫妻の三女である村澤イズミさん、当初の段階の校正等で川野恵さん、前島千佳子さん、桃澤洋子さん、最終校正では守谷信二さんにもご協力頂きました。お礼申し上げます。

また、最後になりましたが、採算を度外視して本書の出版を引き受けてくださったポット出版に感謝するとともに、担当の那須ゆかりさんの十全な心配りにもお礼を申し上げます。

この『往復書簡』を一人でも多くの方にお読み頂き、戦時下の人間がどういう状況で生きなければならなかったかに思いを馳せてくだされば、発起人としては幸いに存じます。

二〇一四年五月

『浪江虔・八重子　往復書簡』刊行委員会　代表　手嶋　孝典

伊藤　倭子

島尻恵美子

野沢　陽子

増山　正子
丸岡　和代
水越規容子
山口　洋

書名 ——————— 浪江虔・八重子　往復書簡
著者 ——————— 浪江虔・浪江八重子
編者 ——————— 『浪江虔・八重子　往復書簡』刊行委員会
本文・カバーデザイン —— 山田信也
発行 ——————— 2014年8月6日
希望小売価格 ———— 2,400円＋税
発行所 —————— ポット出版
150-0001 東京都渋谷区神宮前2-33-18#303
電話　03-3478-1774　ファックス　03-3402-5558
ウェブサイト　http://www.pot.co.jp/
電子メールアドレス　books@pot.co.jp
郵便振替口座　00110-7-21168　ポット出版
印刷・製本 ———— シナノ印刷株式会社
ISBN978-4-7808-0209-2 C0095

Letters between Ken and Yaeko NAMIE
by NAMIE Ken, NAMIE Yaeko
Designer:YAMADA Shinya

First published in
Tokyo Japan, Aug. 6, 2014
by Pot Publishing

#303 2-33-18 Jingumae Shibuya-ku
Tokyo, 150-0001 JAPAN
E-Mail: books@pot.co.jp
http://www.pot.co.jp/
Postal transfer: 00110-7-21168
ISBN978-4-7808-0209-2 C0095

【書誌情報】
書籍DB●刊行情報
1 データ区分——1
2 ISBN——978-4-7808-0209-2
3 分類コード——0095
4 書名——浪江虔・八重子往復書簡
5 書名ヨミ——ナミエケン・ヤエコオウフクショカン
13 著者名1——浪江　虔
14 種類1——著
15 著者名1読み——ナミエ　ケン
16 著者名2——浪江　八重子
17 種類2——著
18 著者名2読み——ナミエ　ヤエコ
19 著者名3——『浪江虔・八重子往復書簡』刊行委員会
17 種類3——編
18 著者名3読み——『ナミエケン・ヤエコオウフクショカン』カンコウイインカイ
22 出版年月——201408
23 書店発売日——20140806
24 判型——4-6
25 ページ数——352
27 本体価格——2400
33 出版者——ポット出版
39 取引コード——3795

本文●ラフクリーム琥珀N・四六判・Y・71.5kg（0.130）／スミ（マットインク）
見返し●NTラシャ・ぶどう・四六判・Y・100kg
表紙●ミルトGAスピリット・スノーホワイト・四六判・Y・90kg／TOYO 10094
カバー●ミルトGAスピリット・スノーホワイト・四六判・Y・110kg／スリーエイトブラック+TOYO 10894／マットPP
帯●ユーライト・四六判・Y・90kg／TOYO 10894
花布●伊藤信男商店見本帳28番　スピン●伊藤信男商店見本帳52番
組版アプリケーション●InDesign CC（9.2.2）
使用書体●游明朝体　游明朝体36ポかな　A1明朝
2014-0101-0.7